VORBEREITUNG AUF DEN BERUF

Grundlagen

Autoren

Dr. Michael Dieterich
Kurt A. Hildenbrand
Hanns Meister
Bernd Schmid
Annelie Wagner

5. überarbeitete Auflage

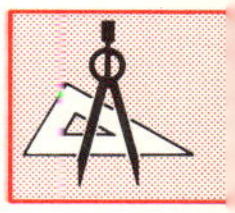

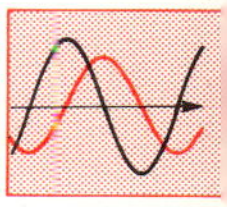

Gewinner des Preises der Bundesanstalt für Arbeit
Nürnberger Trichter 1982 – Lesen für den Beruf

HANDWERK UND TECHNIK · HAMBURG

HT 20111

Vorwort

Die **Vorbereitung auf den Beruf** als Grundthema eines wahlweise an Haupt- und Berufsschulen angebotenen 10. Vollzeitschuljahres gewinnt zunehmend an Bedeutung. So heterogen die Bildungsvoraussetzungen der hiervon angesprochenen Jugendlichen sind, so vielfältig sind die Ausbildungs- und Förderungsangebote.

Der vorliegende Band **Vorbereitung auf den Beruf / Grundlagen** ist von erfahrenen Lehrkräften entwickelt worden. Das Konzept basiert auf den Richtlinien / Lehrplänen der Länder zur Förderung Jugendlicher, die nicht den häufig als Mindestqualifikation für einen anerkannten Ausbildungsberuf angesehenen Hauptschulabschluß erreichen oder nicht in ein Ausbildungsverhältnis eintreten.

Damit ist die Zielsetzung dieses Bandes definiert:

– **Hilfe bei der Berufsfindung** durch Vermittlung einer praxisnahen Übersicht über 13 Berufsfelder.
  Die unterschiedlichen geistigen und körperlichen Anforderungen, Ausbildungsdauer und Ausbildungsinhalte werden exemplarisch an jeweils einem typischen Beruf gezeigt.

– **Berufsvorbereitung** durch Vermittlung von berufsfeldübergreifenden Grundkenntnissen. Ziel ist, die Jugendlichen zu einer Ausbildungsreife zu führen, die dem Hauptschulabschluß entspricht oder diesen ermöglicht. Die behandelten Themenkreise sind Rechnen, Technisches Zeichnen, Naturkunde und Wirtschaftskunde.

Das Konzept dieses Bandes reflektiert immer auf die Erfahrungswelt der Jugendlichen und trägt dabei gleichzeitig den Erfordernissen einer praxisnahen Berufsvorbereitung Rechnung. So werden theoretische Grundlagen als Praxiserfahrung abgeleitet.

Das Buch ist unterrichtsbegleitend aufgebaut, bietet jedoch durch eine große Zahl von Aufgaben und Fragen Anregungen zur Selbstarbeit.

Die Verfasser sind für alle Hinweise und Anregungen, die der weiteren Entwicklung dieses Bandes dienen, dankbar.

Die Verfasser

© ISBN 3.582.**20111**.2

Verlag Handwerk und Technik G.m.b.H., Lademannbogen 135, 22339 Hamburg; Postfach 630500, 22331 Hamburg 1995
Gesamtherstellung: F. Pustet, 93051 Regensburg

Inhalt

BERUFSKUNDE

RECHNEN

TECHNISCHES ZEICHNEN

NATURKUNDE / PHYSIK

NATURKUNDE / CHEMIE

NATURKUNDE / BIOLOGIE

WIRTSCHAFTSKUNDE

Einteilung der Berufe

Ein Blick auf die nächste Seite zeigt einen Ausschnitt aus den Stellenangeboten in der Wochenendausgabe einer Tageszeitung.
Ist Ihr Wunschberuf dabei?

In der Bundesrepublik Deutschland gibt es über 350 verschiedene Ausbildungsberufe.
Hinzu kommen noch viele berufliche Tätigkeiten, für die keine besondere Ausbildung notwendig ist.
Um Ihnen die Berufswahl zu erleichtern, haben wir nach Möglichkeiten gesucht, die Berufe einzuteilen.

Es gibt zum Beispiel die „Schreibtischberufe"...,

für manche Berufe ist eine zusätzliche Spezialausbildung erforderlich...,

oder man arbeitet überwiegend mit einem bestimmten Material, zum Beispiel mit Holz, Metall oder Farbe...

Die Berufe lassen sich auch danach einteilen, an welchem Ort sie ausgeübt werden: zum Beispiel in der Fabrikhalle, im Freien oder in einer kleineren Werkstatt.

Zum möglichst frühen Eintritt suche ich

Sanitärmonteure
Heizungsmonteure
Ölfeuerungsmonteure
Flaschner

für Baustellen und Kundendienst

die an selbständiges Arbeiten gewöhnt sind.

Bitte rufen Sie an unter 46 50 21 oder schreiber Sie kurz an

+°C RAMM

PAUL RAMM

Anfangs-Kontoristin

mit Steno- und Schreibmaschinenkenntnissen für sofort oder baldmöglichst, auch halbtags, gesucht.

Otto Schenk KG,
Schloßstraße 60 A
Telefon 62 80 45 bis 47

Wir sind ein nettes Ladengeschäft in zentraler Lage in Stuttgart und suchen für unser schwungvolles Team noch eine

Verkäuferin

(4-6 Std. täglich)

Bitte rufen Sie an: Tel.

Fernmelde-Handwerker
Elektriker
für Produktion u. Montage
Anlernmitarbeiter
m. mech. Interesse f. Produktio u. Lager

Im Institut für Informatik der **Universität Stuttgart** ist in der Abteilung „Betriebssoftware" die Stelle eines

Wiss. Mitarbeiters (BAT IIa)

ab sofort wiederzubesetzen.

Der Bewerber sollte neben einem abgeschlossenen Hochschulstudium Spezialkenntnisse aus einem der Gebiete

- **Betriebssysteme**
- **Übersetzerbau**
- **Systemprogrammierung**

besitzen.

Jungkoch
als Alleinkoch ab sofort gesucht, mtl. 2000.- auf die Hand. Tel. 62 26 94, ab 18 Uhr.

Suche ab sofort zuverlässige
Gärtner
Gartengestaltung Bernd Kübler
7022 Leinfelden-Echterdingen 1

Wir suchen

Metallbauer

für Werkstatt- und Montagearbeiten in Stahlbau, Schlosserei und Blechbearbeitung. Wir bieten guten, ausbaufähigen Arbeitsplatz mit übertariflicher Bezahlung und Sozialleistung. Bei Bedarf kann Wohnraum gestellt werden.

M HÖHN

Martin Höhn, Metallbau

Lkw-Reparaturwerk in Fellbach-Schmiden sucht zuverlässigen

Hilfsarbeiter

Tüchtige, junge
Friseuse
in angenehme Dauerstellung gesucht. Tel. 43 22 81, priv. 43 36 11

Su. zuverlässigen
Schreiner
für Werkinstandhaltung in Großbetrieb
Mittagstisch, gute Entlohnung.
Horst Ziegler, Schreinerei-Glaserei
Tel. 81 42 12 o. 45 24 94

Steuerberatungsbüro in **Stuttgart West,** sucht für sofort oder später erfahrene und zuverlässige **Buchhalterin** für Finanz-, Lohn- und Gehaltsbuchhaltung System DATEV. Zuschriften erbeten unter Z 1565449 an den Verlag.

Geschickte Frauenhände
für feinmechanische Montagearbeiten zum frühestmöglichen Zeitpunkt gesucht (auch halbtags).
Kurzbewerbungen erbeten unter Z 1556166 an den Verlag.

Drogistin
für Parfümerie Mußler, Königstr. gesucht.

Dienstleistungsunternehmen mit viel Abwechslung sucht
die Sekretärin

für völlig selbständige Tätigkeit mit hervorragender Aufstiegsmöglichkeit. Alter unwichtig, Spitzengehalt.
Bewerbungen bitte an TS, Postfach 1182

Spitzenlohn auch für Sie!

Bitte sprechen Sie sofort mit uns.

Wir fertigen Präzisions-Einzelteile, Sonderwerkzeuge und Vorrichtungen für den gesamten industriellen Bereich.
Für diese interessante Tätigkeit suchen wir selbständig arbeitende und qualifizierte

Zerspanungsmechaniker Werkzeugfräser oder Industriemechaniker

Besonders geschätzt wird das Arbeitsklima bei uns, einem nicht zu großen Betrieb.
Bitte besprechen Sie weitere Einzelheiten mit uns.

ACKERMANN GmbH · Vorrichtungsbau

Legen Sie Ihren Bewerbungsunterlagen keine Originalzeugnisse bei

Als Hilfe im Haushalt
mit 2 Kindern wird freundliches Mädchen gesucht. Anfragen bitte an Ursula Wörwag, Eduard-Pfeiffer-Str.

Wir suchen
Bautechniker
für unsere Gerüstbauabteilung.
Selbständige Tätigkeit im Großraum Stuttgart. Gute Bezahlung.

Rienth Bauzentrum
Ausstellung – Handel – Handwerk

Kranken-schwester

bei besten Bedingungen für moderne kl. Klinik in Stuttgart gesucht. Zuschriften unter Z 1537315 an den Verlag.

Maschinenbaumechaniker

gesucht.

Wir bieten Spitzenlöhne, Mittagessen und Fahrgelderstattung sowie die üblichen sozialen Leistungen. Außerdem steht eine 2-Zimmer-Wohnung zur Verfügung.

Versuchen Sie jetzt, die Stellenangebote den vier folgenden Einteilungen zuzuordnen:

1. Ausbildung

Ohne Ausbildung	Für diese Tätigkeit ist keine vorgeschriebene Ausbildung erforderlich
Lehre	Abgeschlossene Lehre ist erforderlich
Spezialist	Langjährige Spezialausbildung ist erforderlich, zum Beispiel an der Fachschule für Technik

2. Arbeitsort

 Büro

 Kleinbetrieb

 Fabrik

 im Freien

3. Art der Arbeit

 körperliche Arbeit

 besonders saubere Arbeit

 Arbeit am Schreibtisch

 Umgang mit anderen Menschen

 Umgang mit Maschinen

 Umgang mit Material

4. Berufsfeld

Wirtschaft / Verwaltung	Drucktechnik
Metalltechnik	Farbtechnik / Raumgestaltung
Elektrotechnik	Körperpflege
Bautechnik	Gesundheit
Holztechnik	Ernährung / Hauswirtschaft
Textiltechnik	Agrarwirtschaft
Chemie / Physik / Biologie	

Zu jedem der Stellenangebote können Sie jetzt mindestens vier Angaben machen. Bei einigen Berufen sind allerdings mehrere richtige Lösungen möglich.
Haben Sie die Aufgabe schon gelöst?

Wir werden die Berufsausbildungsmöglichkeiten der 13 verschiedenen Berufsfelder in den folgenden Kapiteln genauer unter die Lupe nehmen.

Dabei finden auch Sie vielleicht einen geeigneten Beruf!

Übrigens ...

> ... heute haben auch Mädchen in ehemals typischen Männerberufen gute Ausbildungs- und Beschäftigungsmöglichkeiten ...

Allgemeines zur Berufsausbildung

Die Ausbildung beginnt für die meisten Berufe mit der einjährigen Grundstufe. Die daran anschließende Fachstufe dauert in der Regel auch ein Jahr – und damit hat man bei einigen Berufen bereits den ersten Abschluß erreicht. In der folgenden Fachstufe ist eine zusätzliche Spezialisierung möglich.
Die Ausbildung wird durch eine Prüfung abgeschlossen.
Für die meisten Berufe gibt es spezielle Fachklassen in den Berufsschulen. Dort wird die praktische Ausbildung theoretisch ergänzt.

Info:

Die 20 wichtigsten Ausbildungsberufe in der Bundesrepublik Deutschland:

Berufsfeld Metalltechnik

In vielen Berufen, die zum Berufsfeld Metalltechnik gehören, wird mit Stahl und Gußeisen gearbeitet. Daneben sind in diesem Berufsfeld aber auch Aluminium und Messing wichtige Werkstoffe.

Man kann die Metallberufe in Industrie- oder Handwerksbetrieben erlernen.
Die 16 Metallberufe der Industrie lassen sich einem der fünf Schwerpunkte Industriemechanik, Werkzeugmechanik, Zerspannungsmechanik, Konstruktionsmechanik, Anlagenmechanik
zuordnen.
Die 17 Metallberufe des Handwerks lassen sich einem der drei Schwerpunkte Feinwerktechnik, Installations- und Metallbautechnik, Fahrzeugtechnik
zuordnen.

METALLTECHNIK / INDUSTRIEMECHANIK

Zur Industriemechanik gehören die Fachrichtungen Betriebstechnik, Produktionstechnik, Maschinen- und Systemtechnik sowie Geräte- und Feinwerktechnik.

Was haben diese Berufe gemeinsam?

Es werden Werkstücke aus Metall angefertigt. Die Werkstücke werden häufig mit Hilfe genau arbeitender Maschinen hergestellt. Als Arbeitsvorlagen dienen technische Zeichnungen.

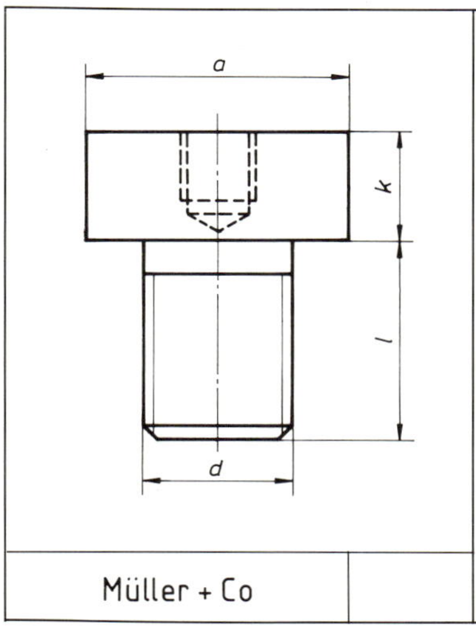

Zeichnung

Herstellung

fertiges Werkstück

Industriemechaniker

Der Industriemechaniker übt einen vielseitigen Beruf aus. Seine Hauptaufgaben sind:

Maschinen herstellen,
Maschinen reparieren,
Maschinen betreuen.

Vorher muß er natürlich gelernt haben, wie der Werkstoff Metall bearbeitet wird – und dabei gibt es manche Schwielen... Es muß sehr genau gearbeitet werden. Genauigkeiten von $\frac{1}{100}$ mm sind keine Seltenheit!

Einzelteile

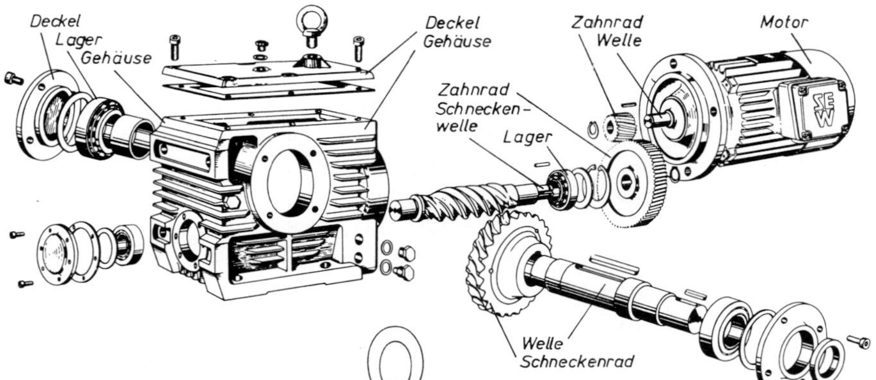

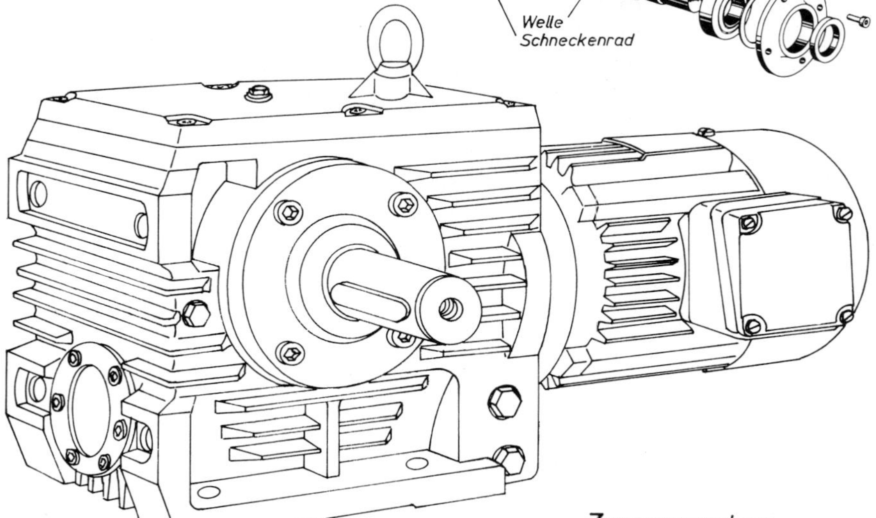

Zusammenbau

Die fertiggestellten Einzelteile – man nennt sie Maschinenteile – werden dann miteinander verbunden, also zusammengebaut. Die Verbindung von Maschinenteilen erfolgt durch Schrauben, Schweißen und Nieten. Neuerdings können Metallteile auch dauerhaft verklebt werden.

Die Arbeit ist vielseitig und verantwortungsvoll. Gearbeitet wird meist in kleinen Arbeitsgruppen oder allein.

Voraussetzungen:
Ein besonderer Schulabschluß zum Beginn der Ausbildung wird nicht verlangt. Der Hauptschulabschluß ist erwünscht. Der Industriemechaniker muß technische Zeichnungen lesen, verstehen und nach ihren Angaben Maschinenteile herstellen können.

Genaues Arbeiten, Geschicklichkeit und Verständnis für technische Zusammenhänge sind auch für diesen Beruf gute persönliche Voraussetzungen.

Dauer:
Die Ausbildungsdauer beträgt 3½ Jahre.

METALLTECHNIK / INSTALLATIONS- UND METALLBAUTECHNIK

Zur Installations- und Metallbautechnik im Handwerk gehören zum Beispiel die Berufe Gas- und Wasserinstallateur, Zentralheizungs- und Lüftungsbauer, Metallbauer.

Was haben diese Berufe gemeinsam?

Metall- und Kunststoffteile werden zusammengebaut.
Oft wird diese Tätigkeit außerhalb der Werkstatt durchgeführt und erfordert große körperliche Kräfte.

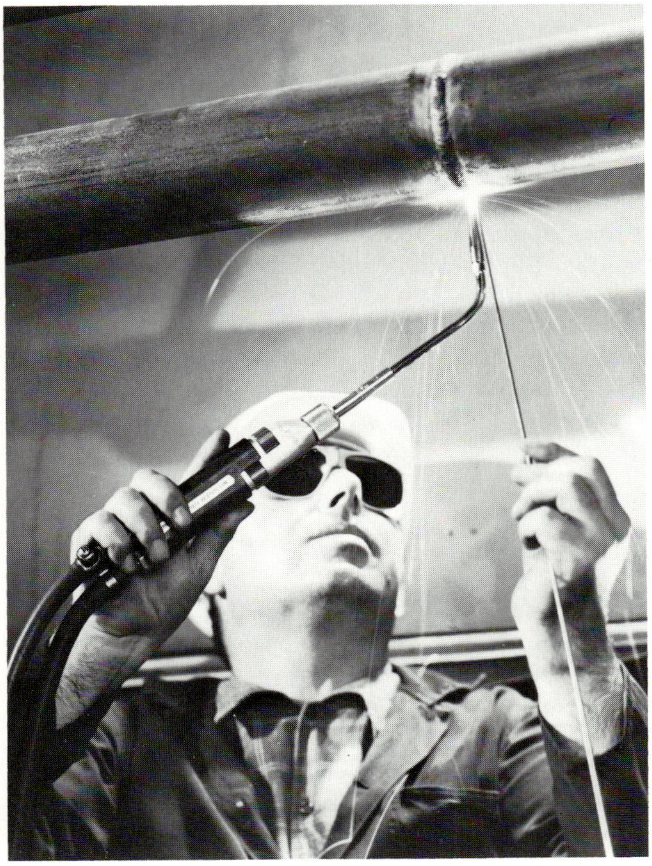

Gas- und Wasserinstallateur

Gas- und Wasserinstallateure sowie Zentralheizungs- und Lüftungsbauer sorgen dafür, daß unsere Häuser nicht ohne Wasser, sanitäre Einrichtungen, Heizung und Lüftung sind. Sie arbeiten mit Rohren aus verschiedenen Werkstoffen, vorwiegend aus Kunststoff. Diese Rohre müssen nach den Bau- und Sicherheitsvorschriften verlegt werden.
Alle Tätigkeiten sind abwechslungsreich und müssen mit Verantwortung erledigt werden. Bei großen Installationen und Reparaturen wird im Team mit anderen Handwerkern gearbeitet, zum Beispiel mit Maurern und Fliesenlegern.

Voraussetzungen:
Hauptschulabschluß ist wünschenswert. Robuste Gesundheit, schnelle Auffassungsgabe und Zuverlässigkeit.

Dauer:
Die Ausbildungsdauer beträgt $3^1/_2$ Jahre. Das erste Jahr der Ausbildung wird immer häufiger in überbetrieblichen Ausbildungsstätten oder im BGJ* durchgeführt.

* BGJ ist die Abkürzung für das Berufsgrundbildungsjahr. Es kann in der Berufsschule oder in Verbindung von Berufsschule und Betrieb durchgeführt werden.

i

METALLTECHNIK / KRAFTFAHRZEUGTECHNIK

Zur Fahrzeugtechnik gehören zum Beispiel die Berufe Kraftfahrzeugmechaniker und Kraftfahrzeugelektriker im Handwerk und Automobilmechaniker in der Industrie.

Was haben diese Berufe gemeinsam?

Von der Karosserie über die Autoelektrik bis hin zum Motor werden PKW, LKW und Motorräder gewartet und repariert. Bei allen Arbeiten wird größte Zuverlässigkeit erwartet.

Kraftfahrzeugmechaniker

Der Kfz-Mechaniker überprüft regelmäßig, ob Automobile technisch noch fahrtüchtig sind. Verschleißteile wie Bremsbeläge, Reifen, Zündkerzen und Verteilerkontakte werden von ihm ausgetauscht. Häufig ist er auf der Suche nach Fehlern und Mängeln. Hierzu stehen ihm modernste Geräte zur Verfügung. Der Kfz-Mechaniker muß sehr „beweglich" sein: Automodelle wechseln häufig auch in Einzelheiten. Die Vorschriften der Automobilhersteller sind genau einzuhalten.

Voraussetzungen:
Hauptschulabschluß ist erwünscht. Körperliche Beweglichkeit und Verantwortungsgefühl, keine Empfindlichkeit gegenüber Fetten und Ölen, Sicherheit im Unterscheiden von Farben.

Dauer:
Die Ausbildungsdauer beträgt $3^1/_2$ Jahre. Das erste Jahr der Berufsausbildung wird immer häufiger in überbetrieblichen Ausbildungsstätten oder im BGJ durchgeführt.

Bitte überprüfen Sie für die Berufe Industriemechaniker, Gas- und Wasserinstallateur und Kraftfahrzeugmechaniker die Einteilungen von S. 7, also Ausbildung, Arbeitsort, Art der Arbeit und Berufsfeld.

Berufsfeld Elektrotechnik

i

Besonderheiten des Berufsfeldes Elektrotechnik: Elektromotoren, Kochplatten, Heizungen, Kühlschränke, Beleuchtung, Telefon, Radios, Fernseher...

Der Elektrotechniker ist für den ordnungsgemäßen Betrieb zuständig. Der elektrische Strom ist nicht sichtbar. Er ist aber an seinen Wirkungen zu erkennen. Deshalb muß bei allen Elektroberufen streng nach Vorschrift mit größter Umsicht und Verantwortung gearbeitet werden.

Man kann die Elektroberufe in Industrie- oder Handwerksbetrieben erlernen.
Die Elektroberufe der Industrie lassen sich einem der vier Schwerpunkte
– Elektromaschinen – Energieelektronik – Industrieelektronik – Kommunikationselektronik
zuordnen.
Im Handwerk kann man die Berufe
Elektromaschinenbauer, Elektroinstallateur, Elektromechaniker, Büroinformationselektroniker, Fernmeldeanlagenelektroniker und Radio- und Fernsehtechniker erlernen.

ELEKTROTECHNIK/ENERGIEELEKTRONIK

Hierzu gehören im Bereich der Industrie die zwei Berufe des Energieelektronikers der Fachrichtung Anlagetechnik und Betriebstechnik. Aus dem Bereich des Handwerks kann man den Elektroinstallateur hier zuordnen.
Die Elektroberufe haben eine 3½jährige Ausbildungszeit.

Was haben die energietechnischen Elektro-Berufe gemeinsam?

In den Geräten und Anlagen werden meist große elektrische Leistungen umgesetzt. Bei der Installation von schweren Maschinen und Anlagen sind größere körperliche Kräfte erforderlich. Der Arbeitsplatz kann im Freien, in Fabrikhallen oder auch in Neubauten sein.

ELEKTROTECHNIK/KOMMUNIKATIONSTECHNIK

Hierzu gehören im Bereich der Industrie die drei Berufe des Kommunikationselektronikers der Fachrichtung Informationstechnik, Telekommunikationstechnik und Funktechnik. Aus dem Bereich des Handwerks sind der Fernmeldeanlagenelektroniker und der Radio- und Fernsehtechniker hier zuzuordnen.
Die Elektroberufe haben eine 3½jährige Ausbildungszeit.

Was haben die nachrichtentechnischen Elektro-Berufe gemeinsam?

Es werden Geräte zur Übermittlung von Nachrichten hergestellt, gewartet und repariert. Der Arbeitsplatz ist meist in der Werkstatt, manchmal jedoch auch im Freien.

Der Elektroinstallateur

Der Elektroinstallateur ist ein sehr vielseitiger Handwerker.Einfamilienhäuser, Hochhäuser, öffentliche Gebäude und Fabriken werden über richtig bemessene Kabel mit elektrischem Strom versorgt. Hierfür entwirft, zeichnet und berechnet er Stromlaufpläne für elektrische Schaltungen und führt die Installationsarbeiten, später auch die Reparaturarbeiten aus. Aber auch zum Anschluß von Maschinen in Alt- und Neubauten und in landwirtschaftlichen Betrieben wird der Elektroinstallateur gebraucht. Die meiste Zeit arbeitet der Elektroinstallateur außerhalb seiner Werkstatt, oft auch zusammen mit anderen Bauhandwerkern.

Voraussetzungen:
Hauptschulabschluß ist erwünscht. Da häufig im Freien gearbeitet wird, ist eine robuste Gesundheit notwendig. Das Arbeiten auf Gerüsten und Dächern setzt Schwindelfreiheit voraus.
Erwartet werden Verantwortungsbewußtsein und Bereitschaft zur Zusammenarbeit.

Dauer:
Die Ausbildungsdauer beträgt zur Zeit 3½ Jahre.

Bitte überprüfen Sie für den Beruf des Elektroinstallateurs die Einteilungen auf S. 7, also Ausbildung, Arbeitsort, Art der Arbeit und Berufsfeld.

Berufsfeld Bautechnik

Zu den „Leuten vom Bau“ gehören zum Beispiel Maurer, Beton- und Stahlbetonbauer, Zimmerer, Fliesenleger, Bauzeichner, Dachdecker, Rohrleitungsbauer, Kanalbauer und Isoliermonteure.

Was haben diese Berufe gemeinsam?

Wohnhäuser, Fabriken und Straßen werden gebaut und repariert. Fertigbauteile, neue Werkstoffe und moderne Baumaschinen bestimmen heute das Gesicht einer Baustelle.
Für alle Bauberufe ist eine robuste Gesundheit notwendig, weil meist im Freien gearbeitet wird.

Maurer

Der Maurerberuf ist im Baubereich ein Hauptberuf. Gelernte Maurer sind gesuchte Handwerker!
Sie bauen Wände, Fußböden und Decken aus Steinen, Beton und Stahlbeton. Häufig werden dazu große Fertigelemente verwendet.
Durch eine fachgerechte Absperrung und Abdämmung gegen Feuchtigkeit und Kälte hilft der Maurer beim Energiesparen!

Voraussetzungen:
Hauptschulabschluß ist erwünscht. Der künftige Maurer muß körperlich robust, kräftig und handwerklich geschickt sein. Er muß im Freien arbeiten können.

Dauer:
Die Ausbildungszeit bis zur Prüfung als Maurer beträgt 3 Jahre. Bereits nach 2 Jahren kann die Ausbildung als Ausbau-, Hochbau- oder Tiefbaufacharbeiter abgeschlossen werden (Stufenausbildung).
Für die Grundausbildung stehen oft überbetriebliche Ausbildungsstätten zur Verfügung.

Vergleichen Sie den Beruf des Maurers und des Maschinenschlossers miteinander. Beachten Sie dabei die Ausbildungsdauer, den Arbeitsort und die Voraussetzungen.

Berufsfeld Holztechnik

Holz ist ein Werkstoff, den die Menschen schon seit Urzeiten bearbeiten.
Trotz der Zunahme der Kunststoffe wird Holz als Werkstoff in vielen Bereichen immer noch bevorzugt.
Zum Berufsfeld Holztechnik gehören zum Beispiel die Berufe Tischler (Schreiner), Modelltischler, Bootsbauer, Wagner und Holzmechaniker.

Was haben diese Berufe gemeinsam?

Der Werkstoff Holz mit seinen verschiedenartigen Eigenschaften wird bearbeitet, zusammengefügt und geschützt. Für die Holzbearbeitung werden schnellaufende Maschinen eingesetzt, die mit Umsicht und Verantwortung zu bedienen und zu warten sind.
Die Berufe des Berufsfeldes Holztechnik werden oft in der Werkstatt ausgeübt. Beim Kunden erfolgt dann häufig der Zusammenbau. Seltener ist man im Freien tätig.

Tischler (Schreiner)

Mit dem Werkstoff Holz kann der Tischler den Innenausbau von Wohnungen, Geschäften und öffentlichen Gebäuden entscheidend gestalten helfen. Er stellt Serien- und Einzelmöbel, Einbauschränke und Raumteiler her. Aber auch Fußböden, Deckenverkleidungen, Fenster, Haus- und Zimmertüren werden von ihm fachgerecht angepaßt und eingebaut.
Häufig wird er zu Reparaturarbeiten in die Wohnung des Kunden geholt.

Voraussetzungen:
Es ist keine bestimmte Schulbildung vorgeschrieben. Der Hauptschulabschluß ist erwünscht. Handwerkliches Geschick, räumliches Vorstellungsvermögen und große Vorsicht beim Umgang mit schnellaufenden Maschinen werden erwartet.

Dauer:
Die Ausbildungszeit bis zur Prüfung beträgt zur Zeit 3 Jahre. Das erste Ausbildungsjahr wird häufig als Berufsgrundbildungsjahr in der Berufsfachschule durchgeführt.

Bitte überprüfen Sie für den Beruf des Tischlers die Einteilungen von S. 7, also Ausbildung, Arbeitsort, Art der Arbeit und Berufsfeld.

Berufsfeld Textiltechnik und Bekleidung

Was man doch aus ein paar Metern Stoff machen kann . . .
Aber ehe die Kleider im Schaufenster gezeigt werden, haben viele Textilberufe daran gearbeitet. Zum Berufsfeld Textiltechnik und Bekleidung gehören zum Beispiel die Berufe Damenschneider, Herrenschneider, Bekleidungsschneider, Bekleidungsnäher, Bekleidungsfertiger, Modistin.

Was haben diese Berufe gemeinsam?

Im Berufsfeld Textiltechnik und Bekleidung arbeitet man mit Textilien verschiedenster Art. Von der Naturseide bis zur Chemiefaser werden alle Materialien verwendet, um die Menschen gegen Hitze, Kälte oder Nässe zu schützen. Aber auch modisch soll die Keidung sein, hübsch aussehen und die persönliche Note unterstreichen.

Bekleidungsnäher, Bekleidungsfertiger, Bekleidungsschneider

. . . drei neue Ausbildungsberufe. Aufgabe der drei Berufe ist es, bis zum letzten Knopf in großen Mengen modische Bekleidungsstücke herzustellen (Damen-, Herren-, Kinderoberbekleidung, Freizeit- und Berufskleidung, Wäsche usw.). Dazu werden modernste Maschinen verwendet.

Der **Bekleidungsnäher** setzt die vorgefertigten Teile zusammen.

Der **Bekleidungsfertiger** ist in der Teilefertigung tätig.

Der **Bekleidungsschneider** übernimmt Kontrollaufgaben beim Zuschnitt der Teile, am Band und im Musteratelier.

Voraussetzungen:
Es ist kein besonderer Schulabschluß vorgeschrieben. Der Hauptschulabschluß ist erwünscht. Freude an Stoff, Mode und Maschinen sowie Geschicklichkeit sind wichtige Voraussetzungen für die Textilberufe. Besondere Kraftanstrengungen werden nicht verlangt, dafür aber ein gutes Zusammenspiel von Augen, Fingern und Armen.

Dauer:
Ausbildungszeit zum Bekleidungsnäher 1 Jahr, zum Bekleidungsfertiger 2 Jahre, zum Bekleidungsschneider 3 Jahre (Stufenausbildung).

Vergleichen Sie einmal bei den bisher behandelten Berufsbildern die Anforderungen an die handwerkliche Geschicklichkeit, die Sehschärfe und an die Muskelkraft der Arme.

i

Berufsfeld Chemie, Physik, Biologie

Zum Berufsfeld Chemie, Physik, Biologie gehören die sogenannten naturwissenschaftlichen Berufe. Es gibt den Schwerpunkt **Laboratoriumstechnik.** Hierzu gehören die Berufe Chemielaborant, Physiklaborant, Biologielaborant und Werkstoffprüfer. Zum Schwerpunkt **Produktionstechnik** gehören der Chemiebetriebsjungwerker, der Chemikant und der Galvaniseur.

Was haben diese Berufe gemeinsam?

Analysieren, Messen, Prüfen, Wägen von verschiedenen Stoffen oder Geräten gehören zu den grundlegenden Arbeitstechniken. Meist wird im Labor gearbeitet, häufig als Assistent des Chemikers, Physikers oder Biologen. In den produktionstechnischen Berufen werden die Ergebnisse der Laborversuche in großen Mengen hergestellt.

Chemikant

Der Chemikant ist vorwiegend in größeren chemischen Betrieben tätig. Dort werden Chemikalien, Farben, Waschmittel, Arzneien, Textilien, aber auch Nahrungs- und Genußmittel hergestellt.
Mit seinen chemischen und technischen Kenntnissen kann der Chemikant Anlagen überwachen und steuern. Dazu muß er Meßinstrumente beobachten, Chemikalien zuführen, Proben entnehmen und diese mit modernsten Geräten analysieren.
Da chemische Betriebe „rund um die Uhr" laufen, kann Schichtarbeit erforderlich sein.

Voraussetzungen:
Hauptschulabschluß mit guten Leistungen in den mathematisch-naturwissenschaftlichen Fächern ist erwünscht. Volle Farbtüchtigkeit, da viele chemische Reaktionen nur an ihrer Farbänderung zu erkennen sind. Unempfindlichkeit der Haut.

Dauer:
Die Ausbildungsdauer zum Chemikant beträgt zur Zeit 3 Jahre.

Bei den beiden Berufen Chemiefacharbeiter und Maurer gibt es Gemeinsamkeiten – aber auch große Unterschiede. Haben Sie diese schon entdeckt?

Berufsfeld Drucktechnik

i

Die Berufe der „schwarzen Kunst“ haben eine alte Tradition. Der Einsatz elektronischer Maschinen in den letzten Jahren hat das Berufsfeld stark verändert.
Wichtige Berufe des Berufsfeldes Drucktechnik sind zum Beispiel Drucker, Schriftsetzer, Buchbinder, Druckvorlagenhersteller, Reprograf, Chemigraf.

Was haben diese Berufe gemeinsam?

Die meisten Berufe des Berufsfeldes Drucktechnik beschäftigen sich mit der Herstellung von Zeitungen, Werbeschriften, Büchern usw. Dazu sind Kenntnisse der verschiedenen Satz- bzw. Setztechniken, der Eigenschaften des Papiers, der verschiedenen Druckverfahren und der Weiterverarbeitung des bedruckten Materials erforderlich.

Drucker

Der Drucker kann alle Werkstoffe, zum Beispiel Papier, Karton, Kunststoffolien, Stoffe und Metalle, bedrucken. Immer benötigt er Druckformen, die zum Beispiel Schriftsetzer und Druckvorlagenhersteller für ihn angefertigt haben. Der Drucker muß die Druckmaschinen mit den Druckformen versorgen, die Druckfarbe richtig bemessen und die laufende Maschine überwachen.
Er spezialisiert sich während seiner Ausbildung auf die Arbeit an der Hochdruckmaschine, der Flachdruckmaschine (Offsetdruck) oder der Tiefdruckmaschine.

Voraussetzungen:
Hauptschulabschluß ist erwünscht. Die Leistungen in Deutsch, Mathematik und in den naturwissenschaftlichen Fächern sollten im Durchschnitt mindestens befriedigend sein. Gute Augen und Farbtüchtigkeit sind weitere wichtige Voraussetzungen.

Dauer:
Die Ausbildungsdauer zum Drucker beträgt zur Zeit 3 Jahre. In einigen Bundesländern stehen überbetriebliche Ausbildungsstätten zur Verfügung.

Überlegen Sie bitte, welche Berufe aus dem Berufsfeld Drucktechnik bei der Herstellung Ihres Fachbuches tätig gewesen sein können.

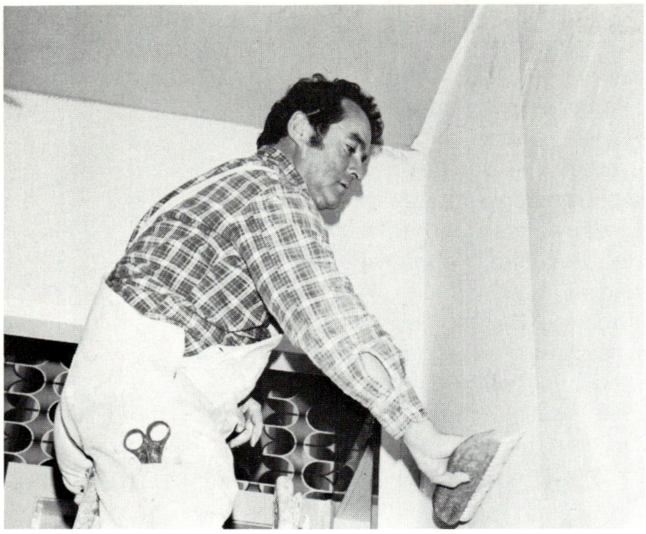

Berufsfeld Farbtechnik und Raumgestaltung

Die Facharbeiter des Berufsfeldes Farbtechnik und Raumgestaltung schützen und verschönern unsere Häuser, öffentlichen Gebäude, Autos, Maschinen usw.
Wichtige Berufe in diesem Berufsfeld sind zum Beispiel Maler und Lackierer, Parkettleger, Polsterer, Schaufenstergestalter und Raumausstatter.

Was haben diese Berufe gemeinsam?

Neben guten und vielfältigen Werkstoffkenntnissen braucht man bei allen Berufen des Berufsfeldes Farbtechnik und Raumgestaltung ein sicheres Gefühl für Farben und Formen, einen guten Geschmack und Anpassungsfähigkeit.

Maler und Lackierer

Ehe der Maler und Lackierer zur Farbe greift, sind einige Vorbereitungen zu treffen. Dazu gehört zum Beispiel das Bearbeiten der Oberfläche durch Spachteln und Schleifen. Erst danach wird die Farbe aufgetragen. Mit dem Pinsel oder, wenn sinnvoll, mit der Spritzpistole. Der Farbanstrich schützt und verschönt die Oberfläche von Holz, Metall, Beton usw.
Der Maler und Lackierer ist den größten Teil seiner Arbeitszeit außerhalb der Werkstatt beschäftigt. Zum Beispiel auf dem Bau, wo er neben Farbarbeiten auch Tapeten, Decken und Fußbodenbeläge bearbeitet. Daneben stellt er auch Schilder mit Schriften für verschiedene Verwendungszwecke her.

Voraussetzungen:
Ein besonderer Schulabschluß ist nicht erforderlich. Der Maler und Lackierer braucht ein sicheres Farbempfinden. Das Arbeiten im Freien, auf Leitern und Gerüsten erfordert körperliche Geschicklichkeit. Da viele Arbeiten allein ausgeführt werden müssen, sind Bereitschaft zum selbständigen Arbeiten und Verantwortungsbewußtsein notwendig.
Neigung zu Hautempfindlichkeiten, Farbenblindheit und Gleichgewichtsstörungen schließen eine Berufsausbildung zum Maler und Lackierer aus.

Dauer:
Die Ausbildungsdauer zum Maler und Lackierer beträgt zur Zeit 3 Jahre.

Vergleichen Sie bitte die Anforderungen an die bisher kennengelernten Berufe, die u. a. auf einem Neubau tätig sein können, nach den Einteilungen auf Seite 7, also Ausbildung, Arbeitsort, Art der Arbeit und Berufsfeld.

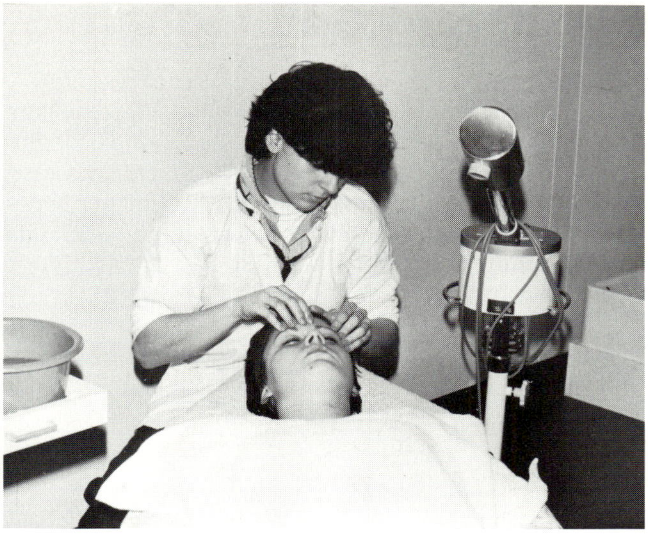

Berufsfeld Körperpflege

Gut auszusehen ist der Wunsch fast aller Menschen. Berufe, die sich mit der Körperpflege befassen, können dazu verhelfen. Zu diesen Berufen gehören zum Beispiel Friseur, Kosmetikerin, Hand- und Fußpfleger, Helfer in der Krankenpflege.

Was haben diese Berufe gemeinsam?

Im Berufsfeld Körperpflege arbeitet man „hautnah“ am Menschen. Neben Werkzeugen werden oft chemische Präparate verwendet, die sorgfältig eingesetzt werden müssen, um unangenehme Folgen zu vermeiden.

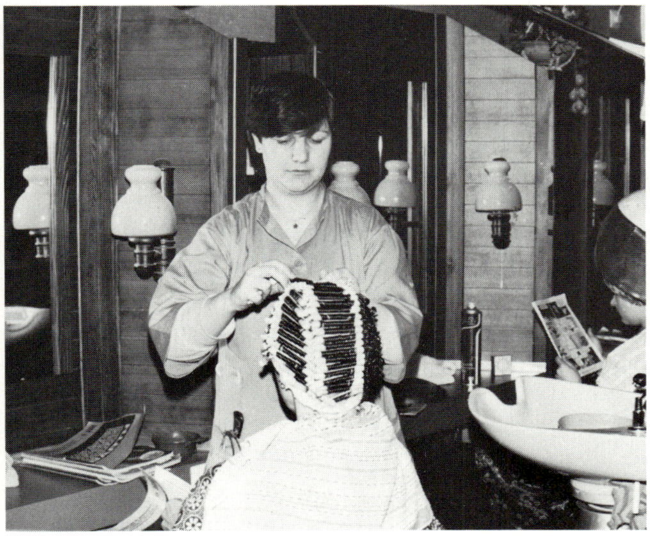

Friseur

Der Friseur verhilft durch handwerkliches Können und fachkundige Beratung seinen Kunden zu einem gepflegten Aussehen. Seine Hauptaufgabe ist es, durch geschickten Schnitt, besondere Formung und farbliche Veränderung der Haare die Persönlichkeitsmerkmale des Kunden zu unterstützen.
Zu seinem Arbeitsgebiet gehören auch die Beratung und der Verkauf von kosmetischen Artikeln verschiedenster Art.

Voraussetzungen:
Es ist kein besonderer Schulabschluß zu Beginn der Ausbildung erforderlich. Der Hauptschulabschluß ist erwünscht. Die Arbeit am Menschen muß Freude machen. Sie erfordert Kontaktfähigkeit und gute Umgangsformen. Ein besonderes Gefühl für Formen und Farben ist notwendig. Die meisten Arbeiten werden stehend ausgeführt. Hautunempfindlichkeit.

Dauer:
Die Ausbildungsdauer beträgt zur Zeit 3 Jahre.

Bitte überprüfen Sie für den Beruf des Friseurs die Einteilungen auf Seite 7, also Ausbildung, Arbeitsort, Art der Arbeit und Berufsfeld.

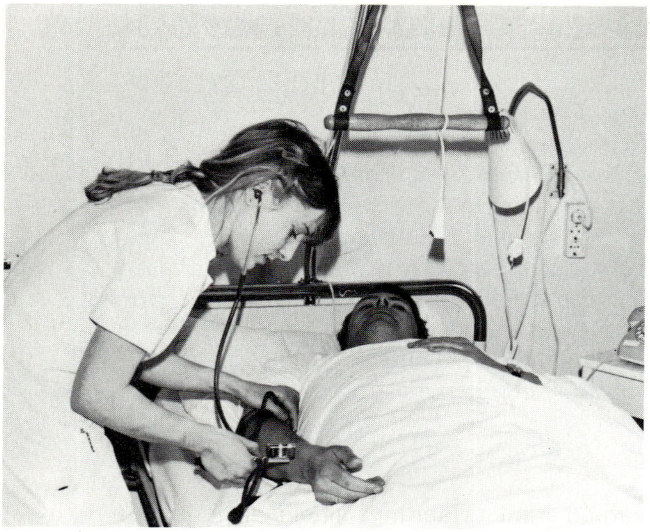

Berufsfeld Gesundheit

In den Krankenhäusern, Arztpraxen und Pflegeheimen sind die Berufe des Berufsfeldes Gesundheit zu finden. Dazu gehören zum Beispiel Krankenschwester, Apothekenhelferin, Krankenpfleger, Krankenpflegehelferin, Medizinisch-technischer Assistent, Hebamme und Masseur.

Was haben diese Berufe gemeinsam?

Kranken, alten und schwachen Menschen wird meist unter Anleitung eines Arztes geholfen.

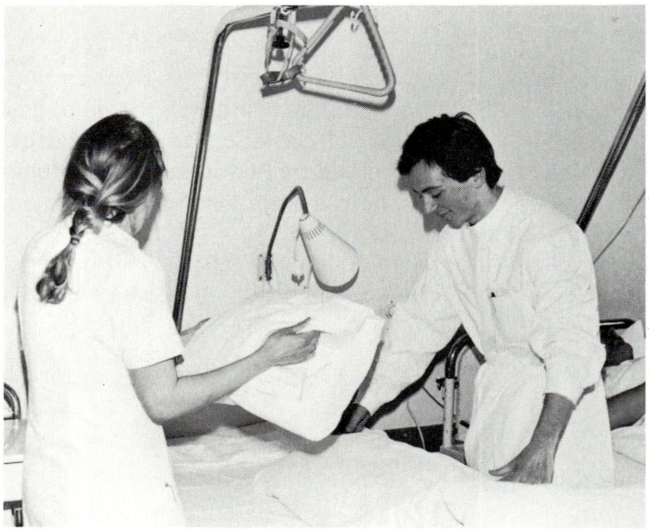

Krankenpflegehelferin

Die Krankenpflegehelferin arbeitet im Krankenhaus, Sanatorium oder Pflegeheim. Zu ihren Hauptaufgaben gehören das Betten, Lagern und die Nahrungsversorgung der Patienten. Sie führt unter Anleitung eines Arztes oder einer Krankenschwester Krankenbeobachtungen und einfache Pflegeverordnungen durch. Auch zur Nachtwache kann sie eingeteilt werden.
Ein wichtiges Arbeitsgebiet ist das Reinigen und Desinfizieren von Instrumenten, Gummihandschuhen, Verbandsstoffen usw. und die Sorge für die Stationswäsche.

Voraussetzungen:
Hauptschulabschluß oder eine gleichwertige Schulbildung. Halbjährige hauswirtschaftliche Tätigkeit. Vollendetes 17. Lebensjahr. Die körperliche Eignung muß durch ein ärztliches Zeugnis bescheinigt werden. Auch ein amtliches Führungszeugnis ist erforderlich.

Dauer:
Die Ausbildung dauert 1 Jahr und wird an einer Schule für Krankenpflegehilfe durchgeführt. Nach 3jähriger Berufstätigkeit kann die Ausbildung zur Krankenschwester fortgesetzt werden. Hierzu werden nochmals 2 Jahre Ausbildungszeit gebraucht.

Kennen Sie außer der Krankenpflegehelferin noch weitere Berufe, bei denen Hilfeleistungen für andere Menschen im Mittelpunkt stehen?

Berufsfeld Ernährung und Hauswirtschaft

i

„Essen und Trinken hält Leib und Seele zusammen", so sagt ein altes Sprichwort. Darum geht es in den Berufen des Berufsfeldes Ernährung und Hauswirtschaft.

Es gibt hier drei Schwerpunkte:

1. **Gastgewerbe und Hauswirtschaft** mit den Berufen Koch, Restaurantfachmann, Hotelfachmann, Hotel-und Gaststättengehilfe.
2. **Back- und Süßwarenherstellung** mit den Berufen Bäcker, Konditor, Konfektmacher, Verkäuferin im Nahrungsmittelhandwerk.
3. **Fleischverarbeitung** mit den Berufen Fleischer und Verkäuferin im Nahrungsmittelhandwerk.

Was haben diese Berufe gemeinsam?

Alle Berufe des Berufsfeldes Ernährung und Hauswirtschaft sind mit der Herstellung und Weitergabe von Speisen und Getränken beschäftigt. Im Gastgewerbe und im Verkauf kommt es zum direkten Kontakt mit dem Kunden. Kontaktfähigkeit und Aufgeschlossenheit gegenüber fremden Menschen sind dann erforderlich.

Bäcker

In der Bundesrepublik Deutschland gibt es über 200 anerkannte Brotsorten! Aber nicht nur Brot, auch Brötchen, feine Backwaren, Torten, Dauergebäck und Speiseeis werden vom Bäcker fachgerecht hergestellt. Er bereitet dazu die Grundstoffe nach einem genauen Rezept vor. Von modernen Maschinen wird ihm viel der körperlichen Arbeit abgenommen. Auch der Backvorgang im Ofen ist heute elektronisch gesteuert. Überall gelten strenge Hygienevorschriften der Ordnungsämter.

Der Bäcker arbeitet meist im Team „von Hand zu Hand". Der Arbeitstag beginnt in der Regel um 4.00 Uhr – ist aber dafür gegen 12.00 Uhr schon zu Ende.

Voraussetzungen:
Ein besonderer Schulabschluß ist nicht vorgeschrieben. Der Bäcker sollte über ein gutes Geruchs- und Geschmacksempfinden und über Sinn für Maße und Formen verfügen.

Dauer:
Die Ausbildungsdauer beträgt zur Zeit 3 Jahre.

Im Berufsfeld Ernährung und Hauswirtschaft gibt es einige „Dienstleistungsberufe". Kennen Sie weitere solche Berufe?

Berufsfeld Agrarwirtschaft

Früher war meist nur der Landwirt im Bereich der Agrarwirtschaft tätig. Heute gibt es in diesem Berufsfeld eine große Zahl von Spezialberufen. Hierzu gehören zum Beispiel der Gärtner, Tierwirt, der Weinbauer (Winzer), der Florist, Fischwirt sowie der landwirtschaftliche und forstwirtschaftliche Helfer.

Was haben diese Berufe gemeinsam?

Es wird überwiegend mit Tieren und mit Pflanzen – meist im Freien – gearbeitet.

Gärtner

Gärtner arbeiten mit Pflanzen aller Art. Sie sind verantwortlich für die richtige Aussaat, Pflege, Ernte und oftmals auch für den Verkauf ihrer Produkte.
Auch das Veredeln und Aufziehen neuer Sorten gehört zu ihren Aufgaben.
Entsprechend der späteren Tätigkeit spezialisiert sich der Gärtner auf eines der folgenden Gebiete:

Obst- und Gemüsebau,
Blumen und Zierpflanzen,
Stauden und Gehölze,
Garten- und Landschaftsbau,
Friedhofsgärtnerei.

Durch den Einsatz moderner Maschinen (Fräsen, Motorspritzen, Pflanz- und Topfmaschinen) wird die körperliche Anstrengung wesentlich erleichtert.

Voraussetzungen:
Hauptschulabschluß wird empfohlen. Der Gärtner arbeitet vorwiegend im Freien. Ein gutes Gestaltungsvermögen für Formen und Farben sowie Interesse an den Lebensvorgängen in der Natur sind erwünscht.

Dauer:
Die Ausbildungsdauer beträgt zur Zeit 3 Jahre.

Welche Berufe haben Sie bisher kennengelernt, die überwiegend im Freien ausgeübt werden?

Berufsfeld Wirtschaft und Verwaltung

Das Berufsfeld Wirtschaft und Verwaltung umfaßt sehr viele Berufe, in denen verkauft, angekauft, organisiert und verwaltet wird.
Hierzu gehören z. B.:
Bankkaufmann, Buchhändler, Einzelhandelskaufmann, Kaufmann im Groß- und Außenhandel, Reiseverkehrskaufmann, Tankwart, Verkäufer(in), Versicherungskaufmann, Bürogehilfin, Bürokaufmann, Lagerverwalter.

Was haben diese Berufe gemeinsam?

Es geht beim Berufsfeld Wirtschaft und Verwaltung um den Umgang mit Geld, Zahlen und Waren. Häufig ist das persönliche Gespräch mit dem Kunden erforderlich. Dazu braucht man Kontaktfähigkeit und Gesprächssicherheit.

Verkäufer(in)

Der Arbeitsplatz des Verkäufers ist das Fachgeschäft, das Selbstbedienungsgeschäft, der Supermarkt oder das Warenhaus. Der Verkäufer bietet Waren an, berät den Kunden und verkauft die Ware. Hinzu kommen Kassieren, Auszeichnen und Ordnen der Waren im Verkaufsraum und im Lager. Die Fülle des Warenangebotes erfordert vom Verkäufer große Kenntnisse über Herkunft, Beschaffenheit und Pflege der angebotenen Ware, da sonst eine echte Kundenberatung nicht möglich ist.

Voraussetzungen:
Es ist kein besonderer Schulabschluß vorgeschrieben. Der Hauptschulabschluß ist erwünscht. Gute Kenntnisse in Deutsch und Rechnen sind notwendig. Die Kundenberatung erfordert Redegewandtheit, Kontaktfähigkeit und gute Umgangsformen. Ein zuverlässiges Personen- und Zahlengedächtnis sind vorteilhaft.

Dauer:
Die Ausbildungszeit zur Verkäuferin dauert 2 Jahre (Stufenausbildung). Nach einer zusätzlichen einjährigen Fachstufe kann der Beruf des Einzelhandelskaufmannes erreicht werden. Die Ausbildungszeit zur Verkäuferin im Nahrungsmittelhandwerk dauert 3 Jahre.

Verkäuferin ist ein Beruf, bei dem man besonders kontaktfähig sein sollte. Und wenn Sie nun eben nicht so sind? Gibt es Berufe, bei denen diese Eigenschaft nicht so sehr im Mittelpunkt steht? Sollten Sie noch nicht den gewünschten Beruf gefunden haben, empfehlen wir ein Gespräch mit dem Berufsberater. Dort gibt es auch die Zeitschriften STEP, die bei der Berufswahl weiterhelfen.

RECHNEN

Ohne Zahlen geht nichts

Rechnen ist ein Teil jeder Berufsausbildung, weil man ganz ohne Zahlen in keinem Beruf auskommt.

Frage: Was muß an folgenden Arbeitsplätzen gerechnet werden?

- Fachverkäuferin im Nahrungsmittelhandwerk
- Berufskraftfahrer(in)
- Koch, Köchin
- Hauswirtschafter(in)
- Hochbaufacharbeiter(in)
- Bankkauffrau, Bankkaufmann
- Energieelektroniker(in)
- Konstruktionsmechaniker(in)

In welchem Beruf kommt man ganz ohne Zahlen aus?

Wir sehen:

In allen Berufen wird mit Zahlen umgegangen, spätestens bei der Berechnung des Arbeitslohnes.

Zahlen erfüllen verschiedene Aufgaben:

1. Sie werden zum Vergleich benutzt.

   Zum Beispiel bei den Fragen: „Wie schnell fährt Dein Mofa?"
   „Wieviel Geld verdienst Du im Monat?"
   „Wie lange arbeitest Du täglich?"

   Hier ist der Umgang mit Zahlen sehr einfach, oft ist uns dabei nicht einmal bewußt, daß wir Zahlen verwenden!

2. Sie werden benutzt, um schwierige Fragen zu beantworten.

   Zum Beispiel: „Das Mofa braucht 3,5 Liter Treibstoff, um 100 km zu fahren.
   Wieviel Treibstoff verbraucht es auf einer 350 km langen Fahrt?"

Hier muß gerechnet werden, um die Frage zu beantworten.
Bei solchen Aufgaben muß man ganz bewußt und richtig mit den Zahlen umgehen. Sonst wird die Lösung falsch sein.
Damit das vermieden wird, muß man Rechnen lernen und üben!

Ohne Rechnen geht es nicht!

Die vier Grundrechenarten gehören in allen Berufen zum Handwerkszeug.
Mit diesem Handwerkszeug muß jeder sicher umgehen können!

Die Grundrechenarten

1. Addition

(Zusammenzählen)

Rechenbeispiel:

Summand	1530
plus	
Summand	+ 625
gleich	1
Summe	2155

Richtig wird's nur, wenn die Zahlen richtig untereinander stehen!
Einer unter Einer,
Zehner unter Zehner
und so weiter ...

Den sicheren Umgang mit Zahlen lernt man nur durch Üben!

Dazu sind die folgenden Aufgaben ohne Hilfsmittel zu lösen.
Der Lösungsweg ist sauber aufzuschreiben.
Wer das kann, der kommt auch mal ohne Taschenrechner klar.

Aufgabe 1a

350 + 24 = ?
784 + 95 = ?
38 + 435 = ?
234 + 182 = ?
798 + 199 = ?

Aufgabe 1b

635 + 412 = ?
936 + 249 = ?
352 + 1298 = ?
1428 + 5233 = ?
986 + 2097 = ?

2. Subtraktion

(Abziehen)

Rechenbeispiel:

Minuend	2155
minus	
Subtrahend	− 625
gleich	1
Differenz	1530

Auch das Subtrahieren (Abziehen) muß man üben.
Dazu sind folgende Aufgaben ohne Hilfsmittel zu lösen.

Aufgabe 2a

536 − 155 = ?
192 − 85 = ?
324 − 291 = ?
601 − 198 = ?
485 − 309 = ?

Aufgabe 2b

1241 − 922 = ?
6238 − 3069 = ?
9354 − 9166 = ?
5241 − 4088 = ?
4803 − 3905 = ?

3. Multiplikation

(Malnehmen)

Faktor mal Faktor gleich **Produkt**

$$32 \cdot 25 = 800$$

```
   64
+₁160
  800
```

Hier werden die Zahlen von Zeile zu Zeile jeweils um eine Stelle nach hinten versetzt!

Auch die Übungen zur Multiplikation sind ohne Hilfsmittel zu lösen. Der Lösungsweg ist sauber aufzuschreiben.

Aufgabe 3 a

125 · 24 = ?
379 · 43 = ?
928 · 637 = ?
583 · 2372 = ?

Aufgabe 3 b

238 · 403 = ?
507 · 314 = ?
435 · 197 = ?
937 · 256 = ?

4. Division

(Teilen)

Dividend geteilt durch Divisor gleich **Quotient**

```
 800 : 25 = 32
− 75↓
   50
−  50
   00
```

Diese Aufgaben sind wie die vorhergegangenen zu lösen.

Aufgabe 4 a

805 : 23 = ?
2380 : 28 = ?
3154 : 19 = ?
10584 : 49 = ?

Aufgabe 4 b

4165 : 17 = ?
6384 : 21 = ?
20375 : 125 = ?
17184 : 32 = ?

ANWENDUNG DER GRUNDRECHENARTEN:

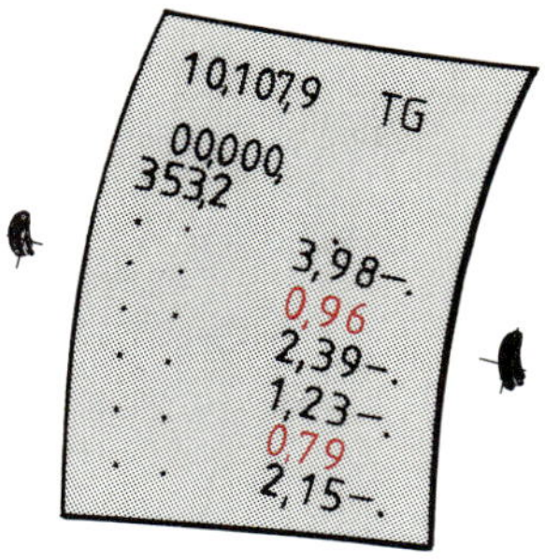

Aufgabe 1

Ein Fachverkäufer in einer Bäckerei verkauft Waren mit folgenden Preisen:
3,98 DM, **96** Pfennig, 2,39 DM,
79 Pfennig, 1,23 DM und 2,15 DM.

Stimmt der Kassenzettel?

Vorsicht! Nur Zahlen mit der gleichen Maßeinheit (hier DM) dürfen addiert werden!

a) Welchen Betrag nimmt der Kaufmann ein?
b) Die Zahlen sind in einer anderen Reihenfolge zu addieren. Was stellen wir fest?

Zahlen dürfen in jeder Reihenfolge addiert werden.

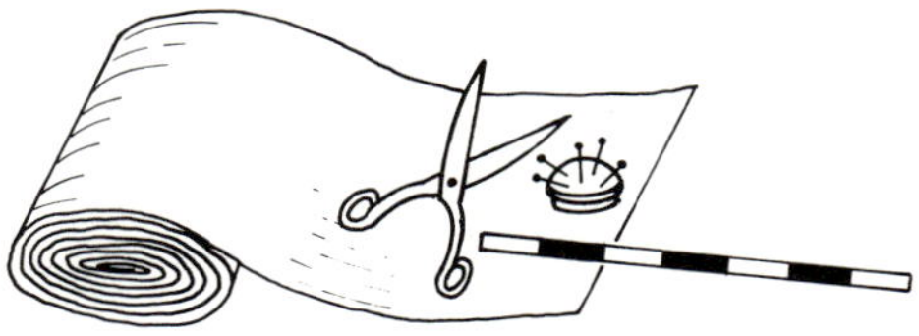

Aufgabe 2

Eine Bekleidungsschneiderin schneidet verschiedene Anzugteile zu. Die Teile sind 1,7 m, 34 cm, 1,35 m, 7,3 dm und 69 cm lang.

Wieviel Stoff hat sie verbraucht?

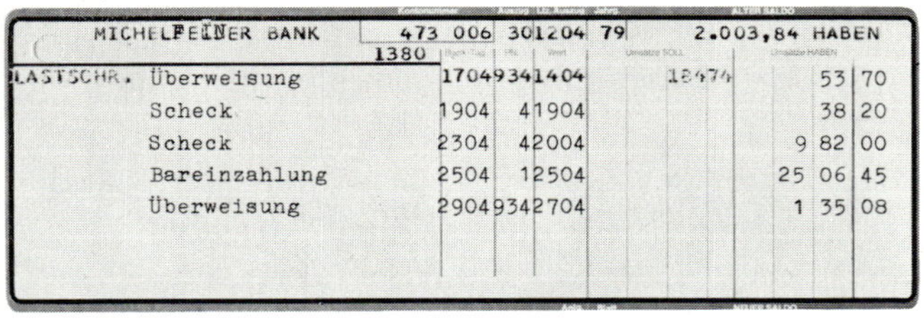

MICHELFEINER BANK		473 006	301204 79		2.003,84 HABEN
		1380			
LASTSCHR.	Überweisung	1704 934 1404		18474	53 70
	Scheck	1904 4 1904			38 20
	Scheck	2304 4 2004			9 82 00
	Bareinzahlung	2504 1 2504			25 06 45
	Überweisung	2904 934 2704			1 35 08

Aufgabe 3

Nebenstehender Auszug zeigt die Bewegungen auf einem Girokonto in einem Monat.

Mit welchem Kontostand (Saldo) wird der Monat abgeschlossen?

Aufgabe 4

Von einer Spedition sollen die abgebildeten Kisten transportiert werden. Es stehen drei Lastwagen mit 2,5 t (2500 kg), 3,4 t und 4,3 t zulässiger Zuladung zur Verfügung.

Mit welchem Lastwagen wird man den Auftrag erledigen?

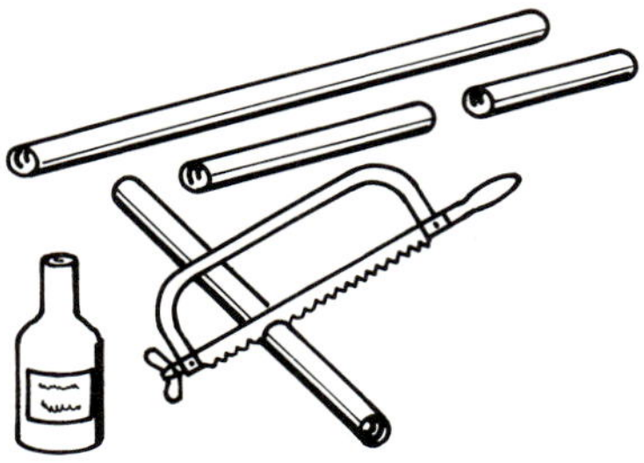

Aufgabe 5

Für Wasserleitungen sägt ein Rohrleitungsbauer Rohrstücke ab. Das verwendete Sägeblatt ist 2 mm breit. Die Rohrstücke sind 0,85 m, 3,6 dm, 397 mm, 1,8 m, 62,3 cm und 1,85 dm lang.

a) Wieviel Rohr verbraucht er?
b) Das Ergebnis ist in m, dm, cm und mm umzuwandeln.

Aufgabe 6

Ein Lastenaufzug darf 1200 kg befördern. Es wurden Transportbehälter mit folgenden Massen eingeladen: 196 kg, 85 kg, 324 kg und 480 kg.

Darf noch eine weitere Kiste mit 135 kg eingeladen werden?

Aufgabe 7

Der unten abgebildete Lastzug (Motorwagen und Anhänger) ist 25 m lang und 28 t schwer. Die Länge des Anhängers wird mit 13,5 m angegeben, seine Masse mit 11,4 t.

a) Wie lang ist der Motorwagen?
b) Wie schwer ist der Motorwagen?

Auch beim Subtrahieren (Abziehen) müssen die Zahlen richtig untereinander stehen.

Einer unter Einer,
Zehner unter Zehner
und so weiter . . .

Beim Subtrahieren ist auch auf die richtige Reihenfolge der Zahlen zu achten.

Erst der Minuend, dann der oder die Subtrahenden.

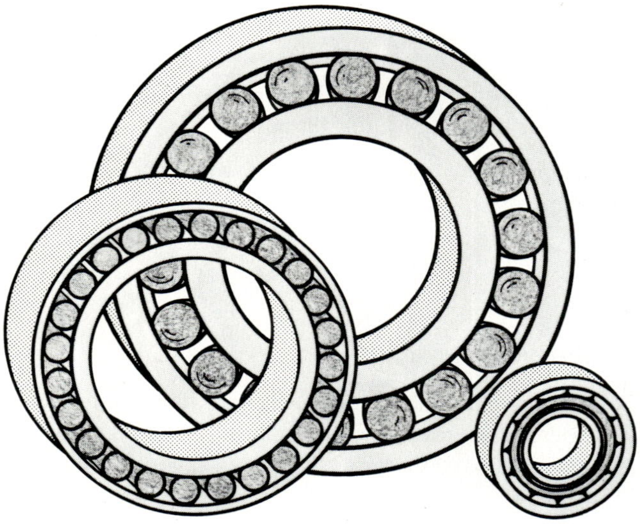

Aufgabe 8

Zum Monatsbeginn wurden im Lager einer Maschinenfabrik 6000 Kugellager gezählt. Für Aufträge wurden 380, 563, 1960, 396 und 54 Kugellager verwendet. Bei einem Restbestand von 2500 Kugellagern muß nachbestellt werden.

Muß der Lagerverwalter neue Kugellager bestellen?

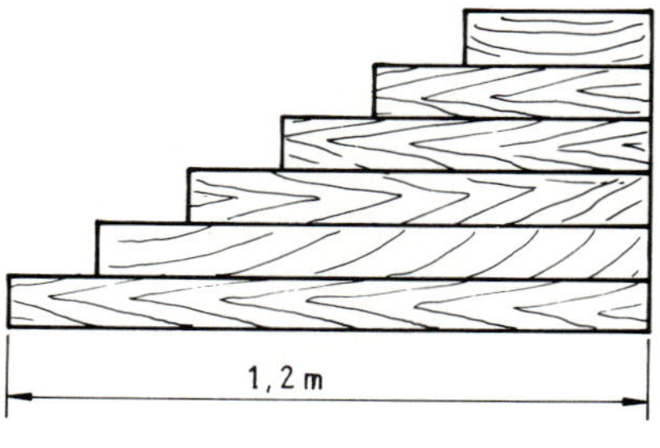

Aufgabe 9

Für eine Holzverkleidung braucht ein Tischler 6 Bretter. Das längste Brett ist 1,2 m lang. Jedes weitere Brett ist immer 15 cm kürzer als das vorhergehende.

a) Wie lang sind die einzelnen Bretter?
b) Wieviel m Holz werden insgesamt verbraucht?

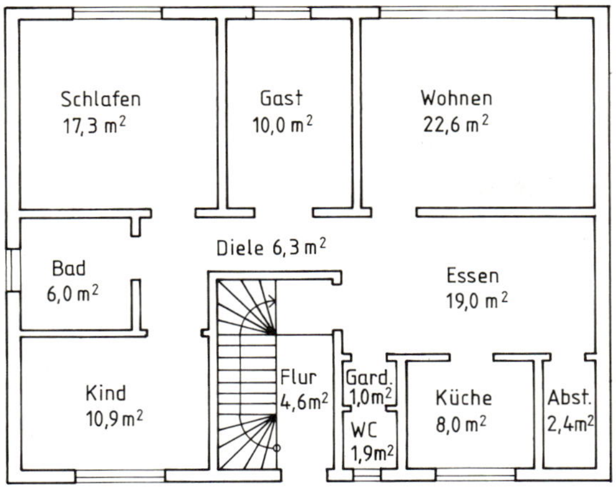

Aufgabe 10

Die im Grundriß dargestellte Wohnung hat eine Wohnfläche von 110 m²*. Sie soll bis auf Abstellraum, Küche, WC und Bad mit Teppichboden ausgelegt werden.

a) *Wieviel m² Teppichboden muß der Raumausstatter verarbeiten?*
b) *Wie teuer ist der gesamte Teppich, wenn 1 m² 62,50 DM kostet?*

Auch beim Multiplizieren (Malnehmen) ist auf saubere Schreibweise zu achten, damit die Zahlen richtig untereinander stehen!

Nur so können sie richtig addiert (zusammengezählt) werden.

Aufgabe 11

Bei dem abgebildeten Haus liegen entlang der Dachrinne 21 Dachziegel.
Von der Dachrinne bis zum First sind es 20 Dachziegel.

Wie viele Ziegel muß der Dachdecker verlegen?

Aufgabe 12

Ein Gärtner setzt in der Gärtnerei 255 Sträucher in eine Reihe. Er hat Platz für 14 Reihen.

a) *Wie viele Sträucher kann er setzen?*
b) *Wie hoch ist der Erlös, wenn er später den Strauch für 12,80 DM verkauft?*

Aufgabe 13

Von einer Milchkuh erhält ein Landwirt täglich 18,5 Liter Milch.

Wieviel Milch kann er im Jahr verkaufen, wenn er 58 Milchkühe hat?

---

* 1 m² ist die Einheit des Flächenmaßes.
1 m² entspricht einer Fläche von 1 m Länge und 1 m Breite; 1 m x 1 m = 1 m².

Aufgabe 14

Einem Kaufmann wurden zwei Angebote für den Einkauf von Glühlampen 220 V, 60 W gemacht.
Angebot 1: Packungsgröße 150 Stück,
Preis der Packung 142,50 DM
Angebot 2: Packungsgröße 400 Stück,
Preis der Packung 368,00 DM

a) *Was kostet eine Glühlampe bei Angebot 1?*
b) *Was kostet eine Glühlampe bei Angebot 2?*
c) *Wie kann man beim Dividieren (Teilen) das Ergebnis ganz einfach kontrollieren?*

Aufgabe 15

Ein Maurer hat in einer Woche 37,5 Stunden gearbeitet. Dafür bekommt er 973,50 DM Lohn.

Wie hoch ist der Stundenlohn des Maurers?

Aufgabe 16

Für die 522 km lange Fahrt von Stuttgart nach Hannover berechnet eine Spedition dem Kunden 1153,62 DM.

Wieviel kostet dabei ein Kilometer Fahrt?

Aufgabe 17

Ein Tischler soll eine 3,9 m lange Wand mit Holz verkleiden. Die Bretter, die er auswählt, sind 12 cm breit.

Wie viele Bretter wird er brauchen?

Aufgabe 18

Neun Fliesenleger verlegen an einem Tag 104,4 m^2 Fliesen.

Wieviel m^2 verlegt dabei jeder, wenn alle neun die gleiche Arbeitsleistung erbringen?

Aufgabe 19

Im Vorratsbehälter einer Abfüllanlage für Kaffee befinden sich 192,37 kg Röstkaffee.

Wie viele Packungen zu 0,125 kg können damit fertiggestellt werden?

Aufgabe 20

Für eine Weberei soll Wolle eingekauft werden. Dem Einkäufer der Weberei werden zwei Angebote gemacht.
Angebot 1: sechs Pakete mit je 16 kg Schafwolle frei Haus zum Gesamtpreis von 3552,– DM
Angebot 2: 100 kg Schafwolle der gleichen Qualität zu 3500,– DM zuzüglich 42,– DM Fracht und Verpackung.

Wie teuer ist das Kilo Wolle bei beiden Angeboten?

Auch beim Dividieren (Teilen) ist auf saubere Schreibweise zu achten. Nur wer die Zahlen richtig untereinander schreibt, bekommt das richtige Ergebnis!

Steht bei der Division in der Aufgabe ein Komma, so ist zu erweitern, das heißt, beide Zahlen (Divisor und Dividend) werden so oft mit 10 multipliziert, bis das Komma verschwindet.

Beispiel:
448,8 : 40 = 4488 : 400 = ?

·10 ·10

Hier genügt es mit 10 zu erweitern, oft muß aber mit 100 oder mit 1000 erweitert werden!

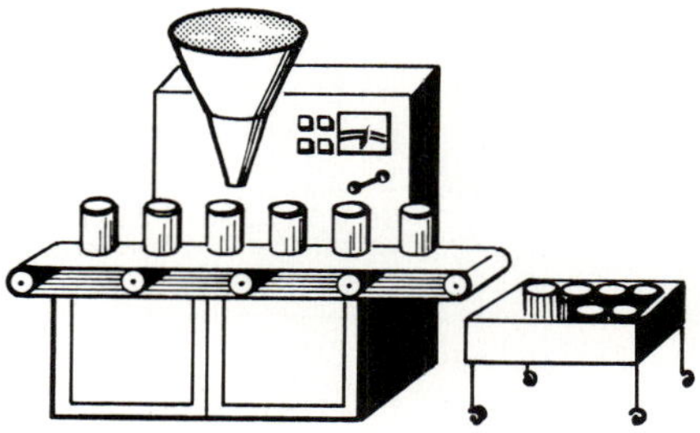

Aufgabe 21

Zur Fütterung der vier großen Löwen im Hamburger Zoo wurden in einem Jahr (365 Tage) 12 410 kg Fleisch verbraucht.

a) *Wieviel Fleisch verfütterten die Tierpfleger im Durchschnitt an einen Löwen pro Tag?*
b) *Wieviel Fleisch verbraucht man jährlich, wenn ein weiterer Löwe angeschafft wird?*

Der Taschenrechner:

Ein Zahlenkünstler, der uns hilft!

Der Taschenrechner kann nur richtig rechnen, wenn er sorgfältig behandelt wird.

Seine schlimmsten Feinde sind:
Staub (er verklemmt die Tasten), Wasser (es zerstört ihn von innen), Stöße (sie erschüttern sein feines „Gehirn")
und leere Batterien (dann rechnet er vor Schwäche falsch).

Wenn man das beachtet, macht der Taschenrechner immer genau das, was man ihm über seine Tasten „sagt"!

Trotzdem kann eine Rechnung mal nicht stimmen, das liegt dann aber nicht am Taschenrechner. Dann wurde ihm etwas Falsches „gesagt". Er wurde falsch bedient.

Wie „redet" man richtig mit dem Taschenrechner?

Am einfachsten geht es bei den Grundrechenarten.

Beispiel 1

Addieren Es soll gerechnet werden 48 + 136 = ?

Dazu werden die Tasten genau in der Reihenfolge gedrückt, wie sie in der Aufgabe stehen.

Also:

[4] [8] [+] [1] [3] [6] [=] 184 zeigt die Anzeige als Ergebnis.

Sollen mehr als zwei Zahlen addiert werden, dann ist nur nach der zweiten Zahl nochmals die Taste [+] zu drücken, danach folgt die dritte Zahl usw. Zum Schluß Taste [=] nicht vergessen!

Aufgabe: 48 + 136 + 253 + 41 + 9 = ?
Als Ergebnis sollte 487 herauskommen.

Aufgabe 1

Auf diese Weise sind die Ergebnisse der Aufgaben 1a und b von Seite 27 zu prüfen.

Beispiel 2

Subtrahieren Es soll gerechnet werden 184 − 48 = ?

Die Tasten werden wie oben betätigt.

Also:

[1] [8] [4] [−] [4] [8] [=] 136 zeigt die Anzeige als Ergebnis.

Sollen mehr als zwei Zahlen subtrahiert werden, dann ist nach der zweiten Zahl nochmals die Taste [−] zu drücken, danach folgt die dritte Zahl usw. Zum Schluß Taste [=] nicht vergessen!

Aufgabe: 371 − 52 − 139 − 18 = ?
Als Ergebnis sollte 162 herauskommen.

Aufgabe 2

Auf diese Weise sind die Ergebnisse der Aufgaben 2a und b von Seite 27 zu überprüfen.

Beispiel 3

Multiplizieren Es soll gerechnet werden 81 · 174 = ?

Dazu werden die Tasten so gedrückt:

[8] [1] [×] [1] [7] [4] [=] 14094 zeigt die Anzeige als Ergebnis.

Sollen mehr als zwei Zahlen multipliziert werden, dann ist nach der zweiten Zahl nochmals die Taste [×] zu drücken, danach folgt die dritte Zahl usw. Auch hier zuletzt Taste [=] drücken!

Aufgabe: 63 · 14 · 3 · 15 = ?
Als Ergebnis sollte 39690 herauskommen.

Aufgabe 3

Auf diese Weise sind die Ergebnisse der Aufgaben 3a und b von Seite 28 zu prüfen.

Beispiel 4

Dividieren Es soll gerechnet werden 478 : 62 = ?

Dazu werden die Tasten so gedrückt:

[4] [7] [8] [÷] [6] [2] [=] 7.7096774 zeigt die Anzeige als Ergebnis.

Sollen mehr als zwei Zahlen dividiert werden, dann ist nach der zweiten Zahl wieder die Taste [÷] zu drücken, danach folgt die dritte Zahl usw. Die letzte Taste ist wieder [=] !

Aufgabe: 779 : 18 : 42 = ?
Als Ergebnis sollte 1,0304232 herauskommen.

Beim Dividieren bekommt man oft Ergebnisse mit sehr vielen Stellen nach dem Komma. Solche Ergebnisse werden auf- oder abgerundet.

Das Auf- oder Abrunden von Ergebnissen

Hier muß man wissen:
Die Zahlen 1, 2, 3, 4 werden abgerundet.
Die Zahlen 5, 6, 7, 8 und 9 werden aufgerundet.

Mit dem Runden beginnt man beim Ergebnis von rechts her.
Gerundet wird bis zur dritten Stelle rechts vom Komma.

Wird eine Zahl aufgerundet,
so wird die davorstehende Zahl um 1 vergrößert.
Wird eine Zahl abgerundet,
so wird die davorstehende Zahl nicht verändert.

Beispiele:
24,14563 ergibt gerundet 24,146
24,14543 ergibt gerundet 24,145

Aufgabe 4

Auf diese Weise sind die Ergebnisse der Aufgaben 4a und b von Seite 28 zu überprüfen.

Bruchrechnen

Mit der Bruchrechnung gehen wir alle täglich um, am Arbeitsplatz und zu Hause.

Wir verwenden Zahlenbrüche bei Mengenangaben, z. B. ein halber Liter, ein dreiviertel Kilogramm. Oft werden sie auch zur Zeitangabe benutzt, z. B. in einer halben Stunde oder sechseinhalb Stunden.

Dabei wird der Bruch immer durch eine Maßeinheit ergänzt.
Die Maßeinheit sagt uns, was hier „gebrochen“, also „zerteilt“ wurde.

Arten von Brüchen:

Brüche können immer auf zwei Arten geschrieben werden:

1. Auf dem Bruchstrich

z. B. $\frac{1}{2}$ $\frac{1}{4}$ $\frac{1}{5}$

Dabei besteht der Bruch aus:

$1\frac{1}{4}$ — Zähler — Bruchstrich — Nenner

Anzahl der Ganzen

2. Mit dem Komma als Dezimalbruch

z. B. **0,5 0,25 0,2**

Dabei besteht der Bruch aus:

1,25 — Anzahl der Hundertstel — Anzahl der Zehntel

Anzahl der Ganzen

Jeder Bruch kann also in einen Dezimalbruch umgewandelt werden. Das ist oft wichtig, denn mit Dezimalbrüchen können wir schon rechnen!

Wie wird umgewandelt?

Ganz einfach! Den Zähler durch den Nenner teilen!

Beispiel: $\frac{1}{5} = 1 : 5 = 1{,}0 : 5 = 0{,}2$
10
0

oder $\frac{1}{8} = 1 : 8 = 1{,}0 : 8 = 0{,}125$
8
20
16
40

Ganze Zahlen werden nicht mit umgewandelt.

Beispiel: $3\frac{1}{4} = 3 + \frac{1}{4}$ $1 : 4 = 0{,}25$ also $3 + 0{,}25 = 3{,}25$

$\frac{1}{4} = ?$	$3\frac{1}{2} = ?$	$35\frac{9}{12} = ?$
$\frac{3}{10} = ?$	$7\frac{2}{3} = ?$	$47\frac{8}{9} = ?$
$\frac{1}{12} = ?$	$23\frac{1}{8} = ?$	$51\frac{7}{5} = ?$

Bei den Brüchen unterscheidet man weiter:

echte Brüche	unechte Brüche	gemischte Zahlen	gleichnamige Brüche	ungleichnamige Brüche	Scheinbrüche
$\frac{1}{3}$ $\frac{1}{2}$ $\frac{1}{8}$	$\frac{2}{1}$ $\frac{5}{2}$ $\frac{8}{3}$	$2\frac{1}{2}$ $4\frac{3}{8}$	$\frac{1}{8}$ $\frac{3}{8}$ $\frac{7}{8}$	$\frac{3}{8}$ $\frac{1}{2}$ $\frac{2}{7}$	$\frac{2}{1}$ $\frac{5}{1}$
Der Zähler ist kleiner als der Nenner	Der Zähler ist größer als der Nenner	Ganze Zahl und ein Bruch	Alle Nenner sind gleich	Nenner sind unterschiedlich	Nenner ist 1

(unechte Brüche und gemischte Zahlen:) läßt sich umwandeln

UND SO RECHNET MAN MIT BRÜCHEN

1. Addition (Zusammenzählen) und Subtraktion (Abziehen)

Brüche dürfen nur addiert oder subtrahiert werden, wenn sie gleichnamig sind! (Alle Nenner müssen gleich sein.)

Addieren: $\frac{1}{8} + \frac{5}{8} = \frac{1+5}{8} = \frac{6}{8}$

Subtrahieren: $\frac{5}{8} - \frac{1}{8} = \frac{5-1}{8} = \frac{4}{8}$

Oft werden uns aber Aufgaben gestellt, bei denen die Brüche nicht gleichnamig sind.

Ein Gast trinkt in einem Lokal $\frac{1}{4}$ *l* Wein und $\frac{1}{8}$ *l* Wein.
Wieviel Wein muß ihm der Kellner berechnen?

Aufgabe $\frac{1}{4}\,l + \frac{1}{8}\,l = ?$

Durch Erweitern oder Kürzen können Brüche gleichnamig gemacht werden.

Erweitern: $\frac{1 \cdot 2}{4 \cdot 2} = \frac{2}{8}$

Zähler und Nenner werden mit der gleichen Zahl multipliziert (malgenommen).

Kürzen: $\frac{2 : 2}{8 : 2} = \frac{1}{4}$

Zähler und Nenner werden durch die gleiche Zahl dividiert (geteilt).

Der Zahlenwert des Bruches wird durch Erweitern und Kürzen nicht verändert!

Beweis: $\frac{1}{4} = 0{,}25$

$\frac{2}{8} = 0{,}25$

also $\frac{1}{4} = \frac{2}{8}$

Jetzt können wir dem Kellner helfen!

$\frac{1}{4}\,l + \frac{1}{8}\,l = \frac{1 \cdot 2}{4 \cdot 2}\,l + \frac{1}{8}\,l = \frac{2}{8}\,l + \frac{1}{8}\,l = \frac{3}{8}\,l$

Hier wird das Erweitern geübt ...

Die Brüche sind zu erweitern:

mit 3: $\frac{1}{4}$ $\frac{3}{7}$ $\frac{8}{6}$ $\frac{10}{4}$ $\frac{7}{9}$ $\frac{21}{25}$

mit 7: $\frac{3}{4}$ $\frac{5}{8}$ $\frac{1}{2}$ $\frac{3}{5}$ $\frac{2}{3}$ $\frac{8}{10}$

mit 12: $\frac{2}{3}$ $\frac{8}{6}$ $\frac{3}{5}$ $\frac{3}{4}$ $\frac{7}{8}$ $\frac{6}{7}$

Hier ist umzuwandeln ...

in Sechstel: $\frac{1}{3}$ $\frac{1}{2}$ $\frac{2}{3}$

in Achtel: $\frac{1}{4}$ $\frac{3}{4}$ $\frac{1}{2}$ $2\frac{3}{4}$

in Zehntel: $\frac{1}{2}$ $\frac{2}{5}$ $\frac{3}{5}$ $4\frac{1}{5}$

in Zwölftel: $\frac{2}{3}$ $\frac{1}{4}$ $\frac{2}{6}$ $3\frac{1}{2}$

... und hier das Kürzen:

Die Brüche sind so weit wie möglich zu kürzen: $\frac{6}{8}$ $\frac{8}{10}$ $\frac{9}{21}$ $\frac{18}{27}$ $\frac{45}{60}$ $\frac{15}{3}$

Beim Kürzen von großen Zahlen hilft uns die Faktorenzerlegung:

Das heißt: Zerlegen der Zahlen in Primzahlen (Zahlen, die nur durch 1 und sich selbst teilbar sind)

Beispiele: $\frac{45}{60} = \frac{3\cdot3\cdot5}{2\cdot2\cdot3\cdot5} = \frac{3}{4}$ $\frac{192}{288} = \frac{2\cdot2\cdot2\cdot2\cdot2\cdot2\cdot3}{2\cdot2\cdot2\cdot2\cdot2\cdot3\cdot3} = \frac{2}{3}$

Folgende Zahlen sind in Primzahlen zu zerlegen: 12; 18; 26; 48; 95; 125; 352

Jetzt können wir auch diese Brüche kürzen: $\frac{72}{108}$ $\frac{88}{264}$ $\frac{218}{612}$ $\frac{768}{1152}$

Wer kürzen kann, der kann die nächsten **Aufgaben** lösen:

Wandle um in Drittel: $\frac{2}{6}$ $\frac{6}{9}$ $\frac{28}{21}$ $4\frac{8}{12}$

und in Viertel: $\frac{9}{12}$ $\frac{4}{16}$ $\frac{36}{24}$ $6\frac{6}{24}$

1. Eine Fachverkäuferin verkauft Emmentaler. Heute verlangten die Kunden:
$\frac{1}{2}$ kg, $\frac{1}{4}$ kg, $\frac{3}{4}$ kg und $1\frac{1}{2}$ kg.

Wieviel Käse wurde verkauft?

2. Auf einer Baustelle stehen drei Lastwagen. Der erste kann $3\frac{1}{4}$ t, der zweite $4\frac{1}{3}$ t und der dritte $7\frac{1}{2}$ t laden.

Wieviel Kies können sie laden, wenn alle drei gemeinsam fahren?

3. Zum Anrühren einer Eiscreme verwendet die Köchin nach Rezept:
$\frac{3}{8}$ *l* Milch, $\frac{1}{4}$ *l* Sahne und $\frac{1}{10}$ *l* Birnensaft.

Wieviel Eiscreme stellt sie her?

4. An einem Stahlrohr wird gemessen:

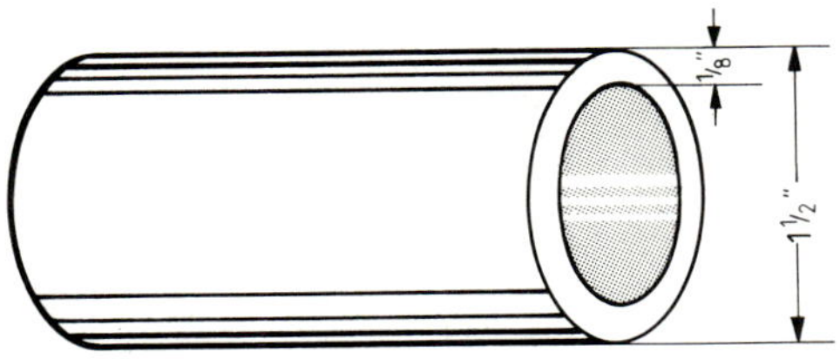

Außendurchmesser $1\frac{1}{2}$″; Wandstärke $\frac{1}{8}$″.

Wie groß ist der Innendurchmesser?

5. In einem Fotolabor stehen drei Literflaschen mit Entwickler.
Der ersten wurde $\frac{2}{3}$ *l* entnommen, der zweiten $\frac{3}{8}$ *l* und der dritten $\frac{2}{5}$ *l*.

Wieviel Entwickler ist noch vorhanden?

2. Multiplizieren (Malnehmen) von Brüchen

Brüche werden miteinander multipliziert, indem man die Zähler miteinander multipliziert und die Nenner miteinander multipliziert.

Beispiel: $\frac{3}{4} \cdot \frac{2}{3} = \frac{3 \cdot 2}{4 \cdot 3} = \frac{6}{12}$

Genauso rechnet man bei mehreren Brüchen.

Beispiel: $\frac{1}{2} \cdot \frac{2}{5} \cdot \frac{3}{8} = \frac{1 \cdot 2 \cdot 3}{2 \cdot 5 \cdot 8} = \frac{6}{80}$

Weil die Rechenregel so einfach ist, wenden wir sie gleich an!

1. Aus der Kühltruhe eines Supermarktes wurden an einem Tag 53 Halbliterpackungen Frischmilch entnommen.
Wieviel Liter Milch wurden verkauft?

3. Für einen Ärmel eines Anzuges benötigt die Bekleidungsschneiderin $\frac{3}{4}$ m Stoff. Heute hat sie 435 Ärmel zugeschnitten.
Wieviel Stoff wurde verbraucht?

2. Am selben Tag wurden aus der Kühltruhe 108 Butterstücke zu je $\frac{1}{8}$ kg verkauft.
Wieviel Butter wurde an diesem Tag verkauft?

4. Ein Muldenkipper kann $9\frac{2}{3}$ t Sand laden. Heute wurde er $5\frac{1}{2}$ mal gefüllt.
Wieviel Tonnen Sand hat er transportiert.

3. Dividieren (Teilen) von Brüchen

Ein Bruch wird durch einen anderen dividiert, indem man ihn mit dem Kehrwert des Divisors multipliziert.

Beispiel: $\frac{1}{2} : \frac{2}{3} = \frac{\frac{1}{2}}{\frac{2}{3}} = \frac{1}{2} \cdot \frac{3}{2} = \frac{1 \cdot 3}{2 \cdot 2} = \frac{3}{4}$

Natürlich muß man das nicht immer so ausführlich schreiben! Es genügt so:

$$\frac{1}{2} : \frac{2}{3} = \frac{1}{2} \cdot \frac{3}{2} = \frac{3}{4}$$

Auch diese Rechenregel können wir gleich anwenden!

1. Ein Gastwirt hat im Keller ein Faß mit 320 *l* Rotwein stehen.
Wie viele Gläser zu je $\frac{1}{4}$ l kann er daraus füllen?

3. Ein Ausbaufacharbeiter verlegt Kunststoffplatten, die genau $\frac{1}{8}$ m^2 groß sind.
Wie viele dieser Platten braucht er für ein Zimmer von $12\frac{3}{4}$ m^2?

2. Um einen Kranken zu versorgen, benötigt eine Gemeindeschwester $1\frac{1}{8}$ Stunden.
Zu wie vielen Kranken kann sie täglich gehen, wenn sie $7\frac{7}{8}$ Stunden arbeitet?

4. Mit seinem Gabelstapler kann ein Lagerarbeiter in einer Stunde $16\frac{1}{2}$ t Ziegelsteine verladen.
Wie lange braucht er zum Verladen von $73\frac{1}{3}$ t?

Weitere Übungen zum Bruchrechnen:

1. Addition

a) $\frac{1}{4} + \frac{2}{5} + \frac{5}{6} = ?$

b) $\frac{3}{8} + 2\frac{3}{4} + 5\frac{1}{3} = ?$

c) $1\frac{3}{7} + 3\frac{1}{4} + \frac{5}{8} = ?$

2. Subtraktion

a) $3\frac{7}{12} - 1\frac{3}{8} - \frac{5}{6} = ?$

b) $15\frac{1}{9} - 4\frac{8}{10} - 1\frac{3}{5} = ?$

c) $7\frac{3}{9} - 2\frac{1}{4} - \frac{5}{6} = ?$

d) $9\frac{3}{7} - 4\frac{2}{5} - 3\frac{1}{2} = ?$

e) $16\frac{3}{12} - 5\frac{2}{3} - 8\frac{3}{4} = ?$

f) $39\frac{1}{2} - 7\frac{4}{5} - 9\frac{3}{8} = ?$

3. Addition und Subtraktion

a) $37\frac{1}{4} - 21\frac{7}{16} + 2\frac{8}{48} = ?$

b) $58\frac{2}{7} - \frac{9}{42} + 3\frac{1}{84} = ?$

c) $42\frac{3}{13} + \frac{7}{52} - 1\frac{8}{260} = ?$

d) $19\frac{3}{10} + 6\frac{4}{8} - 21\frac{3}{4} = ?$

e) $144\frac{8}{12} - 12\frac{12}{60} + \frac{3}{48} = ?$

f) $54\frac{2}{38} + 5\frac{3}{57} - 2\frac{7}{76} = ?$

4. Multiplikation

a) $\frac{3}{16} \cdot \frac{5}{7} = ?$

b) $\frac{4}{9} \cdot \frac{3}{5} \cdot \frac{9}{7} = ?$

c) $3\frac{2}{3} \cdot 4\frac{1}{2} = ?$

d) $5\frac{3}{8} \cdot 3\frac{3}{4} \cdot 2\frac{1}{9} = ?$

e) $33\frac{2}{5} \cdot \frac{2}{8} \cdot 3\frac{6}{12} = ?$

f) $\frac{1}{264} \cdot 95\frac{3}{8} \cdot 24\frac{8}{36} = ?$

5. Division

a) $\frac{8}{5} : \frac{4}{15} = ?$

b) $\frac{9}{7} : \frac{7}{16} = ?$

c) $\frac{42}{3} : \frac{15}{126} = ?$

d) $\frac{106}{48} : \frac{16}{3} = ?$

e) $5\frac{3}{7} : 2\frac{1}{12} = ?$

f) $3\frac{5}{6} : 12\frac{1}{4} = ?$

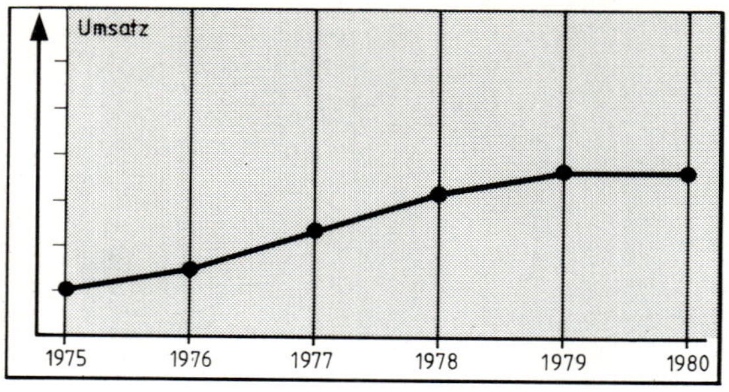

Das Schaubild (Kurvendiagramm)

Warum wird die Umsatzkurve gezeichnet?

Mit dem Schaubild (Kurvendiagramm) wird eine Entwicklung sichtbar gemacht.

Anwendungen: Umsatzkurve, Preisentwicklung, Staatshaushalt, Temperaturänderung im Jahr und viele andere Entwicklungen!

1. Das Liniendiagramm

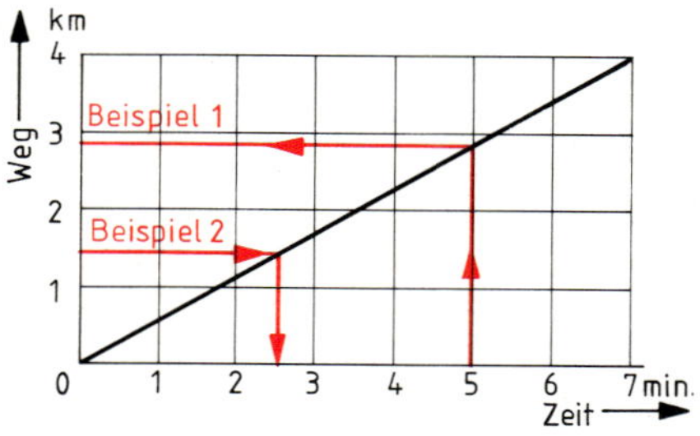

Anwendung: Weg-Zeit-Diagramm

Ein Mopedfahrer fährt die 4 km zu seinem Arbeitsplatz in 7 min.
Mit einem Diagramm kann man zu jeder Zeit feststellen, wie weit er schon gefahren ist.

Beispiel 1:	Wie weit ist er nach 5 min. gefahren?
Lösung:	Er ist 2,9 km gefahren.
Beispiel 2:	Wie lange braucht er, um 1,5 km zu fahren?
Lösung:	Er braucht 2,6 min.

Aufgabe 1

Der Motor eines Fischkutters verbraucht in 13 Tagen 700 *l* Treibstoff.

a) Wieviel Treibstoff verbraucht er in 9 Tagen?
b) Wie lange reichen ihm 250 Liter Treibstoff?

2. Das Kreisdiagramm

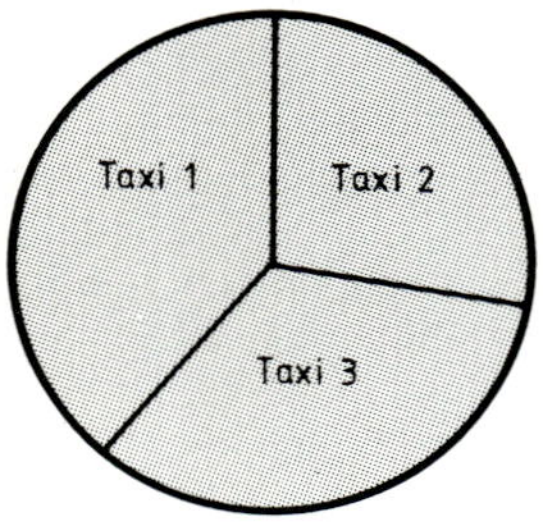

Anwendung: Kilometerleistung

Ein Taxiunternehmen hat drei Taxen.
Sie fuhren heute: Taxi 1: 280 km, Taxi 2: 200 km, Taxi 3: 240 km, zusammen also 720 km.

Beispiel:

720 km entsprechen dem ganzen Kreis, also 360°
1 km entspricht $\frac{360°}{720} = 0{,}5°$
Fahrleistung Taxi 1: 280 km ≙* $280 \cdot 0{,}5° = 140°$
Fahrleistung Taxi 2: 200 km ≙ $200 \cdot 0{,}5° = 100°$
Fahrleistung Taxi 3: 240 km ≙ $240 \cdot 0{,}5° = 120°$

3. Das Blockdiagramm

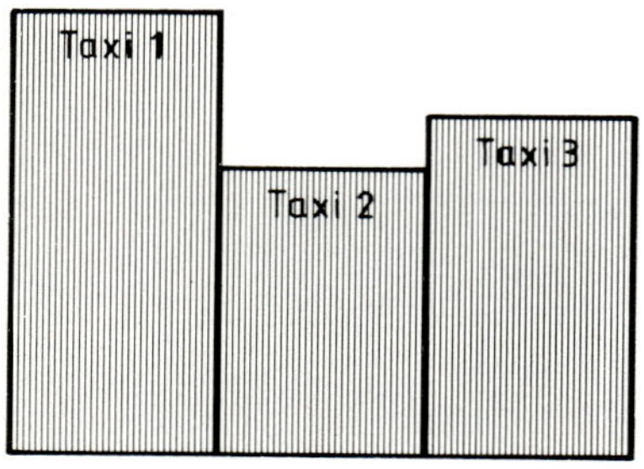

Anwendung: Kilometerleistung

Wir verwenden die Aufgabe mit den Taxen nochmals. Diesmal werden Blöcke nebeneinander gestellt.

Beispiel:

Dazu wird ein Maßstab gebraucht.
Gewählt: 20 km ≙ 5 mm
Fahrleistung Taxi 1: 280 km ≙ $14 \cdot 5$ mm $= 70$ mm
Fahrleistung Taxi 2: 200 km ≙ $10 \cdot 5$ mm $= 50$ mm
Fahrleistung Taxi 3: 240 km ≙ $12 \cdot 5$ mm $= 60$ mm

Aufgabe 2

Wasserverbrauch in einer Woche: in der Küche 120 *l*, im Bad 450 *l*, im Garten 150 *l*. Es ist ein Kreisdiagramm und Blockdiagramm zu zeichnen.

* Das ≙ Zeichen bedeutet: ... entspricht oder entsprechen ...

Das Schlußrechnen

Hier soll von Bekanntem auf
Unbekanntes geschlossen werden!

1. Beispiel: **gerades Verhältnis, Zweisatz**

In drei Tagen setzt ein Gärtner 900 Fliedersträucher.
Wie viele Sträucher setzt er an einem Tag?

Lösung: Zweisatz

Das Gesuchte (hier Zahl der Sträucher) steht rechts!

1. Satz: In 3 Tagen setzt er 900 Sträucher

2. Satz: An 1 Tag setzt er $\frac{900}{3} = \underline{\underline{300 \text{ Sträucher}}}$

Aufgabe 1

Um ein Auto zu lackieren, braucht der Fahrzeuglackierer 3,6 kg Farbe.

Wieviel Farbe braucht er für fünf Autos?

Aufgabe 2

Eine Strickmaschine strickt in einer Stunde 8112 Reihen.

Wie viele Reihen schafft sie in 20 Minuten?

2. Beispiel: **gerades Verhältnis, Dreisatz**

Eine Kommunikationselektronikerin schließt in drei Tagen 21 Telefone an.
Wie viele Telefone kann sie in fünf Tagen anschließen?

Lösung: Dreisatz

1. Satz: In 3 Tagen schließt er 21 Telefone an.
2. Satz: An 1 Tag schließt er $\frac{21}{3} = 7$ Telefone an.
3. Satz: In 5 Tagen schließt er $5 \cdot 7 = 35$ Telefone an.

Wichtig: Im zweiten Satz muß immer stehen,

was an **1 Tag** gearbeitet wird,
oder was **1 kg** kostet usw.

Also zuerst muß **eine** Einheit bekannt sein.

Dann kommt der dritte Satz.

Aufgabe 3

Ein Flugzeug fliegt 850 km in drei Stunden.

a) Wie weit ist es nach $2\frac{1}{2}$ Stunden geflogen?
b) Wie lange braucht es, um 650 km zu fliegen?

Alle Zweisatz- und Dreisatzaufgaben
mit geradem Verhältnis lassen sich
auch durch ein Liniendiagramm lösen!

3. Beispiel: **umgekehrtes Verhältnis**

Um eine Straße zu asphaltieren, arbeiten vier Straßenbauer 15 Stunden.
Wie lange hätten 5 Straßenbauer gebraucht?

Lösung: Dreisatz

1. Satz: 4 Arbeiter brauchen 15 Stunden

2. Satz: 1 Arbeiter braucht $4 \cdot 15 = 60$ Stunden

3. Satz: 5 Arbeiter brauchen $\frac{60}{5} = 12$ Stunden

Aufgabe 1

Terminauftrag!

Eine Rohrleitung sollte von 6 Rohrleitungsbauern in 4 Monaten fertiggestellt werden.
Der Arbeitsbeginn hat sich um einen Monat verzögert.

Wie viele Rohrleitungsbauer braucht man jetzt?

4. Beispiel: **doppeltes Verhältnis**

Hier wird von zwei bekannten Verhältnissen auf zwei Unbekannte geschlossen.
Also zwei Schlußrechnungen in einer Aufgabe.

In einer Fensterfabrik verglasen 9 Glaser in 15 Tagen 675 Fenster.
Es werden drei weitere Glaser eingestellt.
Wie viele Fenster können jetzt in 8 Tagen verglast werden?

Lösung: zwei Dreisätze

9 Glaser verglasen in 15 Tagen 675 Fenster

1 Glaser verglast in 15 Tagen $\frac{675}{9} = 75$ Fenster

1 Glaser verglast an 1 Tag $\frac{75}{15} = 5$ Fenster

12 Glaser verglasen an 1 Tag $12 \cdot 5 = 60$ Fenster

12 Glaser verglasen in 8 Tagen $60 \cdot 8 = 480$ Fenster

Aufgabe 2

Drei Forstarbeiter fällen und zersägen in 5 Tagen 210 Bäume.
Dann arbeiten nur noch 2 Holzfäller weiter.

Wie viele Bäume fällen sie in drei Tagen?

ÜBUNGEN ZUM SCHLUSSRECHNEN

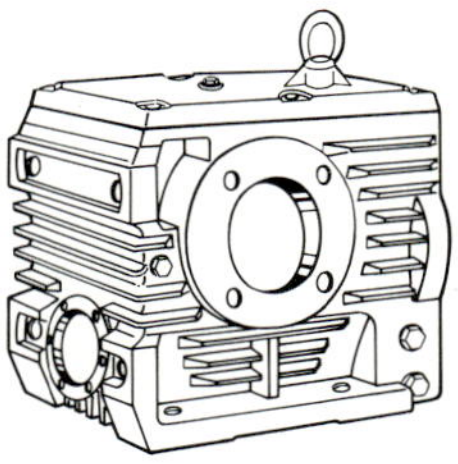

Aufgabe 1

10 kg Gußeisen kosten 35,– DM.

Wie hoch sind die Materialkosten für ein Getriebegehäuse, das 6,7 kg wiegt?

Die Aufgabe ist auch als Diagramm zu lösen!

Aufgabe 2

Das Mofa von Dieter fährt mit einer Zweitaktmischung von 1 : 25 (1 *l* Öl auf 25 *l* Benzin).

Wieviel Öl braucht er, wenn er 7,5 l Benzin in den Tank füllt?

Die Aufgabe ist auch als Diagramm zu lösen!

Aufgabe 3

Ein Berufskraftfahrer fährt mit seinem Bus zur Tankstelle. Seit dem letzten Volltanken ist er 254 km gefahren, und jetzt faßt der Tank 57,15 Liter.

Wieviel Treibstoff braucht der Bus auf 100 km?

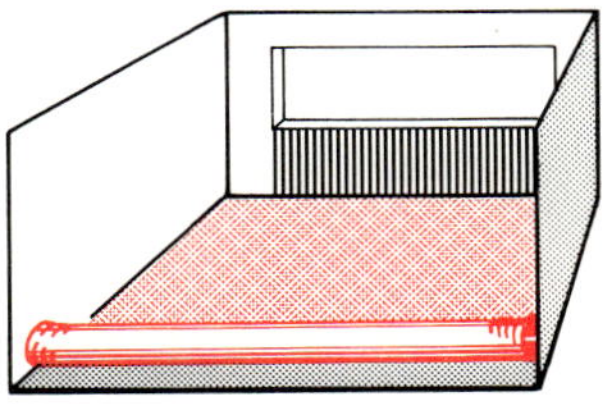

Aufgabe 4

Eine 85 m² große Wohnung wurde mit Teppichboden ausgelegt.
Die Materialkosten betrugen 3230,– DM.

Wie teuer kommt es, wenn man eine 74 m² große Wohnung mit dem gleichen Material auslegen läßt?

Aufgabe 5

Für eine Bestandsaufnahme zählt ein Lagerist Schrauben. 120 Schrauben hat er gezählt. Dann wiegt er sie. Sie wiegen 2040 g.
Die restlichen Schrauben wiegen 14,841 kg.

Wieviel Schrauben sind es insgesamt?

Die Aufgabe ist auch als Diagramm zu lösen!

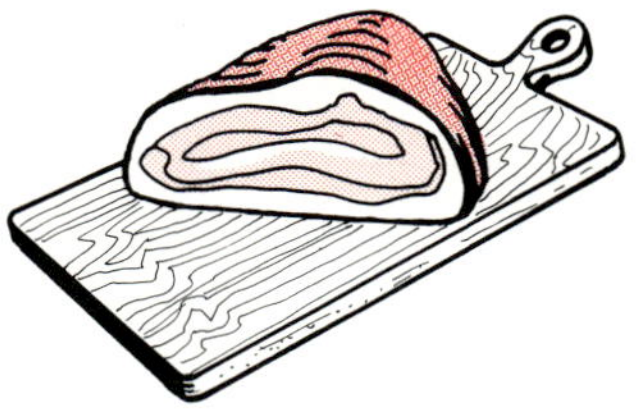

Aufgabe 6

In der Kantine einer Möbelfabrik essen täglich 352 Mitarbeiter. In der letzten Woche wurden an 5 Arbeitstagen 616 kg Fleisch verbraucht.
In dieser Woche wird durch einen Feiertag nur an vier Tagen gearbeitet, außerdem haben 48 Mitarbeiter Urlaub.

Wieviel Fleisch muß eingekauft werden?

Aufgabe 7

Um eine gefüllte Rinderrolle für einen Vierpersonenhaushalt zu braten, braucht die Hausfrau folgende Zutaten:

950 g Ochsenfleisch, 40 g Räucherspeck,
100 g Pilze und 40 g Fett.

Wieviel Zutaten braucht die Hausfrau, wenn sie eine Rinderrolle für 7 Personen zubereiten soll?

Aufgabe 8

Ein Anlagenmechaniker baute in einem Haus zwei Thermostatventile ein. Dadurch konnten in einem Jahr 320 *l* Heizöl gespart werden.

Wieviel Heizöl kann der Hausbesitzer jährlich sparen, wenn er auch die anderen 9 Heizkörperventile austauscht?

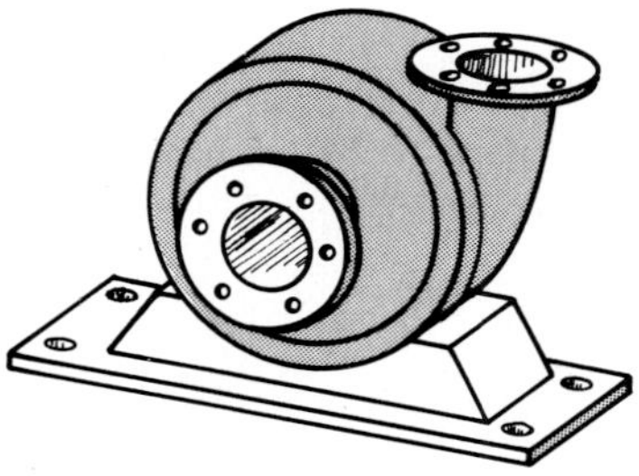

Aufgabe 9

In der Fräserei einer Maschinenfabrik werden auf drei Fräsmaschinen Pumpengehäuse bearbeitet. In den letzten 8 Arbeitstagen wurden 184 Gehäuse bearbeitet.

Wie viele Gehäuse können auf zwei Maschinen in drei Tagen bearbeitet werden?

Aufgabe 10

Ein Industriemechaniker montiert Fotoapparate. In der vergangenen Woche montierte er in 42 Stunden 63 Apparate. Diese Woche arbeitet er mit drei Kollegen zusammen.

Wie viele Apparate montieren sie gemeinsam in 40 Stunden?

Aufgabe 11

Auf einer elektrischen Schreibmaschine schafft eine Bürogehilfin in drei Minuten 730 Anschläge.

Wie lange schreibt sie an einem Brief mit 1635 Schriftzeichen?

Die Prozentrechnung

„Prozent" ist lateinisch und heißt je Hundert.

Ein Prozent ist also ein Hundertstel von einem Ganzen.

Geschrieben wird es so: 1 % $= \frac{1}{100}$ vom Ganzen.

Beispiel: 1 Pfennig ist 1 % von einer Mark.
Daneben gibt es noch das Promille.

„Promille" ist ebenfalls lateinisch, es heißt je Tausend.

Geschrieben wird es so: 1 ‰ $= \frac{1}{1000}$ vom Ganzen.

Beispiel: 1 Gramm ist 1 ‰ von einem Kilogramm.

Sehen wir uns den Lieferschein an!

In der Prozentrechnung rechnet man mit drei Werten:

1.	dem Grundwert, er entspricht 100 %	hier 500,— DM
2.	dem Prozentsatz,	hier 2 %
3.	dem Prozentwert,	hier 10,— DM

In jeder Aufgabe zur Prozentrechnung sind zwei dieser Werte bekannt, der dritte Wert muß errechnet werden. Also gibt es drei Arten von Aufgaben.

1. Bekannt sind:
Grundwert und Prozentsatz, gesucht Prozentwert

Eine solche Aufgabe steckt in dem Lieferschein.
Wieviel DM darf man abziehen, wenn man sofort zahlt?

Lösung: mit Dreisatz

100 % ≙ (entsprechen) 500,— DM

1 % ≙ $\frac{200,\text{– DM}}{100}$ = 5,— DM

2 % ≙ 5,– DM · 2 = 10,— DM

Der Skontoabzug beträgt 10,— DM

Aufgabe 1

Bei Abnahme von mehr als 20 Handbohrmaschinen zum Stückpreis von 254,– DM gibt der Händler 3 % Rabatt.

Wie teuer ist dann eine Maschine?

Aufgabe 2

Eine Möbeltischlerei stellte im vergangenen Jahr 141 Bücherregale her.
Dieses Jahr steigerte man die Produktion um 7 %.

Wieviel Regale wurden also hergestellt?

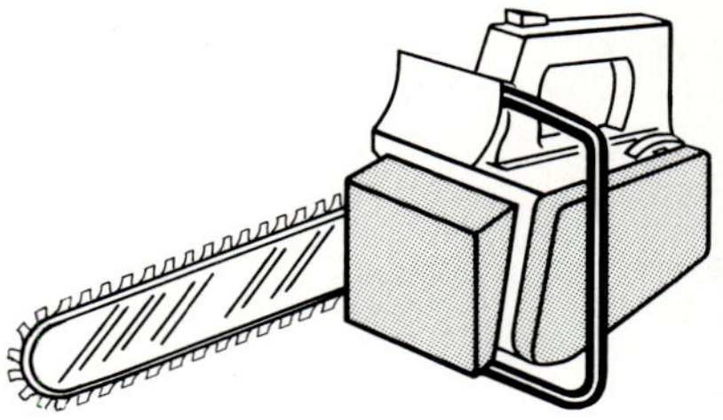

2. Bekannt sind: Grundwert und Prozentwert, gesucht Prozentsatz

Eine Motorsäge kostete bisher 1250,– DM.
Wegen Räumungsverkauf wird sie jetzt 150,– DM billiger angeboten.
Um wieviel Prozent wurde der Preis gesenkt?

Lösung: mit Dreisatz

$$1250,\!-\ \text{DM} \triangleq 100\,\%$$

$$1,\!-\ \text{DM} \triangleq \frac{100\,\%}{1250}\ \text{(nicht ausrechnen!)}$$

$$150,\!-\ \text{DM} = \frac{100\,\% \cdot 150}{1250} = \underline{\underline{12\,\%}}$$

Der Preis wurde um 12 % gesenkt.

Aufgabe 1

Eine Molkerei stellte im vergangenen Jahr 315 t Käse her.
In diesem Jahr waren es 327,6 t.

Um wieviel Prozent stieg die Produktion?

Aufgabe 2

Ein Mittelklassewagen verbrauchte bisher 12,8 *l* Benzin auf 100 km. Durch technische Verbesserungen sank der Verbrauch auf 10,5 *l* je 100 km.

Um welchen Prozentsatz sank der Verbrauch?

3. Bekannt sind: Prozentwert und Prozentsatz, gesucht Grundwert

In einer Wäscherei wurden in diesem Monat 132 m³ Wasser mehr verbraucht als im vergangenen Monat.
Das ist eine Steigerung um 12 %.
Wie hoch war der Verbrauch im letzten Monat?

Lösung: mit Dreisatz

$$12\,\% \triangleq 132\ \text{m}^3$$

$$1\,\% \triangleq \frac{132\ \text{m}^3}{12}\ \text{(nicht ausrechnen!)}$$

$$100\,\% \triangleq \frac{100 \cdot 132\ \text{m}^3}{12} = \underline{\underline{1100\ \text{m}^3}}$$

Im letzten Monat wurden 1100 m³ verbraucht.

Aufgabe 3

Der Stromverbrauch einer Maschinenfabrik betrug im April 472 kWh weniger als im März.
Das entspricht einer Einsparung von 9 %.

Wie hoch war der Verbrauch im März?

Aufgabe 4

Zur Montage eines Fertighauses brauchte die Baukolonne 18 Stunden weniger als bisher.
Das ist eine Steigerung ihrer Arbeitsleistung um 7 %.

Wie lange dauerte die Montage bisher?

ÜBUNGEN ZUR PROZENTRECHNUNG

Aufgabe 1

In einer Schuhfabrik arbeiten 160 Zuschneider für Oberleder. Davon sind 40 % Frauen.

Wieviel Frauen arbeiten in der Zuschneiderei?

Aufgabe 2

Ein Werkzeugmechaniker hatte bisher einen Bruttolohn von 3356,— DM im Monat. In der letzten Tarifrunde wurde eine Lohnerhöhung von 5,2 % beschlossen.

Wie hoch ist sein Bruttoverdienst jetzt?

Aufgabe 3

In der Nachmittagsvorstellung eines Kinos saßen 136 Zuschauer.
Am Abend wurden 249 Karten verkauft.

Wieviel Prozent sind das mehr?

Aufgabe 4

Eine Spedition setzt zwei Lkws auf der Strecke München–Hamburg ein.
Der eine beförderte im Juni 625 t,
der zweite 715 t Fracht.

Um wieviel % übertraf der zweite den ersten?

Aufgabe 5

Eine Reiseverkehrskauffrau bekam in diesem Jahr 83,50 DM Zins auf ihr Sparkonto.
Der Zins beträgt 4 %.

Wie hoch ist ihr Guthaben jetzt?

Aufgabe 6

Einem Lebensmittelhändler verdarben im August Waren im Wert von 783,20 DM.
Das sind 0,8 % von seinem Umsatz.

Wie hoch war sein Umsatz im August?

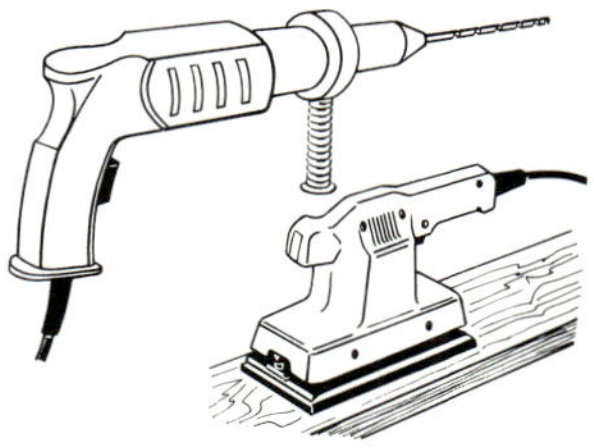

Aufgabe 7

Eine Firma stellt Elektrowerkzeuge her. Dabei gab es bei 7 von 3690 Handbohrmaschinen Reklamationen.
Bei den Schwingschleifern gab es bei 5 von 2870 hergestellten Geräten Ärger.

In welcher Abteilung wurde sorgfältiger gearbeitet?

Die Zinsrechnung

Wichtig für alle Sparer!

Die Zinsrechnung ist eine Anwendung der Prozentrechnung.

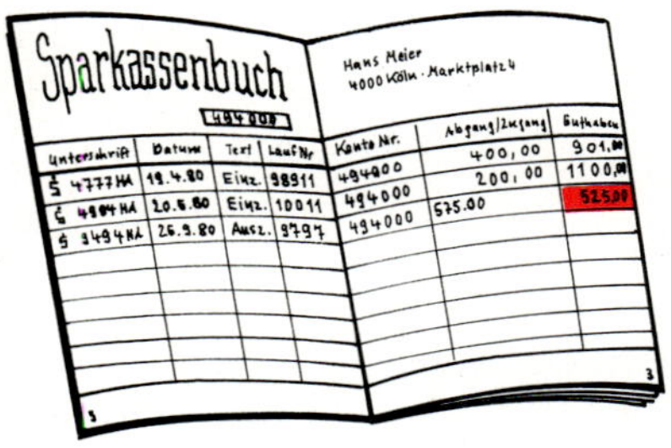

Beispiel: Auf einem Sparbuch sind 525,– DM. Sie werden jährlich mit 4 % verzinst.

a) Wie hoch ist der Jahreszins?

b) Wie hoch ist der Zins für 7 Monate?

Lösung a) mit Dreisatz

100 % ≙ 525,– DM (Guthaben oder Grundwert)

1 % ≙ $\frac{525}{100}$ DM   Prozenttaste auf Rechnern!

4 % ≙ $\frac{525 \cdot 4}{100}$ DM = 21,– DM

Der Jahreszins beträgt 21,– DM

Auch hier wird mit drei Größen gerechnet.

1. dem Guthaben oder Grundwert (entspricht 100 %)
2. dem jährlichen Zinssatz (Er wird in der Sparkasse ausgehängt.)
3. dem Jahreszins (Er wird am Jahresende gutgeschrieben.)

Zwei davon sind in jeder Aufgabe gegeben, der dritte wird gesucht – genau wie beim Prozentrechnen.

Wird das Geld nicht für ein ganzes Jahr angelegt, so kommt noch eine Dreisatzaufgabe dazu.

Lösung b) mit Dreisatz

Für 12 Monate bekommt er 21,– DM.

Für 1 Monat bekommt er $\frac{21}{12}$ DM.

Für 7 Monate bekommt er $\frac{21 \cdot 7}{12}$ DM = 12,25 DM.

Für 7 Monate bekommt er 12,25 DM Zins.

Gute Rechner wenden hier die Bruchrechnung an, z. B. 7 Monate ≙ $\frac{7}{12}$ von einem Jahr!

Aufgabe 1

Ein Energieelektroniker hat 3252,– DM gespart. Auf das Kapital (Guthaben oder Grundwert) bekommt er 4,5 % Zins.

a) Wie hoch ist der Zins für ein Jahr?

b) Wie hoch ist der Zins für drei Monate?

Aufgabe 2

Für die Neueinrichtung ihrer Wohnung möchte sich eine Bürogehilfin 4500,– DM für zwei Jahre leihen. Der Zinssatz beträgt 9,5 % jährlich.

Wieviel Zins muß sie bezahlen?

HIER WIRD ALLES GEBRAUCHT, WAS WIR AUF DEN LETZTEN SEITEN GELERNT HABEN!

Aufgabe 1

Ein Lastwagen darf 8,49 t laden. Bei einer Polizeikontrolle wurde festgestellt, daß er 6 % zuviel geladen hatte.

Was zeigt die Waage an, wenn der leere Lastwagen 3,85 t wiegt?

Aufgabe 2

Von seinem Jahresverdienst sparte ein Tierwirt 1436,– DM.
Er legte das Geld auf einem Sparbuch mit einer Verzinsung von 4,5 % an.

Wie hoch ist sein gesamtes Sparguthaben (Grundwert und Guthaben plus Zins) nach 11 Monaten?

Aufgabe 3

Ein Auszubildender half einem Kollegen mit 500,– DM aus.
Nach fünf Monaten bekam er 520,– DM zurück.

Wie hoch hat sich das Geld verzinst?

Aufgabe 4

Für eine Balkonverkleidung sind 262 Laschen zu bohren.
Bei 17 Stück stimmte der Lochabstand nicht.

Wieviel Prozent beträgt der Ausschuß?

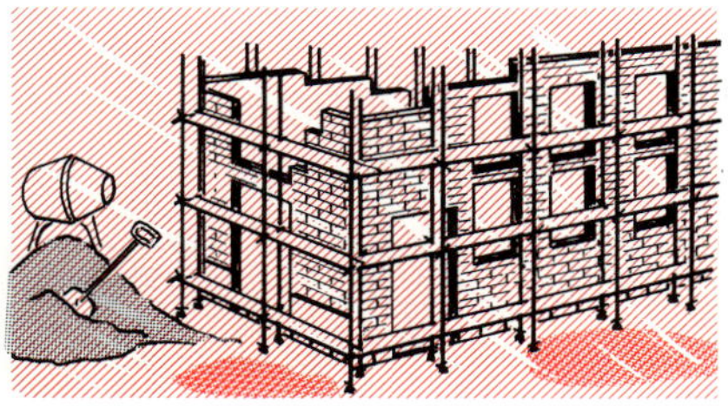

Aufgabe 5

Durch schlechtes Wetter fielen bei einer Baufirma im November 14,8 % der Arbeitszeit aus. Das waren genau 185 Arbeitsstunden.

Wieviel Stunden konnte gearbeitet werden?

Aufgabe 6

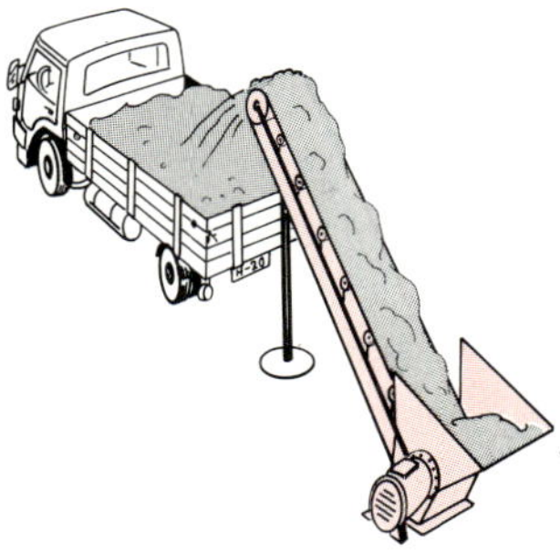

Durch eine technische Verbesserung konnte an einer Förderanlage die Geschwindigkeit von 3,5 $\frac{m}{s}$ auf 4,3 $\frac{m}{s}$ gesteigert werden.

Um wieviel Prozent wurde die Leistung gesteigert?

Die Lohnberechnung

1. Berechnung des Bruttolohnes

„Brutto" ist italienisch und heißt „roh"; gemeint ist: mit Verpackung. Der Bruttolohn ist der Lohn vor Abzug der Steuern und Sozialbeiträge.

Beispiel: Eine Bekleidungsnäherin verdient in einer Stunde 17,– DM. Im Mai arbeitete sie 148 Stunden.

Lösung:

Sie verdiente 148 · 17 DM = 2516,– DM

Sie verdiente im Mai 2516,– DM brutto.

Von diesem Bruttolohn werden ihr Teile abgezogen.

1. Abzug der Lohnsteuer, eventuell Kirchensteuer
2. Abzug der Sozialbeiträge (Krankenversicherung, Rentenversicherung, Arbeitslosenversicherung)

Für die Berechnung der Abzüge ist der Familienstand wichtig. In unserem Beispiel nehmen wir an: Die Näherin Gabi Berger ist ledig.

Ihre Lohnabrechnung kann dann so aussehen:

Lohnabrechnung		für: Gabi Berger			Monat: Mai	
Arbeitsstd.	Std.-Lohn	Bruttoverdienst	Abzüge		Sonst.	Nettoverdienst
148	18.00	2664.00	Lohnsteuer	426,20		1718.25
			Kirchensteuer	34,60		
			Rentenvers.	239,80		
			Krankenvers.	159,90		
			Arbeitslosenv.	85,25		
148	18.00	2664.00		945.75		1718.25

Der Nettolohn wird ihr ausbezahlt.
„Netto" ist italienisch und heißt „rein".
Der Nettolohn ist der Lohn nach Abzug der Steuern und Sozialbeiträge (siehe oben).

Aufgabe 1

Hier sehen wir die Lohnabrechnung eines Polsterers.

a) Wie hoch ist sein Bruttolohn?

b) Wie hoch ist sein Nettolohn?

Lohnabrechnung		für: Klaus Zimmermann			Monat: August	
Arbeitsstd.	Std.-Lohn	Bruttoverdienst	Abzüge		Sonst.	Nettoverdienst
146	22,50	?	Lohnsteuer	525,00		?
			Kirchensteuer	42,70		
			Rentenvers.	295,65		
			Krankenvers.	197,10		
			Arbeitslosenv.	105,10		
146	22,50	?	Summe	?		?

Aufgabe 2

Ein Bootsbauer verdient in der Stunde 22,80 DM. Im August hat er 150 Stunden gearbeitet.

a) Wie hoch ist sein Bruttoverdienst?

b) Wie hoch ist sein Nettolohn, wenn bei ihm alle Abzüge 32 % vom Bruttolohn betragen?

Aufgabe 3

Der Bruttolohn einer Pferdewirtin beträgt im April 2436,15 DM. Sie hat in diesem Monat 149 Stunden gearbeitet.

Wie hoch ist ihr Bruttostundenlohn?

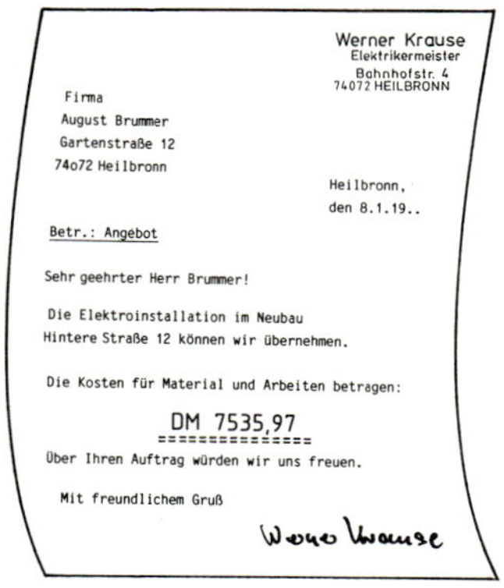

Werner Krause
Elektrikermeister
Bahnhofstr. 4
74072 HEILBRONN

Firma
August Brummer
Gartenstraße 12
74o72 Heilbronn

Heilbronn,
den 8.1.19..

Betr.: Angebot

Sehr geehrter Herr Brummer!

Die Elektroinstallation im Neubau
Hintere Straße 12 können wir übernehmen.

Die Kosten für Material und Arbeiten betragen:

DM 7535,97

Über Ihren Auftrag würden wir uns freuen.

Mit freundlichem Gruß

Werner Krause

Die Kostenrechnung

Bevor ein Kunde an eine Firma einen Auftrag vergibt, möchte er wissen, was die Ausführung des Auftrages kostet.
Die Firma rechnet deshalb schon vor Arbeitsbeginn möglichst genau aus, wie teuer die Arbeiten werden.
Der Kunde kann nun Vorausberechnungen (Angebote) verschiedener Firmen prüfen und das günstigste Angebot auswählen.

Diese Vorausberechnung nennt man Kostenrechnung oder Kalkulation

„Kalkulation" ist lateinisch und heißt Berechnung.
Die einfachste Art der Kalkulation ist die Zuschlagskalkulation.

Die Zuschlagskalkulation

Hier werden die einzelnen Kosten eines Auftrages zusammengezählt.

Beispiel:

Die Materialkosten betragen für den Elektroanlageninstallateur **3212,– DM**
Seinen Nettostundenlohn setzt er mit 13,70 DM fest. Dafür errechnet er einen Bruttostundenlohn von 22,80 DM.
Er arbeitet an dem Auftrag 84 Stunden.

Die Lohnkosten betragen also:
22,80 · 84 = **1915,20 DM**

Daneben hat der Elektroanlageninstallateur noch weitere Kosten (für Miete und Heizung von Büro und Werkstatt, für den Lohn der Kontoristin, die Pflege und Erneuerung seiner Werkzeuge usw.). Diese Kosten werden Gemeinkosten genannt.

Die Gemeinkosten lassen sich für einen Auftrag nur schwer umlegen bzw. aufteilen. Darum werden sie nach Erfahrung geschätzt und als Prozentsatz der Fertigungslöhne berechnet.

Der Elektroanlageninstallateur rechnet die Gemeinkosten mit 90 % der Lohnkosten und schlägt sie zu den Kosten (daher Zuschlagskalkulation).

Die Gemeinkosten betragen also: **1723,68 DM**

Die Summe aus diesen Beträgen ergibt

die Selbstkosten **6850,88 DM**

Der Elektroanlageninstallateur möchte auch einen Gewinn haben und setzt dafür 10 % der Selbstkosten fest.

Der Gewinn beträgt also: **685,09 DM**

Der Elektroanlageninstallateur macht das

Angebot für: **7535,97 DM**

die vom Kunden gewünschten Arbeiten auszuführen.

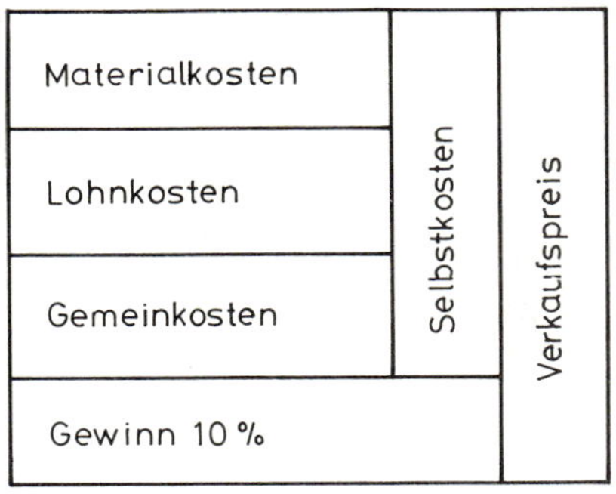

Aufgabe 1

Ein Zimmerer rechnet für einen Dachstuhl mit 5200,– DM Materialkosten. Ein Facharbeiter verdient bei ihm 23,20 DM in einer Stunde. Er rechnet für den Dachstuhl mit 68 Arbeitsstunden.
Der Gemeinkostensatz in seinem Betrieb beträgt 125 %, er möchte einen Gewinn von 10 % machen.

Welchen Verkaufspreis muß er verlangen?

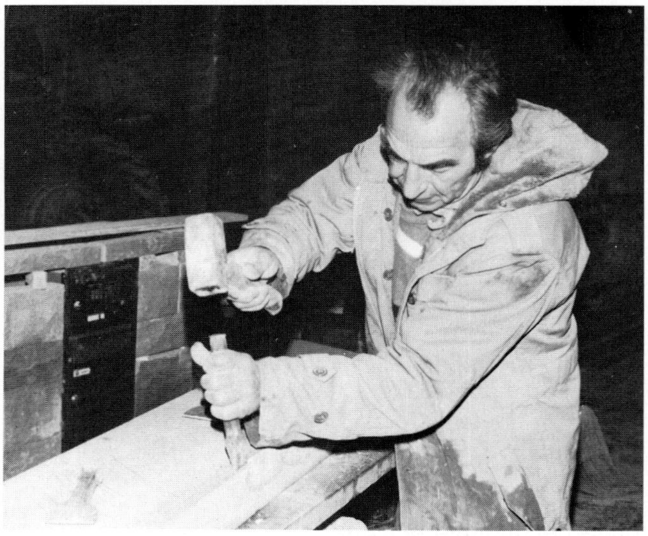

AUFGABEN ZUR LOHNBERECHNUNG UND KOSTENRECHNUNG

Aufgabe 1

Ein Kunde verlangt von einem Steinmetz die Steine für eine Gartenmauer.
Der Kunde möchte ein Angebot zum Preisvergleich. Für das Rohmaterial rechnet der Steinmetz 1560,– DM. Zum Schneiden und Behauen der Steine wird er 12,5 Stunden brauchen. Sein Stundenlohn ist 19,32 DM. Für seine Arbeit fallen Gemeinkosten in Höhe von 52 % der Lohnkosten an.
Er möchte einen Gewinn von 10 % haben.

a) Wie hoch sind die Lohnkosten?
b) Wie hoch sind die Selbstkosten?
c) Wie hoch ist der Verkaufspreis?

Aufgabe 2

Eine Tierpflegerin verdiente im Januar brutto 2985,20 DM.
Sie bezahlte: 15 % Lohnsteuer,
1,2 % Kirchensteuer,
6 % Krankenversicherung,
9 % Rentenversicherung und
3,2 % Arbeitslosenversicherung
(jeweils vom Bruttoverdienst).

Wie hoch war ihr Nettoeinkommen im Januar?

Aufgabe 3

Ein Gärtnermeister hat drei Mitarbeiter. Sie haben folgende Stundenlöhne: die Floristin 19,20 DM, der Gärtner 18,30 DM und der Hilfsarbeiter 16,35 DM.
Im Juni arbeitete die Floristin 136 Stunden, der Gärtner 142 Stunden und der Hilfsarbeiter 140 Stunden.

Wieviel Bruttolohn muß der Meister im Juni zahlen?

Aufgabe 4

Für die Erdarbeiten für seinen Neubau möchte der Bauherr ein Angebot.
Die Baufirma rechnet mit 12 Arbeitsstunden für den Einsatz des Baggers. Der Baggerführer bekommt 23,50 DM brutto in der Stunde. Die Firma setzt die Gemeinkosten mit 180 % des Bruttolohnes an. Der Gewinn soll 10 % der Selbstkosten betragen.

a) Wie hoch sind die Lohnkosten?
b) Wie hoch sind die Selbstkosten?
c) Zu welchem Preis (Angebot) kann die Baufirma die Erdarbeiten durchführen?

MISCHUNGSAUFGABEN

Das gezeigte Mofa fährt mit „Mischung“ 1 : 25.
Das heißt, sein Motor läuft mit einem Gemisch aus 1 Liter Zweitaktöl und 25 Litern Benzin.

Der Tankwart muß bei Zweitaktern immer auf das richtige Mischungsverhältnis achten.

Auch an anderen Arbeitsplätzen werden Flüssigkeiten gemischt, so z. B. Farben vom Maler, Desinfektionsmittel (Vernichtungsmittel für Bakterien) von Krankenschwestern, Entwickler vom Fotografen und Säuren vom Chemiker.

UND SO RECHNET MAN MIT MISCHUNGEN:

Beispiel: Ein Mofafahrer möchte volltanken. Der Tank faßt genau 7 Liter. Der Motor braucht eine Mischung von 1 : 25.

Lösung: Es werden 26 Teile gebraucht:

	25 Teile Benzin
+	1 Teil Öl
	26 Teile Mischung

Weiter mit dem Dreisatz:

1. Satz: 26 Teile ergeben $7{,}00\ l$
2. Satz: 1 Teil ergibt $\frac{7}{26}\ l = 0{,}27\ l$
3. Satz: 25 Teile ergeben $25 \cdot \frac{7}{26}\ l = 6{,}73\ l$

Der Tankwart muß 0,27 *l* Öl und 6,73 *l* Benzin in den Tank füllen.

Es ist also zuerst festzustellen, wie viele Teile insgesamt gebraucht werden. Dann wird mit dem Dreisatz gerechnet.

Als Rechenprobe sind die Ergebnisse zu addieren:

	0,27 *l* Öl
+	6,73 *l* Benzin
	7,00 *l* Mischung 1:25

Die Summe beträgt 7 *l* Mischung; die Rechnung stimmt also.
Auch bei einer Mischung von mehr als zwei Stoffen muß genauso gerechnet werden.

Beispiel: Blaugraue Farbe erhält der Maler, wenn er 1 Teil blaue, 2 Teile graue und 4 Teile weiße Farbe mischt. Wieviel Liter der einzelnen Farben muß er für 3 Liter blaugraue Farbe zusammenmischen?

Lösung: Es werden 7 Teile gebraucht:

1 Teil blaue Farbe
2 Teile graue Farbe
4 Teile weiße Farbe
7 Teile Mischung

Dreisatz:

1. Satz:	7 Teile ergeben $3\ l$	Mischung
2. Satz:	1 Teil ergibt $\frac{3}{7}\ l = 0{,}429\ l$	blaue Farbe
3. Satz:	2 Teile ergeben $2 \cdot \frac{3}{7}\ l = 0{,}857\ l$	graue Farbe
	4 Teile ergeben $4 \cdot \frac{3}{7}\ l = 1{,}714\ l$	weiße Farbe
Probe:	$3{,}000\ l$	Mischung

. . . UND HIER WIRD ES GEBRAUCHT

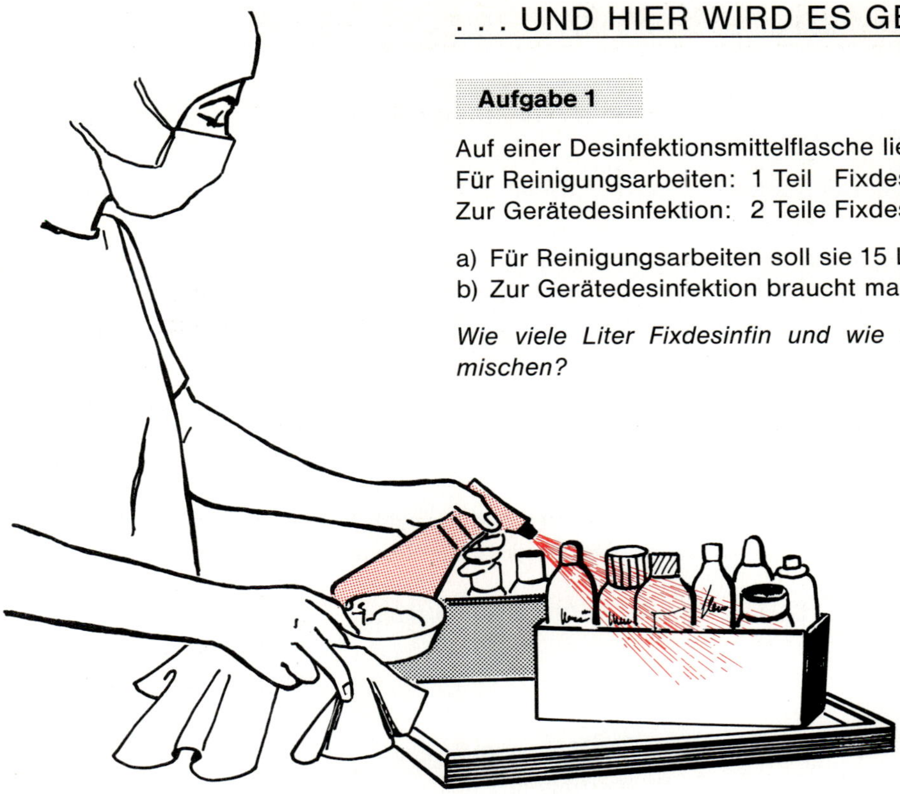

Aufgabe 1

Auf einer Desinfektionsmittelflasche liest die Krankenpflegehelferin:
Für Reinigungsarbeiten: 1 Teil Fixdesinfin, 9 Teile Wasser.
Zur Gerätedesinfektion: 2 Teile Fixdesinfin, 3 Teile Wasser.

a) Für Reinigungsarbeiten soll sie 15 Liter Lösung mischen.
b) Zur Gerätedesinfektion braucht man heute 7 Liter Lösung.

Wie viele Liter Fixdesinfin und wie viele Liter Wasser sind jeweils zu mischen?

Aufgabe 2

Ein Gärtner mischt ein flüssiges Düngemittel. Auf dem Kanister steht: Der Inhalt ist im Verhältnis 1 : 50 mit Wasser zu verdünnen.
Er möchte 30 *l* Lösung herstellen.

Welche Anteile enthält die fertige Mischung?

Aufgabe 3

Um hellgrüne Farbe zu erhalten, mischt eine Textilveredlerin weiße Farbe mit grüner Farbe, im Verhältnis 7 : 2.

Wieviel Liter hellgrüne Farbe erhält sie, wenn sie $\frac{1}{2}$ Liter grüne Farbe beimischt?

Aufgabe 4

Ein Tankwart soll eine neue Autobatterie mit vedünnter Säure füllen.
Die Batterie faßt 2,5 Liter Flüssigkeit, das Verhältnis von Säure zu Wasser beträgt 3 : 2.

Wieviel Liter Säure braucht er?

Auch die Höhe ist eine Länge!

Längenmaße werden oft verwendet. Wir benötigen sie, um Entfernungen, Größen, Höhen, Dicken, aber auch Umfänge usw. genau zu beschreiben.

Aufgabe 1

Wer hat in der Klasse den längsten Schulweg? Wie lang ist er? Wie lang ist ein neuer Bleistift? Wie groß ist der größte Schüler in der Klasse? Wie dick ist ein Lineal?

Bei den Antworten zur Aufgabe 1 wurden verschiedene Maße (km, m, cm, mm) für die Längen verwendet. Warum gibt es so viele verschiedene Längenmaße?

> Alle unsere Längenmaße gehen zurück auf die Grundlänge 1 Meter.
> Alle Längenmaße sind Vielfache oder Teile der Grundlänge 1 Meter.

Was bedeuten die Buchstaben k, d, c, m vor dem **m**? **m** bedeutet Meter.

k	steht für	k ilo	und bedeutet: das Tausendfache;	1 km = 1000 m;	$\frac{1}{1000}$ km	= 1 m
d	steht für	d ezi	und bedeutet: der zehnte Teil;	1 dm = $\frac{1}{10}$ m;	10 dm	= 1 m
c	steht für	c enti	und bedeutet: der hundertste Teil;	1 cm = $\frac{1}{100}$ m;	100 cm	= 1 m
m	steht für	m illi	und bedeutet: der tausendste Teil;	1 mm = $\frac{1}{1000}$ m;	1000 mm	= 1 m

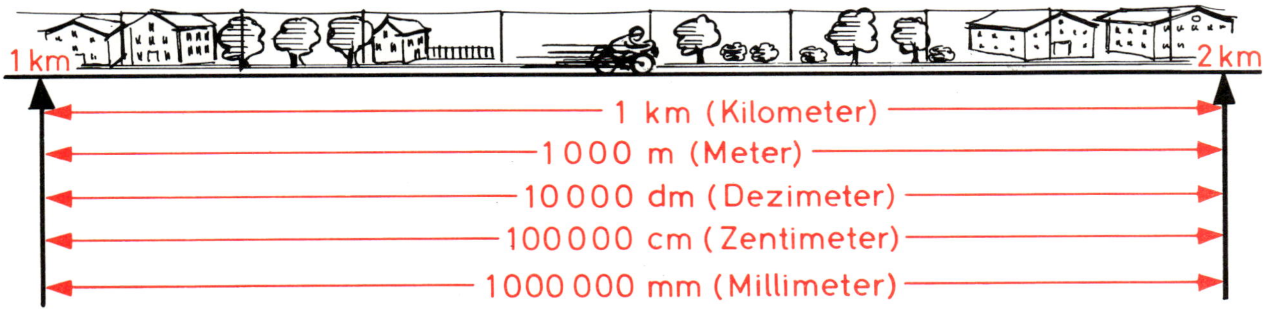

Daraus ergibt sich: 0,001 km = 1 m = 10 dm = 100 cm = 1000 mm

Außerdem gilt: 1 mm = 1000 μm (sprich Mikrometer = $\frac{1}{1000}$ mm), das ist eine Einheit für besonders kleine Maße.

Damit können wir die Längen umrechnen.

1. Beispiel: 2,8 km = ? cm
1,0 km = 100 000 cm
2,8 km = 2,8 · 100 000 cm = 280 000 cm

2. Beispiel: 5,7 km = ? dm
1,0 km = 10 000 dm
5,7 km = 5,7 · 10 000 dm = 57 000 dm

3. Beispiel: 3,5 mm = ? dm
1,0 mm = $\frac{1}{100}$ dm
3,5 mm = 3,5 · $\frac{1}{100}$ dm = 0,035 dm

Aufgabe 2 *Die Einheiten sind umzuwandeln:*

a)	b)	c)
4369 mm in m	37,5 km in m	21,4 mm in μm
4369 mm in dm	47,3 dm in m	14,2 cm in mm
4369 mm in cm	58,4 m in dm	1308 μm in cm
23,84 m in dm	658 cm in mm	2426 m in dm
23,84 m in cm	9,42 m in cm	13,6 mm in m
23,84 m in mm	318 mm in m	42,8 m in km

Der Kreis, eine runde Sache!

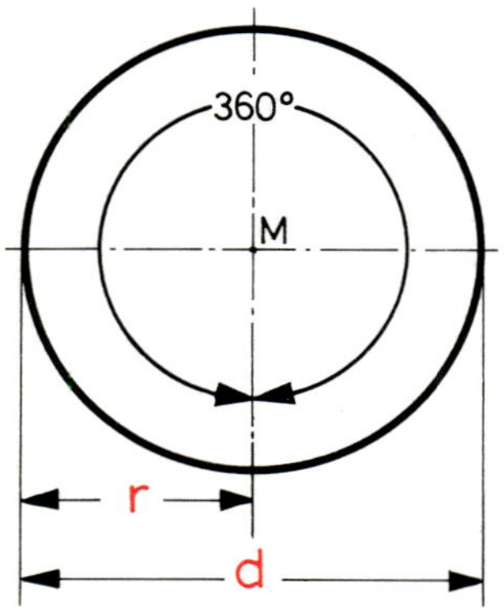

Alle Punkte der Kreislinie haben den gleichen Abstand vom Mittelpunkt M. Der Abstand heißt Halbmesser oder Radius *r*.

Gezeichnet wird der Kreis mit dem Zirkel.

Dazu muß man den Halbmesser (Radius) *r* am Zirkel einstellen.

Der Durchmesser *d* des Kreises ist zweimal so groß wie der Halbmesser *r*.

Es gilt also

$$d = 2 \cdot r$$

Der volle Kreis schließt einen Winkel von 360° (sprich Grad) ein.

1. Kreisumfang

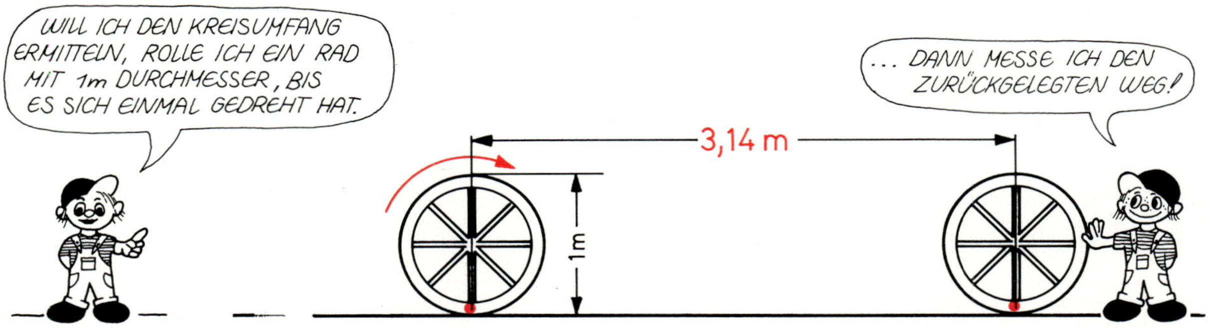

Nach einer vollen Umdrehung hat das Rad den Weg von 3,14 m zurückgelegt!
Wiederholt man den Versuch mit einem Rad von 2 m Durchmesser, so kommt nach einer vollen Umdrehung ein Weg von 6,28 m heraus.

Das Verhältnis: $\frac{\text{Kreisumfang}}{\text{Kreisdurchmesser}} = \frac{U}{2\,r}$

ergibt für das erste Rad: $\frac{3{,}14}{1} = 3{,}14$

und für das zweite Rad: $\frac{6{,}28}{2} = 3{,}14$

für jeden Kreis gilt : $\frac{U}{2\,r} = 3{,}14$

Also berechnen wir den Umfang des Kreises so:

Kreisumfang = 3,14 · Kreisdurchmesser

oder $U = 3{,}14 \cdot d$

Ganz genaue Messungen haben die Zahl 3,141592654 ... ergeben. Damit man diese genaue und zugleich lange Zahl nicht jedesmal schreiben muß, ist ihr die Bezeichnung π (sprich pi) gegeben worden.

Um den Kreisumfang auszurechnen, schreiben wir also:

$$U = \pi \cdot d \quad \text{oder} \quad U = 2 \cdot \pi \cdot r$$

Für normale Genauigkeit genügt es, wenn man mit der Zahl 3,14 rechnet. Manche Taschenrechner haben eine π-Taste. Verwendet man sie, wird mit der genauen Zahl gerechnet.

Aufgabe: Um den kreisrunden Teich im Stadtpark sollen neue Platten verlegt werden.
Eine Platte ist 1 m lang.

Wie viele Platten muß der Plattenleger verlegen, wenn der Teich einen Durchmesser von 28 m hat?

Lösung: $U = \pi \cdot d$

$U = 3{,}14 \cdot 28\ \text{m} = 87{,}92\ \text{m}$

Der Plattenleger muß 87 Platten verlegen.
Der Rest von 92 cm wird für Fugen benötigt.

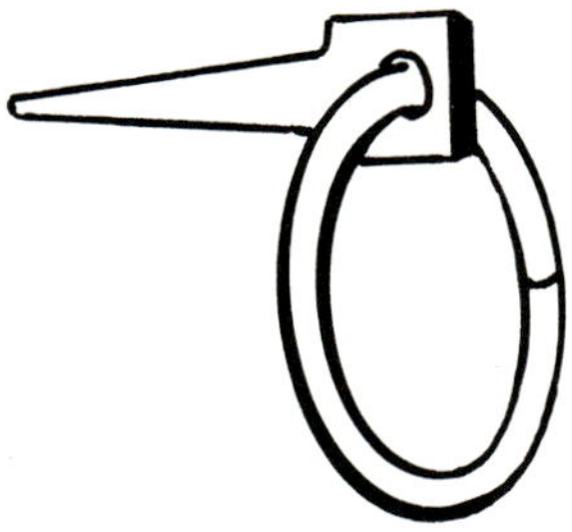

Aufgabe 1

Um einen Befestigungsring zu biegen und zu schweißen, verwendet ein Konstruktionsmechaniker Stahldraht.

Welche Länge muß der Draht haben, wenn der Durchmesser des Befestigungsringes 80 mm sein soll?

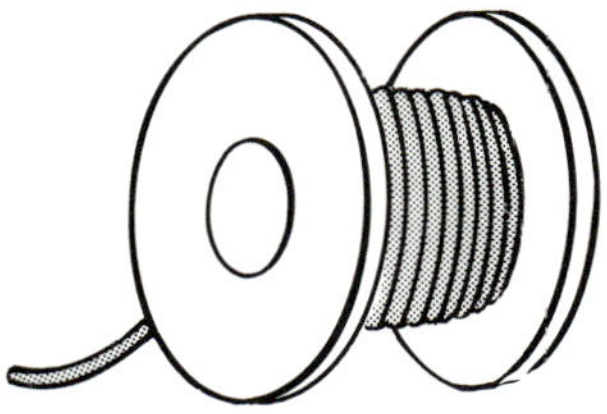

Aufgabe 2

Die Kabeltrommel hat 85 cm Durchmesser.

Wieviel Meter Kabel werden abgespult, wenn sich die Trommel genau dreimal gedreht hat?

2. Die Länge eines Kreisbogens (Bogenlänge)

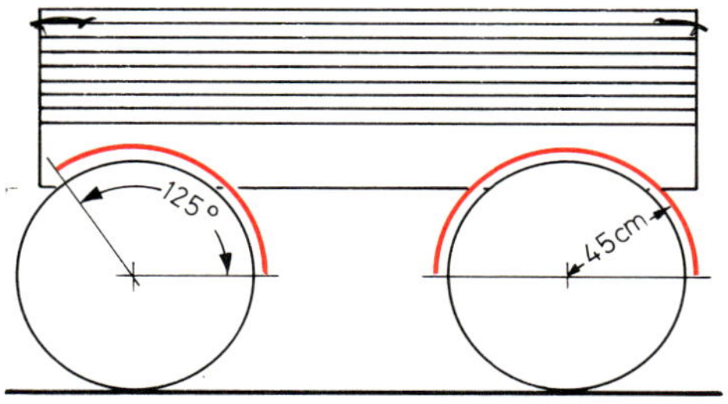

Oft ist es notwendig, nur Teile des Kreisumfanges zu berechnen.

Ein solcher Teil heißt Bogenlänge.

Beispiel: Ein Industriemechaniker soll für einen Lkw-Anhänger neue Schmutzfänger anfertigen.

Dazu muß er die Länge der Blechstreifen berechnen.

Lösung für das Hinterrad:

$U = 2 \cdot \pi \cdot r$

$U = 2 \cdot 3{,}14 \cdot 45\ \text{cm} = 282{,}6\ \text{cm}$

Der ganze Kreisumfang beträgt 282,6 cm.

Hier wird nur die Hälfte (Halbkreis) gebraucht!

Der Blechstreifen muß $\frac{282{,}6}{2}$ cm,

also 141,3 cm lang sein.

So rechnet man für Halb- und Viertelkreise.

Lösung für das Vorderrad:

$U = 2 \cdot \pi \cdot r$

$U = 2 \cdot 3{,}14 \cdot 45\ \text{cm} = 282{,}6\ \text{cm}$

Weiter mit dem Dreisatz:

$360° \mathrel{\hat{=}} 282{,}6\ \text{cm}$ (der volle Kreis)

$1° \mathrel{\hat{=}} \frac{282{,}6\ \text{cm}}{360}$ (nicht ausrechnen!)

$125° \mathrel{\hat{=}} \frac{282{,}6\ \text{cm} \cdot 125}{360} = 98{,}125\ \text{cm}$

Der Blechstreifen muß 98,1 cm lang sein.

So kann man die Bogenlänge für jeden Winkel berechnen.

. . . UND HIER WENDEN WIR UNSER WISSEN AN!

Aufgabe 1

Der „Dicke Turm“ auf der Stadtmauer soll eine neue Dachrinne erhalten.

Wieviel Meter Dachrinne braucht der Klempner, wenn der Turm einen Durchmesser von 16,5 m hat?

Aufgabe 2

In einer Textilwarenfabrik werden Tischdecken für runde Tische hergestellt. Die Wäscheschneiderin setzen außen rundum Spitzen an.
An einem Tag werden 180 Tischdecken mit einem Durchmesser von 150 cm und 210 Tischdecken mit einem Durchmesser von 120 cm hergestellt.

Wieviel Meter Spitze werden für diese 390 Tischdecken benötigt?

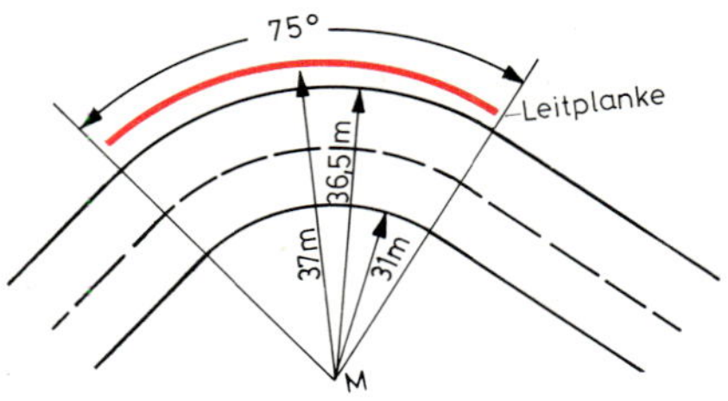

Aufgabe 3

Ein Bauzeichner zeichnet eine Straßenführung.
An einer Straßenkurve ist außen eine Leitplanke vorgesehen, rechts und links der Fahrbahn werden Bordsteine gesetzt.

a) Wie lang ist die Leitplanke?
b) Wieviel Meter Bordsteine braucht man im Bereich der Straßenkurve?

Aufgabe 4

In einer Werbeagentur werden Plakate entworfen.
Ein Kunde wünscht Plakate, von denen je fünf nebeneinander eine Plakatsäule bedecken können.

Wie breit müssen die Plakate sein, wenn eine Plakatsäule einen Durchmesser von 1,8 m hat?

Aufgabe 5

An einem Schleifbock soll die Schleifscheibe durch eine Abdeckung verdeckt sein.

a) Wie lang muß der äußere Blechstreifen sein, wenn der Durchmesser 185 mm und der Umschlingungswinkel 130° beträgt?
b) Wie lang ist er bei einer Maschine mit 260 mm Durchmesser und einem Winkel von 95°?

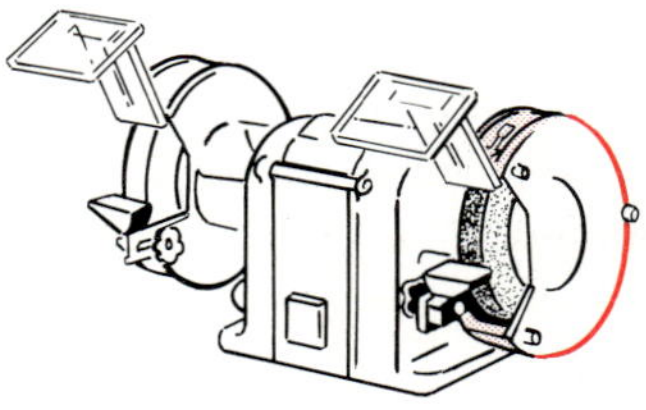

gestreckte Längen:

Die gezeigten Geländer sichern Rolltreppen.

Solche Geländer werden aus Rohrteilen gebogen und diese dann zusammengeschweißt.

Diese Technik ist heute weit verbreitet. Andere Anwendungsbeispiele: Motorradrahmen und Auspuff, Rohre von Heizungsanlagen, Kettenglieder aus Stahldraht, Teile von Zäunen usw.

Vor der Anfertigung eines solchen Gitters sind die Längen der einzelnen Gitterteile zu berechnen.

Bei den geraden Teilen ist das einfach, ihre Länge kann der Handwerker genau abmessen.

Bei den gebogenen Teilen muß er zuerst die gestreckte Länge (das ist ihre Länge vor dem Biegen) ausrechnen.

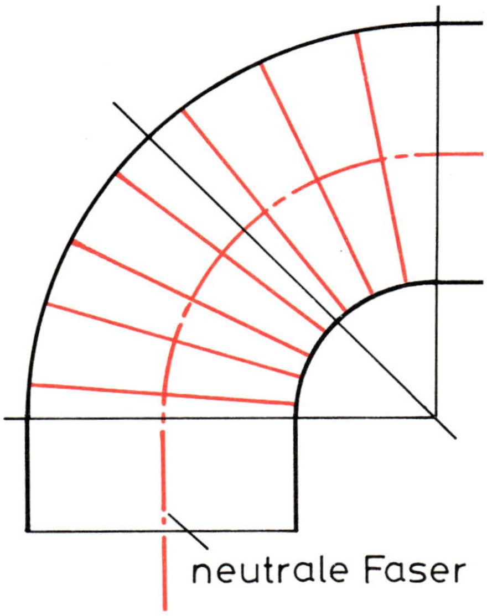

Berechnen der gestreckten Länge:

Biegt man ein Rohrteil oder ein anderes Werkstück, so wird es außen am großen Biegeradius gestreckt (verlängert), innen am kleinen Biegeradius dagegen gestaucht (verkürzt). An beiden Stellen ändert sich also seine Länge! Nur in der Mitte bleibt die Länge erhalten.

Die gestreckte Länge ist immer die Länge der neutralen Faser (s. Abb.). (Neutral heißt unbeteiligt.)

Berechnungsbeispiel:
Wie lang ist der Stahldraht für das Kettenglied?

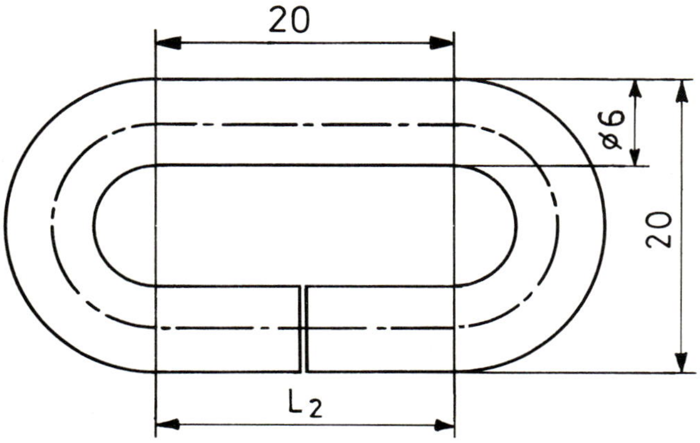

Lösung:

gewählt: l_1 = der Halbkreis

l_2 = das gerade Stück (20 mm)

dann gilt: $l_{ges} = 2\,l_1 + 2\,l_2$

$l_{ges} = 2 \cdot \frac{\pi \cdot 14\,\text{mm}}{2} + 2 \cdot 20\,\text{mm}$

$l_{ges} = 44\,\text{mm} + 40\,\text{mm} = 84\,\text{mm}$

Der Draht muß 84 mm lang sein.

Ebene Flächen, geradlinig begrenzt

Das Spielfeld ist eine ebene Fläche. An dieser Fläche können zwei Maße gemessen werden:

die Länge und die Breite.

Länge und Breite bestimmen die Größe einer Fläche.

Mit Flächen wird in vielen Berufen gearbeitet.

Frage:

Wozu berechnet man in folgenden Berufen Flächen?

Maler, Maurer, Schneiderin, Dachdecker, Polsterer und Segelmacher

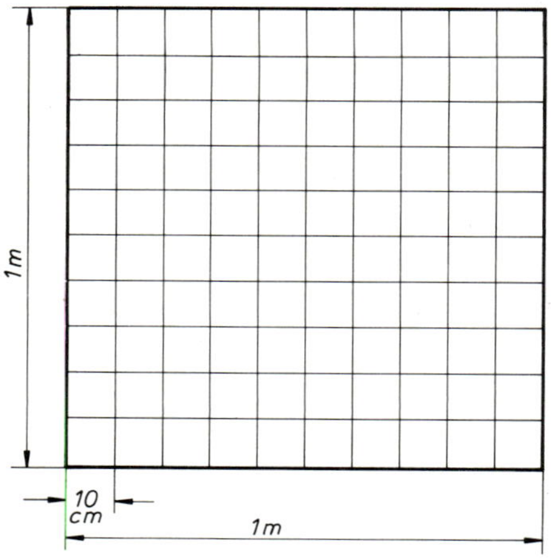

DIE FLÄCHENMASSE

Die Flächenmaße werden alle aus Längenmaßen abgeleitet.

Eine Fläche von 1 m Länge und 1 m Breite bedeckt die Fläche von 1 m^2.

1 m · 1 m =	1 m^2 (sprich Quadratmeter)		
1 m^2	= 100 dm^2	=	10 000 cm^2
1 dm^2	= 100 cm^2	=	10 000 mm^2
1 cm^2	= 100 mm^2		

Aufgabe 1

Das oben gezeigte Fußballfeld ist 50 m breit und 100 m lang.

Wie groß ist seine Fläche?

Lösung:

$A = l \cdot b = 50\ m \cdot 100\ m$

$A = 5000\ m^2$

Es hat eine Fläche von 5000 m^2

Aufgabe 2

Eine Wand ist 1,5 m hoch und 3,2 m breit mit Kacheln zu besetzen.

a) *Wieviel m^2 Fläche werden mit Kacheln besetzt?*

b) *Wieviel Kacheln von 1 dm^2 sind dazu nötig?*

c) *Wie viele Kleinkacheln von 1 cm^2 wären für diese Arbeit zu verlegen?*

Flächenberechnung der wichtigsten Vierecke:

1. Das Quadrat

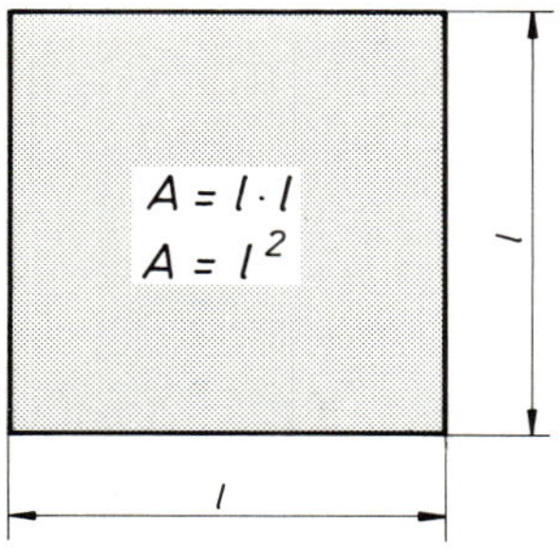

2. Das Rechteck

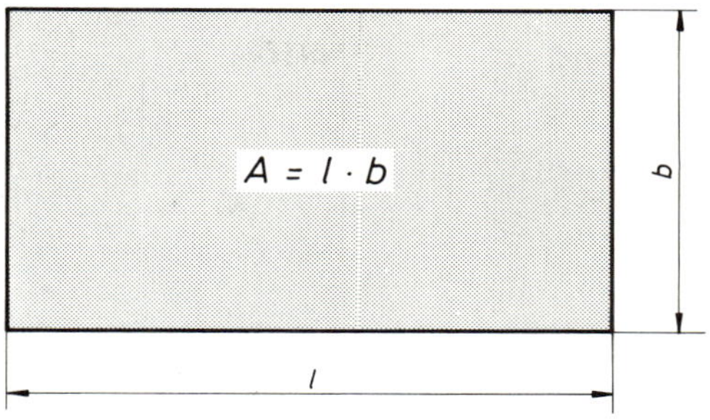

3. Das Parallelogramm

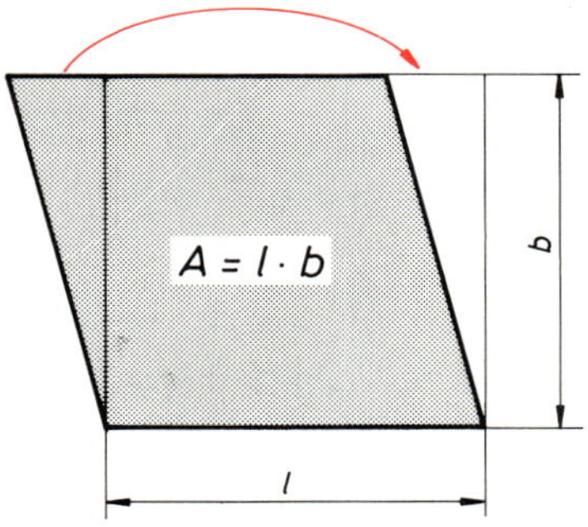

4. Das Trapez

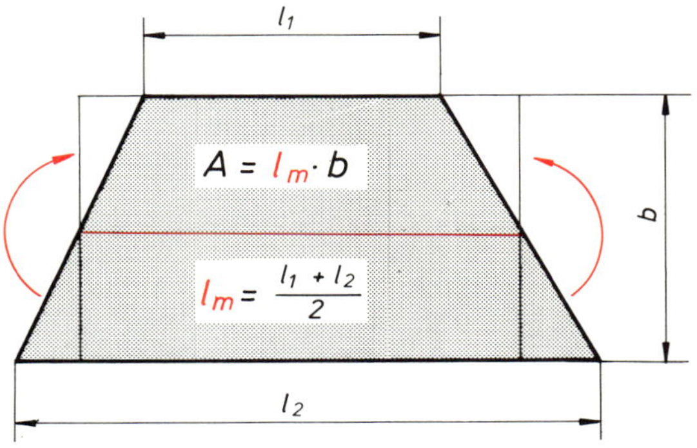

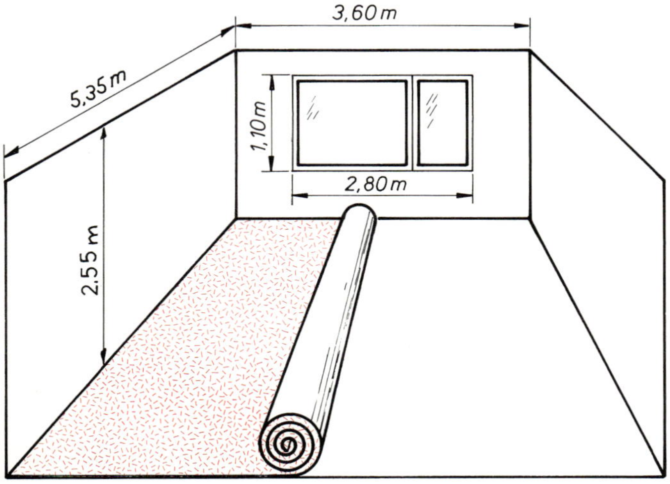

Aufgabe 1

Ein Maler soll den Boden und die drei gezeigten Wände neu gestalten.

a) *Wieviel Rollen Tapete muß er bestellen? Auf einer Rolle sind 6 m².*
b) *Wieviel Teppichboden wird benötigt?*

Aufgabe 2

Für das gezeichnete Fenster sind neue Vorhänge zu nähen.

Wieviel Vorhangstoff ist zu kaufen, wenn der Vorhang unten am Fenster 25 cm überstehen soll und für die Vorhangbreite 1,5 mal Fensterbreite gerechnet wird? (s. Abb.)

Flächenberechnung bei Dreiecken:

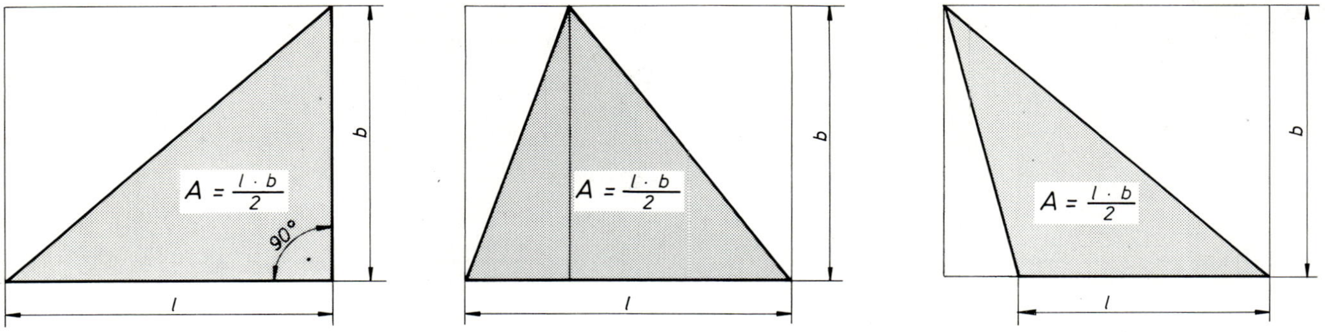

Um die Fläche von Dreiecken zu berechnen gilt also immer:

$$A = \frac{l \cdot b}{2}$$

Vorsicht: *b* ist nur bei den rechtwinkligen Dreiecken so lang wie eine Dreieckseite!

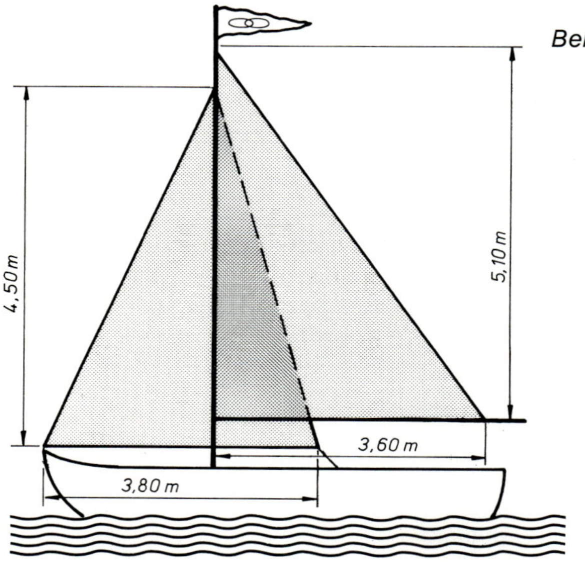

Beispiel: Ein Segelmacher soll für das gezeichnete Segelboot neue Segel nähen.

Wieviel m^2 Segeltuch muß er dem Kunden berechnen?

Lösung: Für das Großsegel

$$A_1 = \frac{l_1 \cdot b_1}{2} = \frac{3{,}6\ m \cdot 5{,}1\ m}{2}$$

$$A_1 = 9{,}18\ m^2$$

Für die Fock (Vorsegel)

$$A_2 = \frac{l_2 \cdot b_2}{2} = \frac{3{,}8\ m \cdot 4{,}5\ m}{2}$$

$$A_2 = 8{,}55\ m^2$$

$$A_{ges} = A_1 + A_2 = 9{,}18\ m^2 + 8{,}55\ m^2 = 17{,}73\ m^2$$

Er muß dem Kunden 17,73 m^2 Segeltuch berechnen.

Aufgabe 1

Für das Streichen von 1 m^2 Fassade berechnet ein Maler 8,25 DM.

Wie teuer wird das Streichen des unten gezeichneten Giebels?

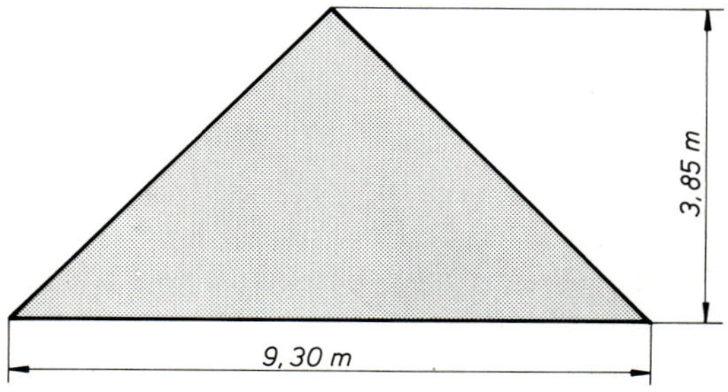

Aufgabe 2

Zwei Tischler berechnen die Fläche des Trapezes auf verschiedene Weise.
Der erste mit der Formel für Trapeze.
Der zweite zerlegt es in zwei Dreiecke und ein Rechteck.

Die Rechenwege und die Ergebnisse sind zu vergleichen!

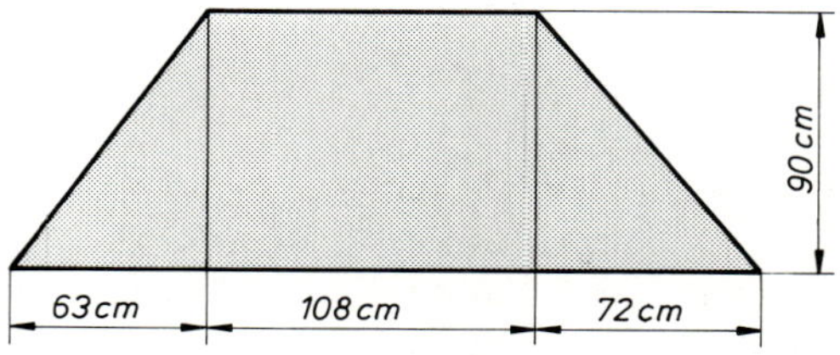

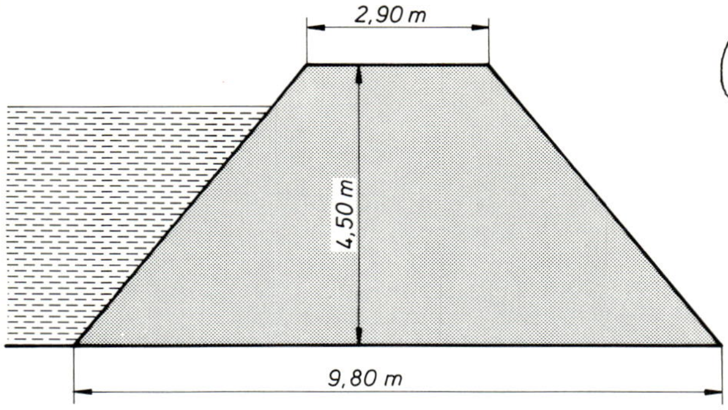

Hier sind weitere Flächen zu berechnen ...

Aufgabe 1

Damit ein aus Erde aufgefüllter Staudamm hält, braucht er bei 3,5 m Wasserstand eine Querschnittsfläche von 25 m^2.

Reicht die Querschnittsfläche des gezeichneten Staudammes aus?

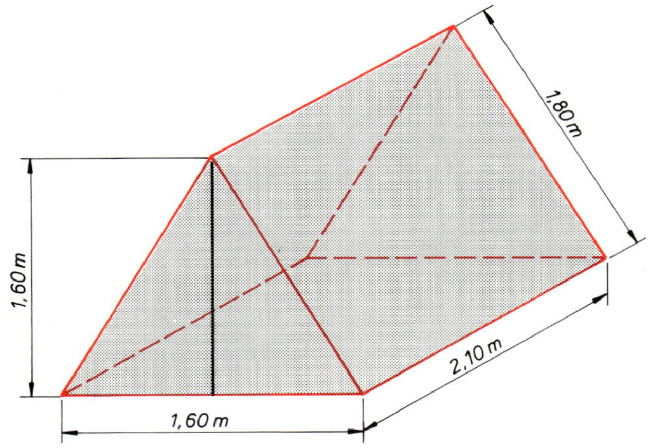

Aufgabe 2

In einer Sportartikelfabrik werden die gezeichneten Zweimannzelte zugeschnitten und genäht.

a) Wieviel Stoff braucht man für ein Zelt mit Boden?
b) Wieviel m Naht sind notwendig, wenn entlang der rot gezeichneten Linien genäht wird?

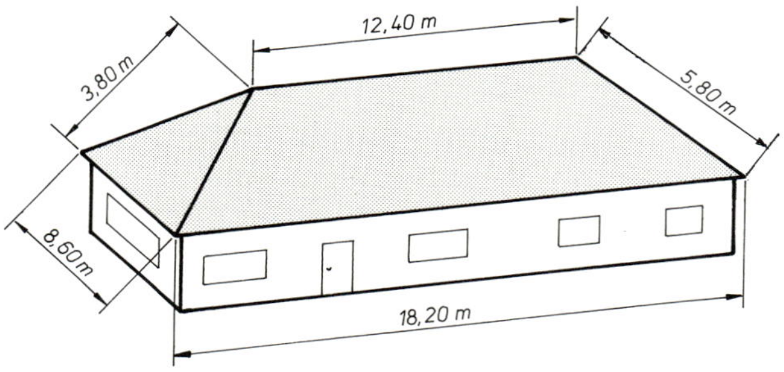

Aufgabe 3

Ein Dachdecker bekommt den Auftrag, das Dach des dargestellten Wohnhauses zu decken.

a) Wie groß ist die zu deckende Gesamtfläche?
b) Wieviel Dachziegel muß er bestellen, wenn 18 Ziegel 1 m^2 bedecken?

... und hier geht's kreuz und quer durch die Flächenmaße!

Es sind umzurechnen:

Aufgabe 4

a) 1 mm^2 in dm^2, in cm^2,
b) 1,4 m^2 in cm^2, in mm^2
c) 2,3 dm^2 in cm^2, in mm^2
d) 1364,1 cm^2 in mm^2

Aufgabe 5

a) 39 mm^2 in cm^2, in dm^2
b) 18 cm^2 in dm^2, in mm^2
c) 4376 mm^2 in dm^2, in m^2
d) 16,35 dm^2 in m^2, in cm^2

Aufgabe 6

a) 3,4 dm · 421 cm in dm^2
b) 3,4 dm · 3726 mm in cm^2
c) 4,2 m^2 − 283,1 dm^2 in cm^2
d) 59143 cm^2 + 3,61 m^2 in dm^2

Aufgabe 7

a) 5175 cm · 326 mm in dm^2
b) 341792 mm^2 + 42,5 dm^2 in m^2
c) 4,153 m^2 − 63,42 dm^2 in cm^2
d) 9183 cm · 1,43 m in dm^2

Auf einer Tapetenrolle steht, daß sie 8 m² Tapete enthält.
Die Rolle ist 0,5 m breit.

Wieviel Meter Tapete sind auf der Rolle?

Lösung: $A = l \cdot b = 8\ \text{m}^2$

Hier ist nicht die Fläche gesucht, sondern die Länge.

Die Gleichung muß nach der Länge $l = ?$ umgestellt werden!

Umstellen von Gleichungen

Eine Gleichung läßt sich mit einer Waage vergleichen.

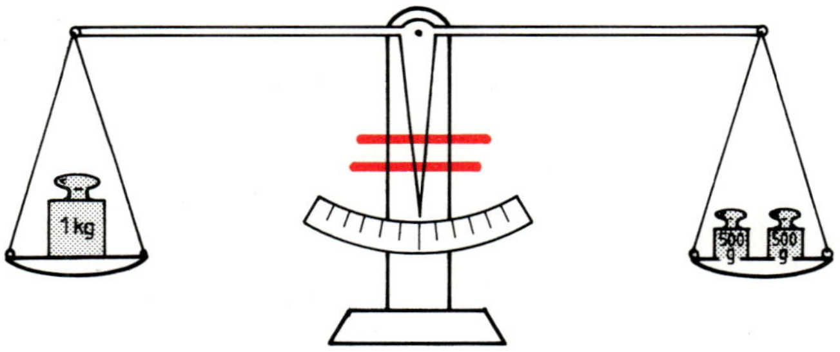

Der Wert rechts und links vom Gleichheitszeichen muß gleich sein, dann ist die Waage im Gleichgewicht, die Gleichung stimmt.

Daraus ergeben sich die Rechenregeln für Gleichungen:

1. Die Unbekannte (gesuchte Größe) muß allein auf einer Gleichungsseite stehen!
2. Bei einer Gleichung muß immer auf beiden Gleichungsseiten die gleiche Veränderung erfolgen!
3. Die Unbekannte muß im Zähler stehen!

Beispiele: zu 1. mit der Gleichung $A = l \cdot b$ kann man nur die Fläche berechnen, nicht die Länge oder die Breite.

zu 2. Bei der Waage darf rechts und links je noch ein Kilostein aufgelegt werden. Sie stimmt dann immer noch!
$2\ \text{kg} = 2\ \text{kg}$

Genauso darf man auf beiden Seiten mit der gleichen Zahl malnehmen.
$3 \cdot 1\ \text{kg} = 3 \cdot 1\ \text{kg}$, es stimmt wieder.

Auch Teilen ist erlaubt,
$\frac{1}{3}\ \text{kg} = \frac{1}{3}\ \text{kg}$

genauso Abziehen.
$1\ \text{kg} - 300\ \text{g} = 1\ \text{kg} - 300\ \text{g}$

zu 3. Um die Länge der Tapetenrolle zu berechnen, muß l allein auf einer Gleichungsseite stehen!

Lösung:

$A = l \cdot b \quad | : b$ (das heißt, beide Gleichungsseiten werden durch b geteilt)

dann steht da:

$\frac{A}{b} = \frac{l \cdot \cancel{b}}{\cancel{b}}$ also gilt $\frac{A}{b} = l$

Wir setzen Zahlen ein:

$\frac{8\,m^2}{0{,}5\,m} = 16$ m. Die Rolle ist 16 m lang.

Und hier sind Beispiele für alle Fälle:

Beispiel 1

$$x + 5 = 9 \quad | -5$$
$$x + 5 - 5 = 9 - 5$$
$$\underline{\underline{x = 4}}$$

Beispiel 2

$$x - 2 = 7 \quad | +2$$
$$x - 2 + 2 = 7 + 2$$
$$\underline{\underline{x = 9}}$$

Beispiel 3

$$3 \cdot x = 12 \quad | :3$$
$$\frac{3 \cdot x}{3} = \frac{12}{3}$$
$$\underline{\underline{x = 4}}$$

Beispiel 4

$$\frac{x}{2} = 5 \quad | \cdot 2$$
$$\frac{x \cdot \cancel{2}}{\cancel{2}} = 5 \cdot 2$$
$$\underline{\underline{x = 10}}$$

Aufgaben **zur Übung, sie sind nach den Beispielen zu lösen**

1a) $x + 7 = 12$
b) $x - 5 = 3$
c) $x + 2 = 10$

2a) $3 + x = 9$
b) $7 = x - 4$
c) $4 + x = 125$

3a) $3x = 18$
b) $52 = 4x$
c) $12x = 32$

4 a) $\frac{x}{3} = 5$
b) $\frac{5}{2}x = 14$
c) $\frac{x}{5} = \frac{16}{5}$

5a) $\frac{x}{5} = \frac{16}{3}$
b) $3x = \frac{5}{8}$
c) $3x = 4 \cdot 5$

6a) $\frac{3}{5} \cdot x = 42$
b) $4x - 2 = 36$
c) $5x + 8 = 54$

Jetzt können wir auch folgende Aufgaben lösen:
Es ist immer erst die Gleichung zu schreiben und umzustellen!

Aufgabe 8

Der Umfang eines kreisrunden Kirchturmes beträgt 25 m.

Wie groß ist der Durchmesser des Turmes?

Aufgabe 9

Ein dreieckiges Segel hat eine Fläche von 15,8 m². Seine Höhe am Mast beträgt 4,8 m.

Wie lang ist seine Unterseite?

AUCH KREISFLÄCHEN MUSS MAN BERECHNEN KÖNNEN!

Problem: Die Einwohnerzahl eines kleinen Dorfes ist durch den Zuzug von „Städtern“ stark gewachsen.

Die bisher verwendete Wasserhauptleitung hatte einen Durchmesser von 10 cm. Sie reicht nicht mehr aus.

Jetzt soll sie durch eine Leitung mit der doppelten Querschnittsfläche ersetzt werden.

a) *Wie groß muß die Querschnittsfläche der neuen Leitung sein?*
b) *Wie groß ist dann ihr Durchmesser?*

Achtung:
Bei doppeltem Durchmesser wird die Fläche des Kreises mehr als zweimal so groß!

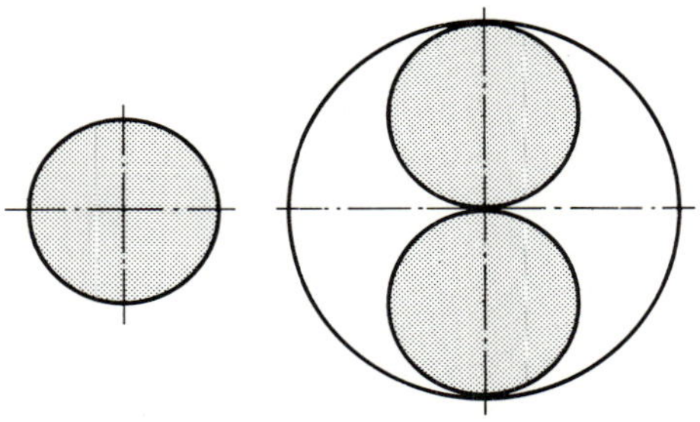

Wie berechnet man die Kreisfläche?

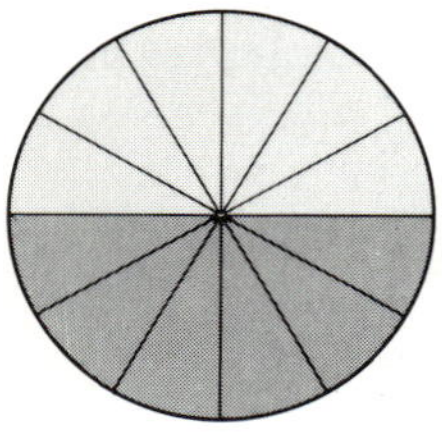

Dazu wird der Kreis in viele Kreisausschnitte zerlegt. Sie werden so zusammengelegt, wie es die Zeichnung zeigt.
Die Fläche ändert sich dadurch nicht, es entsteht nur eine andere Form.

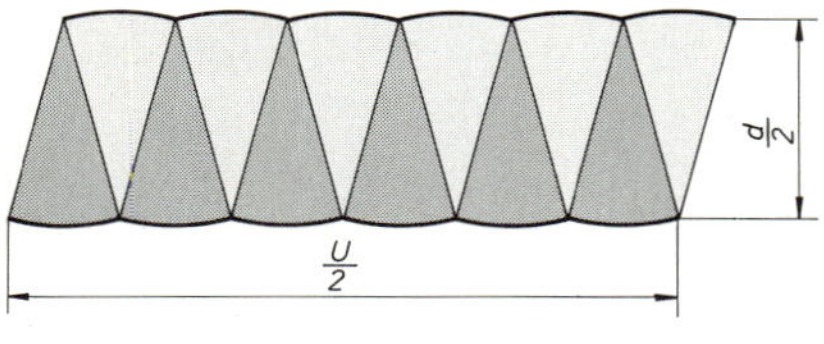

Es entsteht ein Parallelogramm
mit der Breite $\frac{d}{2}$
und der Länge $\frac{U}{2} = \frac{\pi \cdot d}{2}$

Damit kann man die Fläche so berechnen:

$$A = \frac{\pi \cdot d}{2} \cdot \frac{d}{2}$$

$$A = \frac{\pi \cdot d^2}{4}$$

Die Kreisfläche wird nach dieser Formel berechnet:

$A = \frac{\pi \cdot d^2}{4}$ oder $A = \pi \cdot r^2$

Damit ist die Aufgabe von Seite 66 lösbar.

Lösung a) Hier ist nach der Fläche gefragt.

$$A_{alt} = \frac{\pi \cdot d^2}{4}$$
$$= \frac{3{,}14 \cdot 10\text{ cm} \cdot 10\text{ cm}}{4}$$
$$= \underline{\underline{78{,}5\text{ cm}^2}}$$

$$A_{neu} = 2 \cdot A_{alt}$$
$$= 2 \cdot 78{,}5\text{ cm}^2$$
$$= \underline{\underline{157\text{ cm}^2}}$$

Die neue Leitung muß eine Querschnittsfläche von 157 cm² haben.

Lösung b) Hier ist nach dem neuen Durchmesser gefragt.

Wir verwenden die Gleichung $A = \frac{\pi \cdot d^2}{4}$ und stellen sie um.

Nicht vergessen: Jede Veränderung muß auf beiden Gleichungsseiten erfolgen!

$$A \frac{4}{\pi} = \frac{\pi \cdot d^2}{4} \cdot \frac{4}{\pi} \quad \rightarrow \quad d^2 = \frac{4 \cdot A}{\pi}$$
$$= \frac{4 \cdot 157\text{ cm}^2}{3{,}14}$$
$$= 200\text{ cm}^2$$

Um von d^2 auf d zu kommen, ist die Quadratwurzel zu ziehen.

Dazu ist auf dem Taschenrechner die Taste $\boxed{\sqrt{x}}$ zu drücken (s. S. 78).

Ergebnis

$$d = \sqrt{200\text{ cm}^2}$$
$$= \underline{\underline{14{,}14\text{ cm}}}$$

Das Rohr braucht einen Durchmesser von mindestens 14,14 cm.

Hier werden wieder Flächen berechnet!

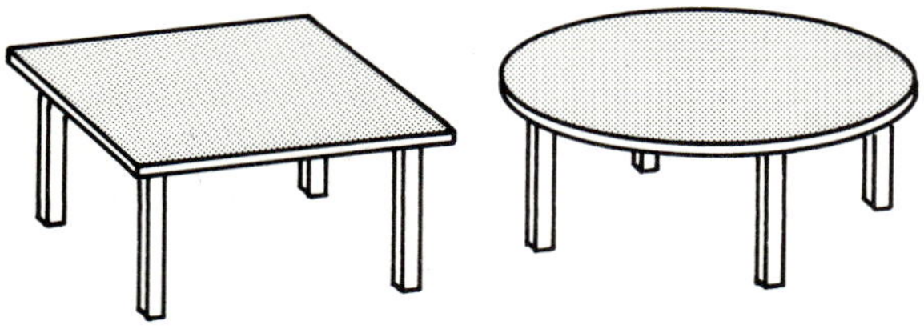

Aufgabe 1

In einem Möbelhaus werden zwei Tische angeboten. Ein rechteckiger mit den Maßen 150 cm × 120 cm und ein runder mit einem Durchmesser von 150 cm.

Welcher Tisch hat die größere Platte?

Aufgabe 2

Eine Weberin webt einen runden Teppich. Sein Durchmesser soll 2,5 m betragen. Bei der Wolle, die sie verwenden will, wiegt 1 m² Teppich 3,8 kg.

Wieviel Wolle muß sie bestellen?

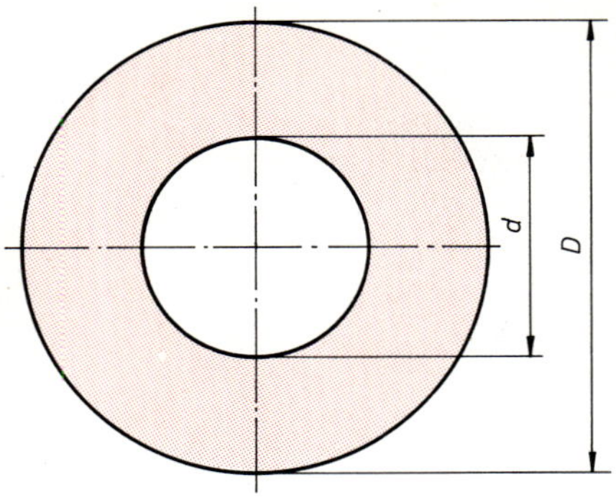

Auch Teile des Kreises lassen sich einfach berechnen!

1. Der Kreisring

Ein Kreisring entsteht, wenn zwei Kreise mit unterschiedlichen Durchmessern übereinander liegen.

Beispiele: Stirnfläche eines Rohres, Unterlegscheiben, Flanschdichtungen usw.

Aufgabe: Die Fläche der gezeichneten Dichtung soll berechnet werden.
$D = 42\,\text{mm}$, $d = 21\,\text{mm}$

Lösung 1:

Man berechnet die Fläche des großen Kreises und zieht die Fläche des kleinen Kreises davon ab.

$A_1 = \frac{\pi \cdot D^2}{4}$ $\quad A_2 = \frac{\pi \cdot d^2}{4}$ $\quad A_{\text{Ring}} = A_1 - A_2$

eingesetzt:

$A_1 = \frac{\pi \cdot 1764\,\text{mm}^2}{4} = 1385{,}4\,\text{mm}^2$ $\quad A_2 = \frac{\pi \cdot 441\,\text{mm}^2}{4} = 346{,}4\,\text{mm}^2$

$A_{\text{Ring}} = 1385{,}4\,\text{mm}^2 - 346{,}4\,\text{mm}^2 = 1039\,\text{mm}^2$

Die Fläche der Dichtung beträgt $1039\,\text{mm}^2$

Für gute Rechner geht es noch etwas einfacher!

Lösung 2:

Hier wird eine neue Gleichung geschaffen.

$$\begin{aligned} A &= A_1 - A_2 \\ &= \frac{\pi \cdot D^2}{4} - \frac{\pi \cdot d^2}{4} \\ &= \frac{\pi}{4} \cdot D^2 - \frac{\pi}{4} \cdot d^2 \\ &= \frac{\pi}{4}(D^2 - d^2) \end{aligned}$$

also gilt: $\boxed{A = \frac{\pi}{4}(D^2 - d^2)}$

$A = \frac{\pi}{4}(D^2 - d^2) = \frac{\pi}{4}(1764\,\text{mm}^2 - 441\,\text{mm}^2) = \underline{\underline{1039\,\text{mm}^2}}$

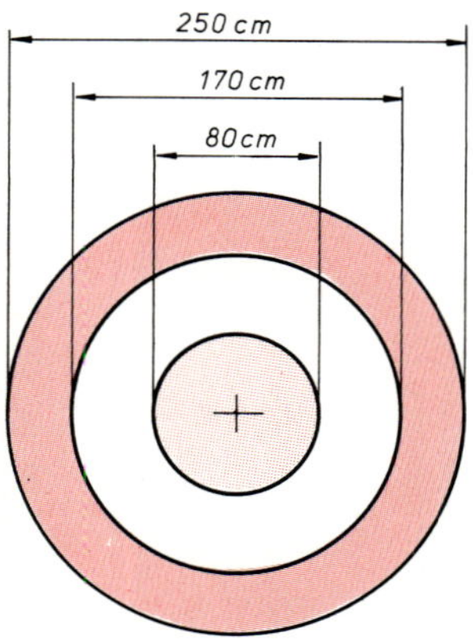

... und hier soll's wieder jeder selbst versuchen!

Aufgabe 1

Die Weberin möchte einen runden Teppich mehrfarbig weben. Dazu hat sie sich eine Skizze gemacht.

Wieviel kg Wolle von jeder Farbe muß sie bestellen, wenn sie für 1 m² 3,8 kg Wolle braucht?

2. Der Kreisausschnitt

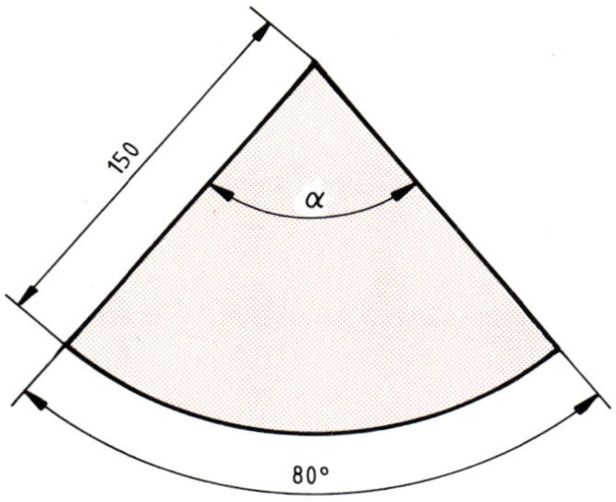

Ein Kreisausschnitt entsteht, wenn mit zwei Schnitten durch den Mittelpunkt ein Stück aus dem Kreis herausgeschnitten wird.

Beispiel: Stücke von runden Torten oder Käselaiben, Abdeckungen von Kreissägen und Schleifscheiben usw.

Aufgabe: Ein Handwerker möchte berechnen, wieviel Blech er zur Herstellung der Seitenteile der gezeichneten Abdeckung braucht.
Auf der Zeichnung ist der Durchmesser mit 300 mm angegeben, der Winkel, er wird α genannt, beträgt 80°, s. Abb.

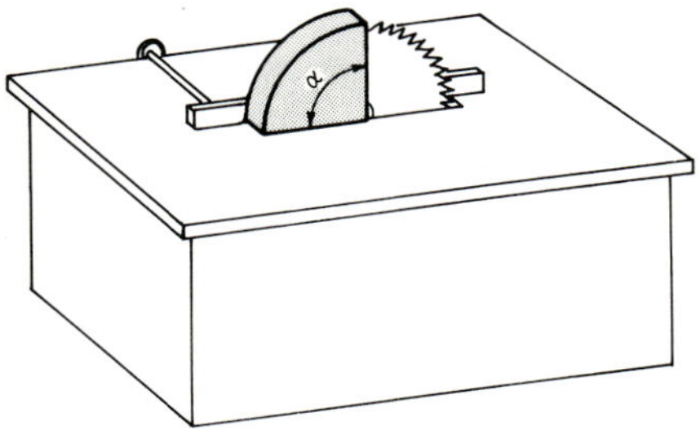

Lösung:

$$A_{\text{Kreis}} = \frac{\pi \cdot d^2}{4}$$

$$= \frac{\pi \cdot 90\,000 \text{ mm}^2}{4}$$

$$= \underline{\underline{70\,686 \text{ mm}^2}}$$

Der volle Kreis hat 360°

also gilt:

$$360° \mathrel{\hat{=}} 70\,686 \text{ mm}^2$$

$$1° \mathrel{\hat{=}} \frac{70\,686}{360°} \text{ mm}^2$$

$$80° \mathrel{\hat{=}} \frac{70\,686}{360°} \cdot 80° \text{ mm}^2 = \underline{\underline{15\,708 \text{ mm}^2}}$$

Für ein Seitenteil braucht er 15 708 mm² Blech.

Der Dreisatz muß nicht jedesmal gerechnet werden. Man kann auch seine letzte Zeile als Gleichung schreiben.

Dann gilt für den Kreisausschnitt:

$$A = \frac{\pi \cdot d^2}{4} \cdot \frac{\alpha}{360°}$$

Darin ist d der Durchmesser des Kreises und α der Winkel des Ausschnittes.

Auch die Berechnung von Kreisringen und Kreissegmenten muß geübt werden.

Aufgabe 1

An einem 143-Kilowatt-Dieselmotor soll eine Kupplung angebaut werden.
Bei dieser Leistung wird verlangt, daß die Kupplungsscheibe eine Fläche von 650 cm^2 hat.
Es stehen drei Kupplungen zur Auswahl.

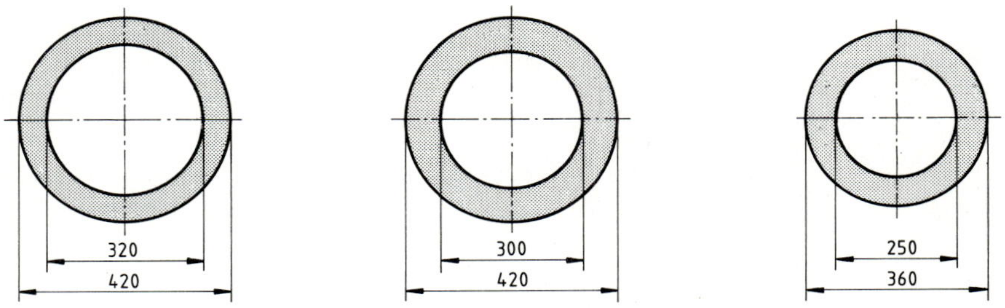

Kupplung 1 Kupplung 2 Kupplung 3

Welche wird eingebaut?

Aufgabe 2

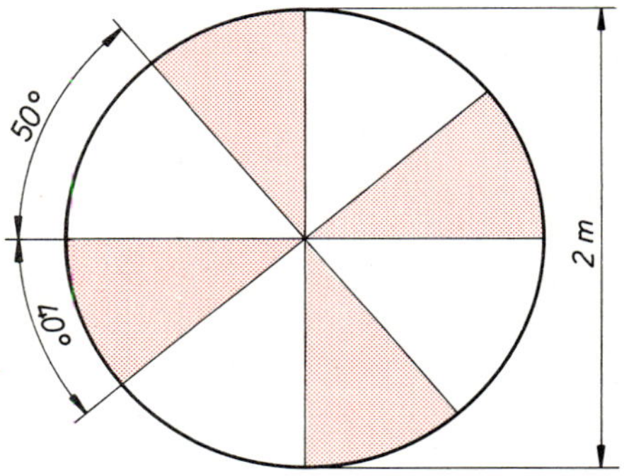

In einer Textilfabrik werden Sonnenschirme aus rotem und weißem Stoff genäht.

a) *Wieviel roten und wieviel weißen Stoff braucht man für einen Sonnenschirm?*
b) *Wieviel Stoff braucht man für 250 Schirme, wenn mit 20 % Verschnitt gerechnet wird?*

Aufgabe 3

Die Bremskraft von Fahrzeugen hängt sehr stark von der Fläche der Bremsbeläge ab.
Je größer die Andruckfläche der Bremsbeläge ist, desto größer ist die Bremswirkung.

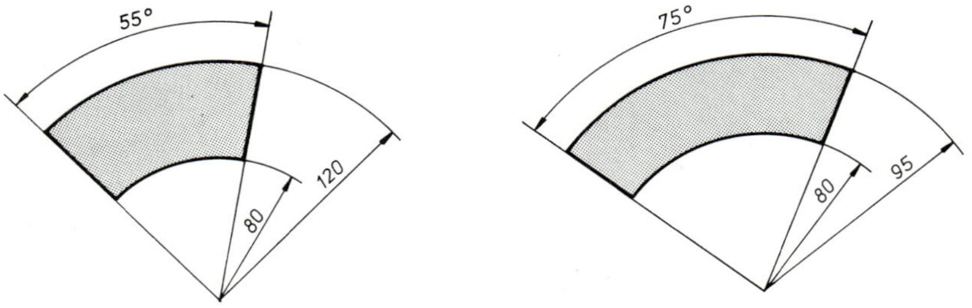

Welcher der gezeichneten Bremsbeläge hat die größere Bremsfläche?

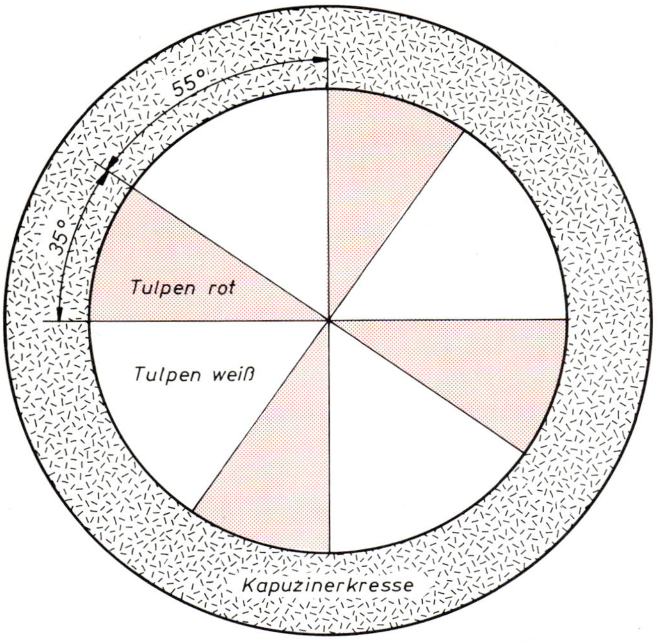

Aufgabe 4

Ein Gärtner möchte die gezeichnete Rosette anlegen.

Der äußere Kreis hat einen Durchmesser von 8,5 m. Der innere Kreis einen von 6,0 m.

a) *Wieviel Zwiebeln für rote Tulpen muß er bereitstellen, wenn auf einen m² 120 Tulpen gesteckt werden?*

b) *Wieviel Zwiebeln für weiße Tulpen braucht er, wenn sie genau so dicht stehen sollen wie die roten?*

c) *Wieviel Samen der Kapuzinerkresse wird ausgesät, wenn für einen m² 60 g gerechnet werden?*

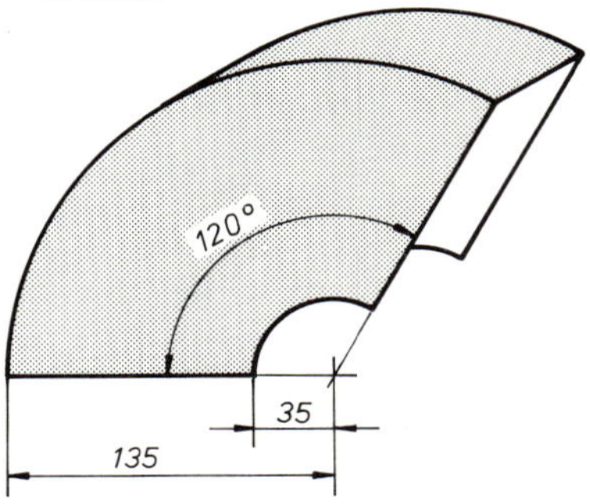

Aufgabe 5

Ein Klempner stellt den gezeichneten Schutz für eine Schleifscheibe her.

Wieviel Stahlblech verbraucht er für die beiden Seitenteile?

Aufgabe 6

Auf einem Bauernhof wird ein neues Futtersilo aufgestellt. Es hat einen Durchmesser von 450 cm.
Sein Deckel besteht aus 6 Kreisausschnitten.

Wie schwer ist ein Kreisausschnitt, wenn 1 m² des verwendeten verzinktes Stahlblech 12,3 kg wiegt?

Aufgabe 7

Für den Absatz einer Wendeltreppe bestellt ein Gastwirt beim Bodenleger einen Teppichzuschnitt. Die Form ist ein Kreisringausschnitt.
Am Telefon gibt er folgende Abmessungen an: großer Radius 4,2 m, kleiner Radius 1,4 m, Ausschnittswinkel 85°.

a) *Fertigen Sie eine maßstabsgetreue Zeichnung an (1 m = 2 cm).*
b) *Wie teuer wird der Zuschnitt, wenn für 1 m² 86,50 DM berechnet werden?*

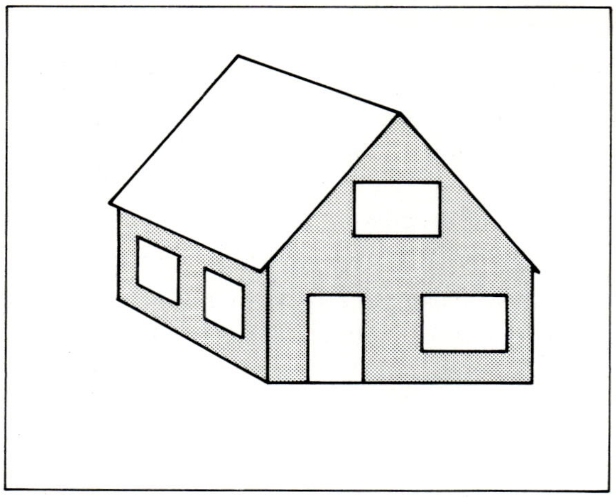

ZUSAMMENGESETZTE FLÄCHEN

Wenn der Maler diese Fassade streichen soll, muß er vorher ihre Fläche berechnen.
Erst danach weiß er, wieviel Farbe er etwa verbrauchen wird.

Auch der Maurer muß vorher die Fläche kennen, um die richtige Menge Material zu bestellen.

Weitere Berufe, bei denen ähnliche Flächen berechnet werden müssen, sind:
Glaser, Gärtner, Betonsteinhersteller, Tischler, Kunststoff-Formgeber, Schneider, Werkzeugmechaniker usw.

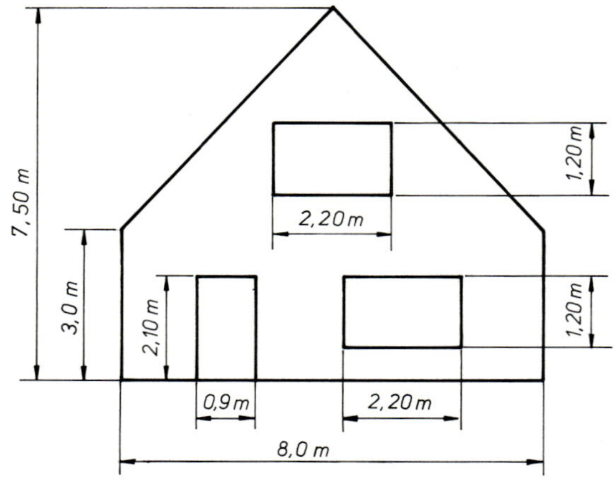

Versetzen wir uns in die Lage eines Malers!

Die gezeichnete Fassade soll frisch gestrichen werden (alle Maße in m).

Wieviel kg Farbe benötigt er, wenn er für einen m^2 0,4 kg Farbe verbraucht?

So wie die Fassade gezeichnet ist, können wir die Fläche nicht berechnen.
Wir müssen sie in bekannte Flächen zerlegen. Diese werden dann berechnet.

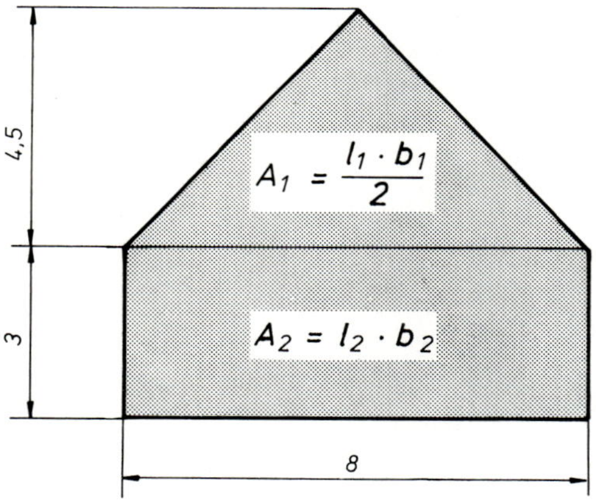

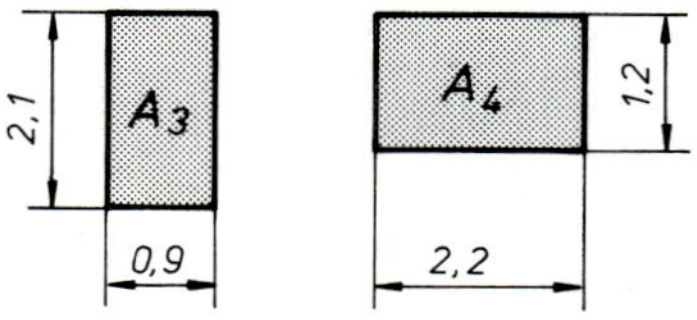

Lösung:

Zuerst wird die gesamte Fläche berechnet. Sie besteht aus einem Rechteck und einem Dreieck. Jede Fläche ist sauber zu bezeichnen!

$$A_1 = \frac{l_1 \cdot b_1}{2} = \frac{4{,}5\ \text{m} \cdot 8\ \text{m}}{2} = \underline{\underline{18{,}00\ \text{m}^2}}$$

$$A_2 = l_2 \cdot b_2 = 3\ \text{m} \cdot 8\ \text{m} = \underline{\underline{24{,}00\ \text{m}^2}}$$

Jetzt zu Tür und Fenstern:

$$A_3 = l_3 \cdot b_3 = 2{,}1\ \text{m} \cdot 0{,}9\ \text{m} = \underline{\underline{1{,}89\ \text{m}^2}}$$

$$A_4 = l_4 \cdot b_4 = 2{,}20\ \text{m} \cdot 1{,}2\ \text{m} = \underline{\underline{2{,}64\ \text{m}^2}}$$

Nun kommt der letzte Schritt:

$$\boxed{A = A_1 + A_2 - A_3 - 2 \cdot A_4}$$

$$A = 18\ \text{m}^2 + 24\ \text{m}^2 - 1{,}89\ \text{m}^2 - 2 \cdot 2{,}64\ \text{m}^2 = \underline{\underline{34{,}83\ \text{m}^2}}$$

Der Maler braucht $34{,}83\ \text{m}^2 \cdot 0{,}4\ \frac{\text{kg}}{\text{m}^2} = 13{,}93\ \text{kg}$; also fast 14 kg Farbe.

Aufgabe 1

a) *Wie groß ist die Fläche des gezeichneten Werkstückes?*

b) *Wie schwer ist das Teil, wenn 1 cm^2 des 2-mm-Bleches 1,6 g wiegt?*

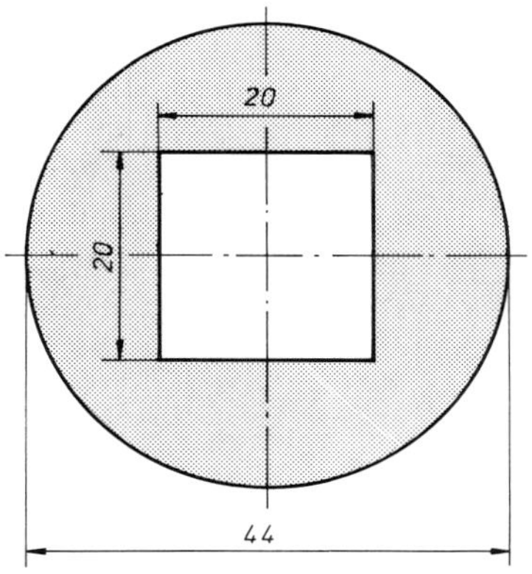

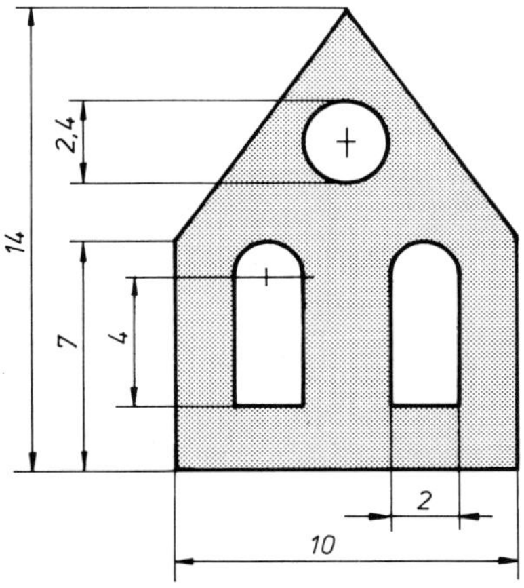

Aufgabe 2

Die Rückseite der gezeichneten Kirche soll neu verputzt werden.

Wie teuer werden die Arbeiten, wenn für einen m^2 12,80 DM berechnet werden?

(Alle Maße sind in m angegeben!)

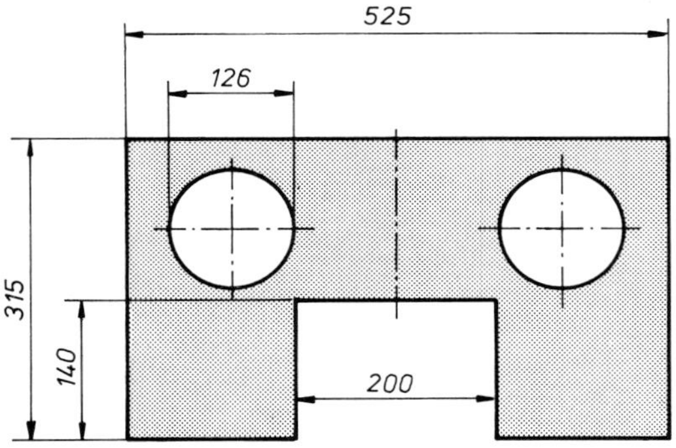

Aufgabe 3

Aus einer Blechtafel, die 1 m × 2 m groß ist, stanzt ein Werkzeugmechaniker neun der gezeichneten Werkstücke. (Zeichnung: 1 : 10)

a) *Wie groß ist die Fläche eines Werkstückes?*
b) *Wieviel Prozent der Blechtafel werden ausgenützt?*

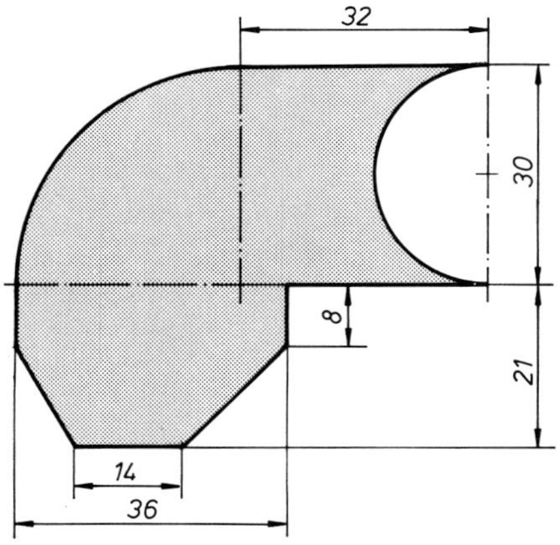

Aufgabe 4

Für das gezeichnete Teil aus dem Laufwerk eines Kassettenrecorders soll der Blechbedarf berechnet werden.

Wieviel Prozent des Werkstoffes werden ausgenützt, wenn das Teil aus einem Blechstreifen von 60 mm × 70 mm gestanzt wird?

Körperberechnung

Wer wissen will, welchen Raum dieser Behälter umfaßt, der muß seinen Rauminhalt berechnen.

Der Rauminhalt wird auch als Volumen bezeichnet.

Das Volumen von Körpern wird durch Körperberechnung ermittelt.

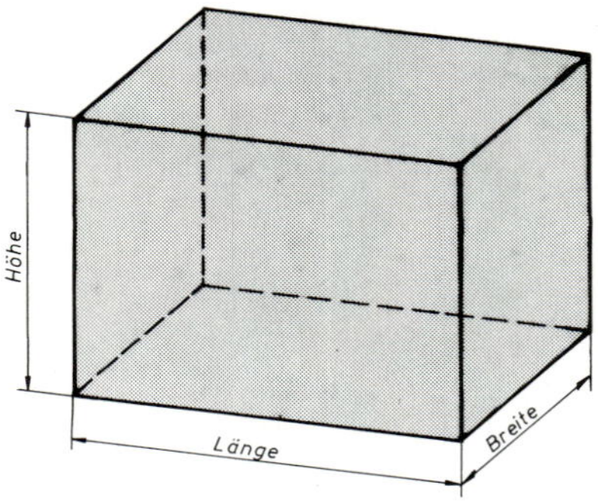

Maßeinheiten für Volumen und Körper

Jeder Körper hat drei Ausdehnungen

1. die Länge
2. die Breite
3. die Höhe

Sie werden auch als die drei Dimensionen (Ausdehnungen) eines Körpers bezeichnet.

Jede Dimension für sich wird wie eine Länge gemessen und in einer Längeneinheit (km, m, dm, cm, mm) angegeben.

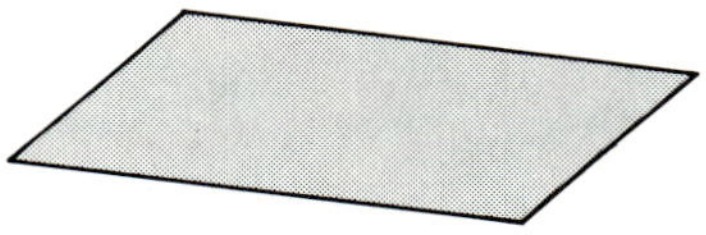

Zwei Dimensionen (hier die Länge und die Breite) ergeben die Grundfläche des Körpers.

Ihre Maßeinheit ist $m \cdot m = m^2$

Kommt noch die Höhe dazu, so wird die Maßeinheit $m \cdot m \cdot m = m^3$

Auch diese Maßeinheit läßt sich umrechnen.

1 m ·	1 m ·	1 m	=	1 m^3
10 dm ·	10 dm ·	10 dm	=	1 000 dm^3 = 1 m^3
100 cm ·	100 cm ·	100 cm	=	1 000 000 cm^3 = 1 m^3
1000 mm ·	1000 mm ·	1000 mm	=	1 000 000 000 mm^3 = 1 m^3

Weiter sollte man sich merken: 1 dm^3 = 1 Liter

Bei Volumeneinheiten gilt:

wird in die nächst größere Einheit umgerechnet **: 1000**

wird in die nächst kleinere Einheit umgerechnet **· 1000**

Üben wir zuerst das Umrechnen der Maßeinheiten:

Aufgabe 1

a)	b)	c)
1,5 m^3 in dm^3	*1753 dm^3 in m^3*	*521 cm^3 in Liter*
42 dm^3 in cm^3	*895 cm^3 in dm^3*	*1835 mm^3 in dm^3*
13 cm^3 in mm^3	*423 mm^3 in cm^3*	*7481 cm^3 in m^3*
4,2 dm^3 in Liter	*0,8 Liter in cm^3*	*0,842 dm^3 in mm^3*

Berechnung gleichdicker (prismatischer) Körper

Körper, die an jeder Stelle die gleiche Querschnittsfläche haben, nennt man gleichdicke Körper. (Beispiel: Hat eine Wurst die Form eines Zylinders, so sind alle Scheiben, die man von ihr schneidet, gleich groß.)

Gleichdicke Körper werden in der Technik häufig verwendet; gleichdick oder prismatisch sind z. B.
Bausteine, Behälter, Tanks, Drähte und Stangenmaterial, Rohre, Balken, Bretter, Platten usw.

Mit ihnen hat man also in vielen Berufen zu tun.

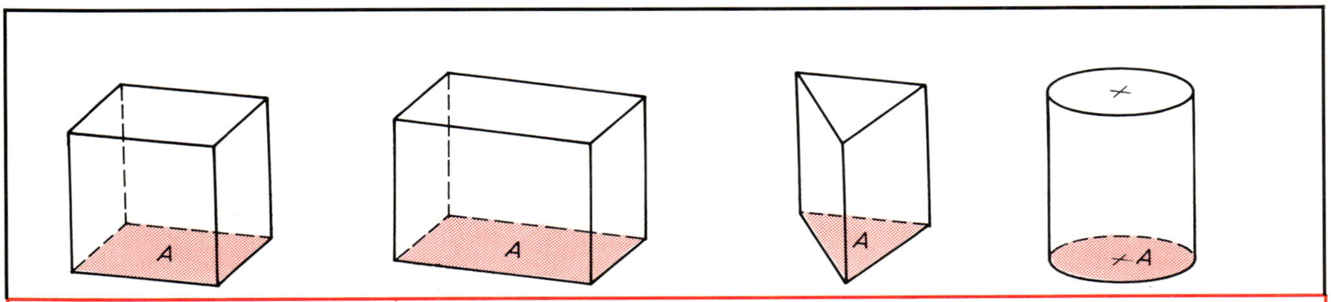

Würfel	Quader	Prisma	Zylinder
$V = A \cdot h$	$V = A \cdot h$	$V = A \cdot h$	$V = A \cdot h$
$V = l \cdot l \cdot l$	$V = l \cdot b \cdot h$	$V = \frac{l \cdot b}{2} \cdot h$	$V = \frac{\pi \cdot d^2}{4} \cdot h$

Auch die Behälter auf dem Foto gegenüber sind prismatische Körper (Quader). Damit kann ihr Volumen nach der Gleichung $V = A \cdot h$ berechnet werden.

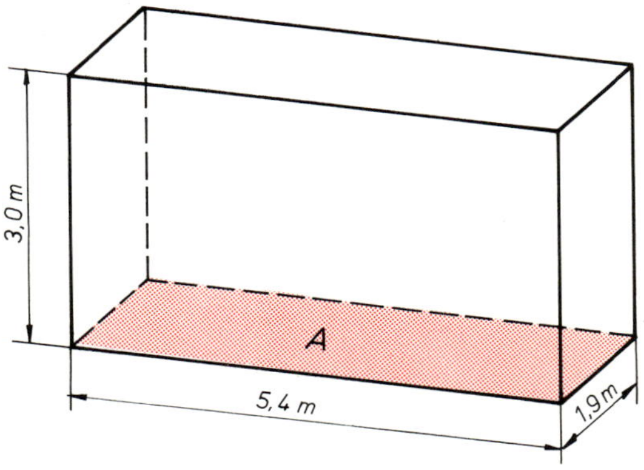

Aufgabe:

Das Volumen (der Inhalt) des abgebildeten Heizöltanks ist zu berechnen.

Lösung:

$V = A \cdot h = l \cdot b \cdot h$

$V = 5{,}4\ m \cdot 1{,}9\ m \cdot 3\ m = 30{,}78\ m^3$

Der Tank faßt 30,78 m^3 Heizöl.

Hier geht es um den Rauminhalt

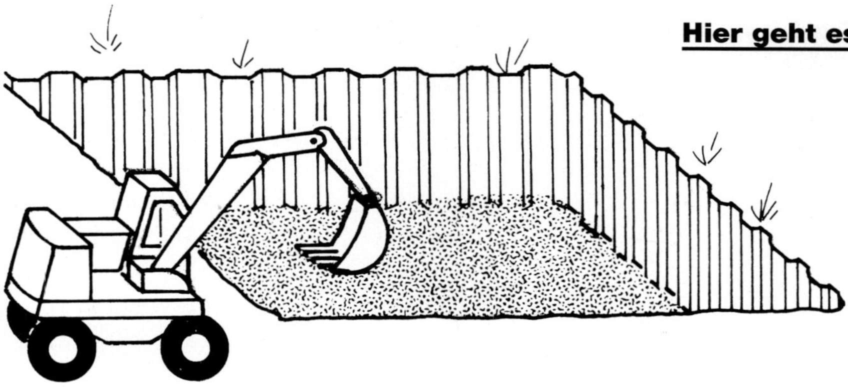

Aufgabe 1

Die Baugrube für ein Wohnhaus ist 3 m tief, 14 m lang und 12 m breit.

Wie oft muß ein Baufahrzeug fahren, um die Erde wegzubringen, wenn es 8 m³ faßt?

Aufgabe 2

Die Zeichnung zeigt den Tank eines Lastwagens.

a) *Wie groß ist die Grundfläche des Tanks, wenn er 120 cm lang und 45 cm breit ist?*

b) *Wieviel Liter Dieselöl gehen in den Tank, wenn er 40 cm hoch ist?*

c) *Nach welcher Fahrstrecke ist der Kraftstoff verbraucht, wenn der Lastwagen 30 Liter auf 100 km verbraucht?*

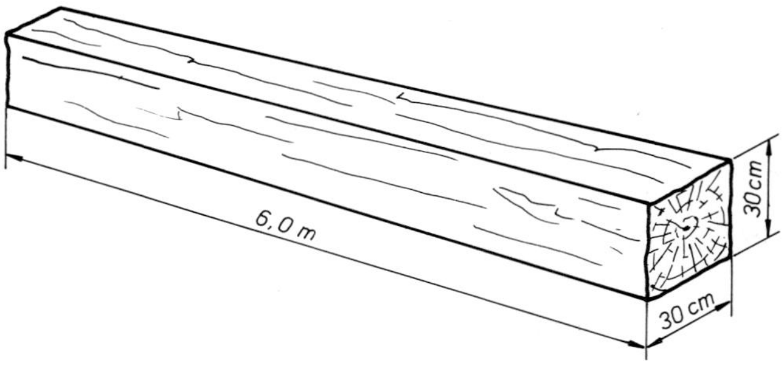

Aufgabe 3

Ein Zimmerer bestellt 30 der gezeichneten Balken.

a) *Wie groß ist das Volumen eines Balkens?*

b) *Wie schwer sind alle Balken, wenn 1 dm³ des Holzes 0,5 kg wiegt?*

c) *Wieviel Tonnen muß der Lastwagen für ihren Transport laden können?*

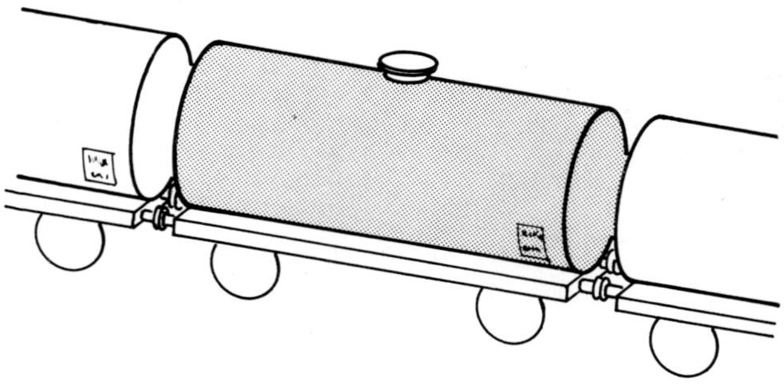

Aufgabe 4

Ein Kesselwagen der Deutschen Bahn AG hat einen Tank, der 8,5 m lang ist. Sein Durchmesser beträgt 2,9 m.

Wieviel Liter Rotwein können in den Kessel gefüllt werden, wenn er aus Sicherheitsgründen nur zu 90 % gefüllt werden darf?

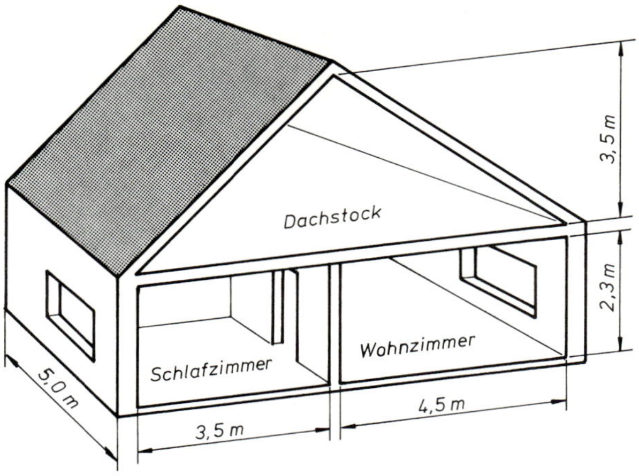

Aufgabe 5

Ein Anlagenmechaniker soll ausrechnen, wie groß die Heizkörper in den Räumen eines Neubaus sein müssen.

Er weiß, daß für 1 m³ Raum 0,6 Heizkörperrippen gebraucht werden.

Wie viele Rippen werden in jedem der Räume des abgebildeten Hausteils gebraucht? (Bei Bruchteilen wird aufgerundet.)

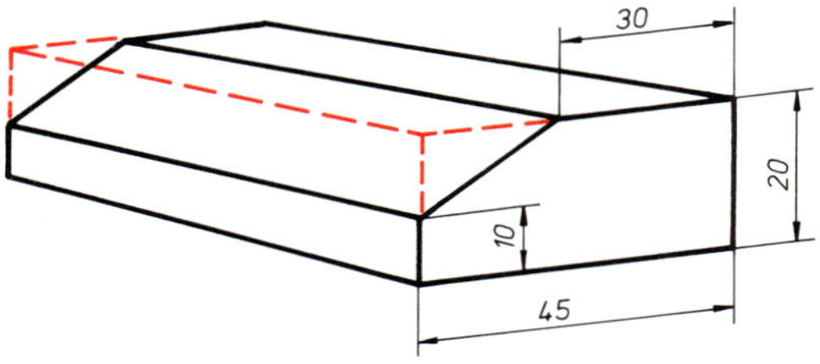

Aufgabe 6

Ein Zerspanungsmechaniker fräst einen Flachstahl nach der Zeichnung ab.

a) *Wieviel Prozent des Materials werden abgefräst?*

b) *Was wiegt das $\frac{1}{2}$ m lange fertige Werkstück, wenn 1 dm³ Stahl 7,8 kg wiegt?*

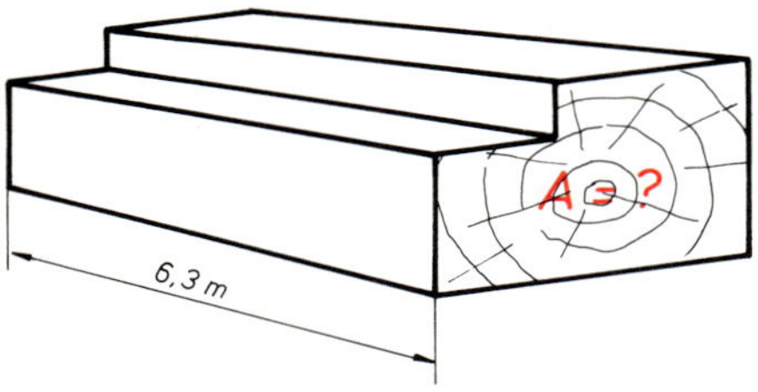

Aufgabe 7

Das gezeichnete Holzprofil hat ein Volumen von 364 dm³.

Wie groß ist seine Stirnfläche?

Aufgabe 8

In einem kreisrunden Vorratsbehälter sollen 1500 Liter Wasser aufbewahrt werden.

Wie hoch muß der Schmelzschweißer den Behälter bauen, wenn der Durchmesser 2,6 m beträgt?

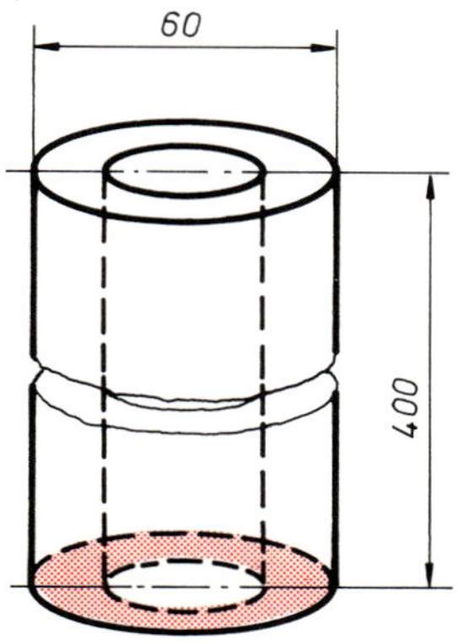

Aufgabe 9

Das gezeichnete Rundmaterial wurde mit einem 30 mm Bohrer durchbohrt.

a) *Wie groß ist jetzt seine Grundfläche?*

b) *Wie groß ist sein Volumen?*

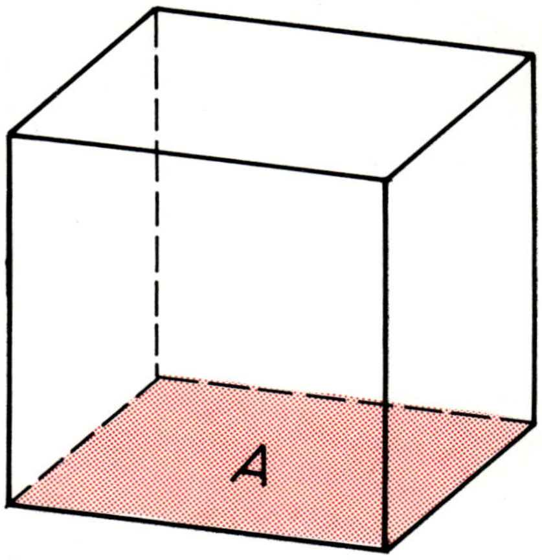

Der Würfel hat es in sich:

Potenzen und Wurzeln

Der gezeichnete Würfel hat eine Länge der Kanten von 30 mm.

Damit ist seine Grundfläche A:

$$A = l \cdot l$$
$$= 30 \text{ mm} \cdot 30 \text{ mm}$$
$$= 900 \text{ mm}^2$$

Soll man aus dieser Fläche die Kantenlänge berechnen, genügt Umstellen der Gleichung nicht!

Der Versuch zeigt es:

$A = 900 \text{ mm}^2$, wie groß ist l?

$A = l \cdot l \qquad l = \frac{A}{l}$ so ist die Aufgabe unlösbar.

Zur Lösung müssen wir einen neuen Lösungsweg kennenlernen.

2. POTENZ UND QUADRATWURZEL:

Wird eine Zahl mit sich selbst malgenommen, so bildet man ihre 2. Potenz.

Beispiel: $l \cdot l = l^2$
oder: $30 \cdot 30 = 30^2 = 900$

Die Hochzahl gibt an, wie oft die Zahl beim Malnehmen zu schreiben ist.

Die Umkehrung des Potenzierens ist das Wurzelziehen.

$$l = \sqrt[2]{l^2}$$

l ist die 2. Wurzel (Quadratwurzel) aus l^2.

Damit ist die oben gestellte Aufgabe lösbar:

$A = l^2 = 900 \text{ mm}^2$, wie groß ist l?

$$l = \sqrt[2]{l^2} = \sqrt[2]{900 \text{ mm}^2}$$

Hier benützen wir den Taschenrechner!
Wir geben die Zahl 900 ein und betätigen die Taste $\sqrt{x}$.
Das Ergebnis erscheint sofort.

$$l = \sqrt[2]{900 \text{ mm}^2} = 30 \text{ mm}.$$

Auch aus der Einheit mm^2 ist die Wurzel zu ziehen!

Und wo wird das gebraucht? Immer, wenn aus einer Quadratfläche die Kantenlänge berechnet werden soll.

Aufgabe 1

Aus folgenden Quadratflächen ist die Kantenlänge zu berechnen.

a) $A_1 = 400 \text{ mm}^2$
b) $A_2 = 100 \text{ mm}^2$
c) $A_3 = 225 \text{ mm}^2$
d) $A_4 = 1350 \text{ mm}^2$

Aufgabe 2

Nur für Experten!

Wie groß ist der Durchmesser eines Kreises, wenn seine Fläche 314,2 mm² beträgt?

3. POTENZ UND KUBIKWURZEL

Wird eine Zahl zweimal mit sich selbst malgenommen, so bildet man ihre 3. Potenz.

Beispiel: $l \cdot l \cdot l = l^3$
oder: $30 \cdot 30 \cdot 30 = 30^3 = 27\,000$

Die Hochzahl gibt wieder an, wie oft die Zahl zu schreiben ist.

Will man aus der 3. Potenz die Grundzahl berechnen, muß man die Kubikwurzel ziehen.

$$l = \sqrt[3]{l^3}$$

l ist die 3. Wurzel (Kubikwurzel) aus l^3

Damit kann man aus dem Volumen eines Würfels seine Kantenlänge berechnen.

Kubikwurzeln können unsere einfachen Taschenrechner nicht ziehen, darum sind wir hier auf unseren Kopf angewiesen.
Damit wir die 3. Potenzen der Zahlen von 1 bis 10 kennenlernen, errechnen wir sie.

Aufgabe Die dritten Potenzen sind zu berechnen.

$1^3 = ?$	$3^3 = ?$	$5^3 = ?$	$7^3 = ?$	$9^3 = ?$
$2^3 = ?$	$4^3 = ?$	$6^3 = ?$	$8^3 = ?$	$10^3 = ?$

Damit sind einfache Aufgaben lösbar!

Aufgabe 1

Ein Würfel hat ein Volumen von $512\ cm^3$.

Wie groß ist seine Kantenlänge?

Aufgabe 2

Zwei gleich große Würfel haben zusammen ein Volumen von $432\ cm^3$.

Wie groß ist die Kantenlänge dieser Würfel?

TECHNISCHES ZEICHNEN

Zeichnen – warum eigentlich?

Im Leben begegnen wir vielen Gegenständen. Sehen Sie sich in Ihrer Umgebung einmal um, Sie werden Häuser, Maschinen, Fahrzeuge, Tische und Stühle erkennen.
Oft muß man anderen Menschen einen Gegenstand beschreiben, den diese selbst nicht sehen.
Zum Beispiel:

- Der Kunde beschreibt dem Tischler, wie seine neue Haustür aussehen soll.
- Der Ausbildungsmeister erklärt dem Auszubildenden, wie das Werkstück aussehen soll.

Bei diesen Beschreibungen werden gemeinsame Eigenschaften dieser Gegenstände ausgenützt.

> Gegenstände haben äußere Abmessungen und bestehen aus bestimmten Werkstoffen.

Beschreibungen sind manchmal schwierig, besonders bei komplizierten Formen der Gegenstände. Ein Foto hilft oft, diese Schwierigkeiten zu überwinden.
Wenn aber kein Foto da ist, weil zum Beispiel die Regalwand erst noch gebaut werden soll? In solchen Fällen muß zuerst von der Regalwand eine Zeichnung erstellt werden. Es müssen darin Abmessungen, Werkstoff und Farbe der Einzelteile angegeben werden.

Jeder soll eine solche Zeichnung verstehen. Deshalb haben die Techniker vereinbart, nach bestimmten Regeln zu zeichnen. Diese Regeln zum Zeichnen von technischem Gerät heißen auch Normen. Normengerechte Zeichnungen heißen **technische Zeichnungen.**

Ohne technische Zeichnungen können weder Häuser gebaut, noch Bauteile gefertigt werden. Erst die technische Zeichnung macht den Aufbau und die Wirkungsweise eines Bauteils verständlich.

> Mit der technischen Zeichnung gibt der Techniker Informationen weiter.

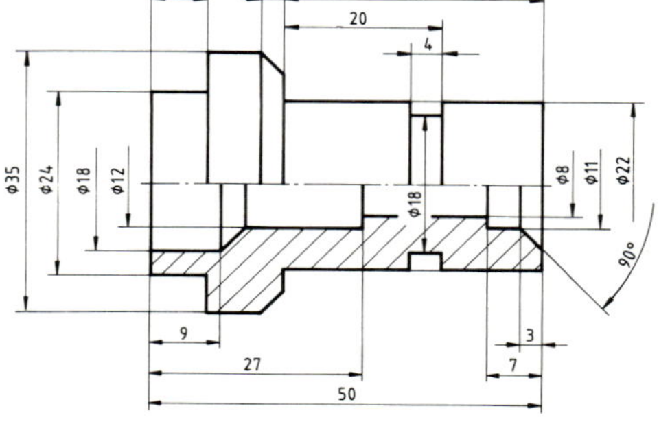

Das Lesen und Anfertigen von technischen Zeichnungen gehört zu Ihrem zukünftigen beruflichen Werkzeug. Diesem Werkzeug sollen Sie nicht ratlos gegenüberstehen. Der sichere Umgang mit technischen Zeichnungen kann nur durch Übung erreicht werden.

Gutes Zeichengerät – gutes Handwerkszeug

Ein Handwerker kann nur mit richtigem Handwerkszeug arbeiten. Zum Anfertigen einer technischen Zeichnung benötigen wir Zeichengeräte. Sie sind unser Handwerkszeug.

Erforderlich sind:

– eine feste Unterlage

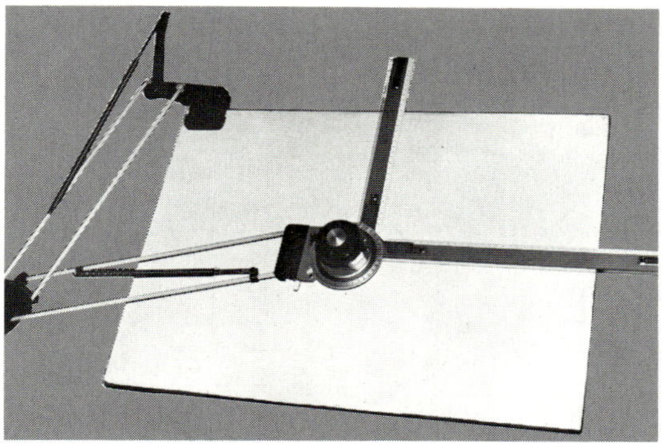

Wir arbeiten auf einem Tisch oder auf einer Zeichenplatte.

– drei Bleistifte unterschiedlicher Härte

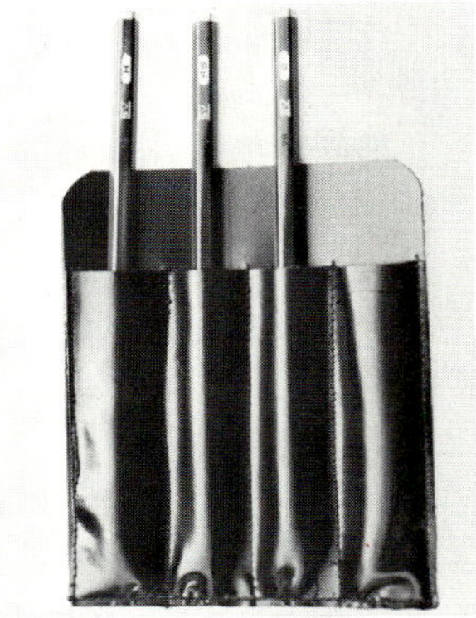

H – ein harter Bleistift für schmale Linien

HB – ein mittelharter Bleistift für mittelbreite Linien

B – ein weicher Bleistift für breite Linien

– ein Geo-Dreieck

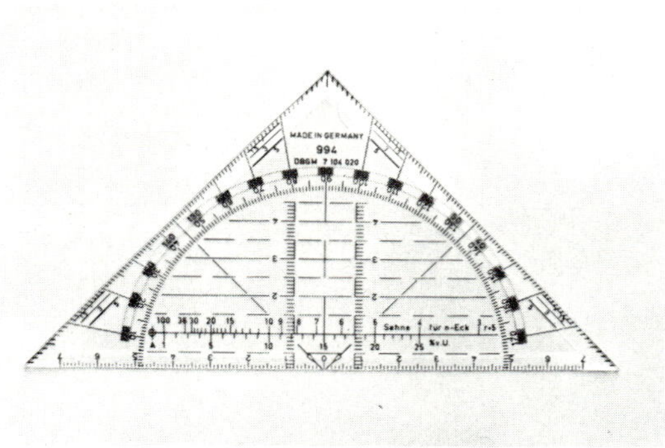

Dreieck mit Millimetereinteilung und Winkelmesser.

– ein Zirkel

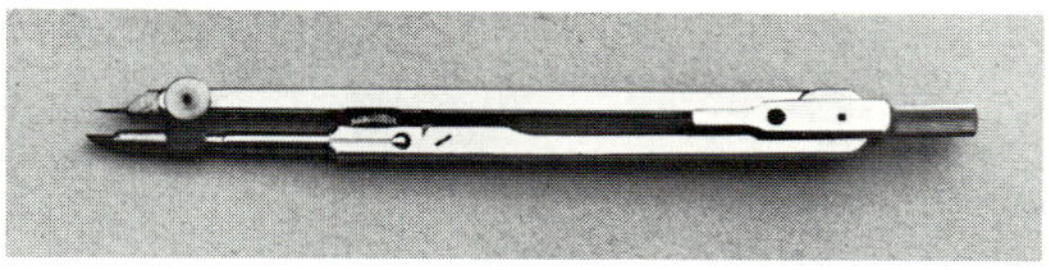

Es muß kein kompletter Zirkelkasten sein.

– Radiergummi und Bleistiftspitzer

Technisches Zeichnen lernt man – genau wie das Schreiben – durch Übung.

Das Alphabet der technischen Zeichnung:

Die Linienarten

Durch eine technische Zeichnung soll man sich vorstellen können, wie ein Gegenstand tatsächlich aussieht.

Eine technische Zeichnung besteht hauptsächlich aus Linien.

Mit Linien werden zum Beispiel die Umrisse eines Gegenstandes gezeichnet.

Um einen Gegenstand vollständig darzustellen, benötigt man verschiedene Linienarten. Jede dieser Linienarten hat eine besondere Bedeutung. Dies soll am Beispiel eines Ziegelsteins erklärt werden.

DIE BREITE VOLLINIE

Regel: Sichtbare Körperkanten werden mit breiten Vollinien gezeichnet.

DIE SCHMALE STRICHLINIE

Außer den sichtbaren Kanten hat der Ziegelstein auch noch verdeckte Kanten. Durch richtig ausgewählte und eingezeichnete Linien muß dies deutlich gemacht werden. Auch wird dadurch klar, aus welcher Richtung man den Gegenstand sieht.

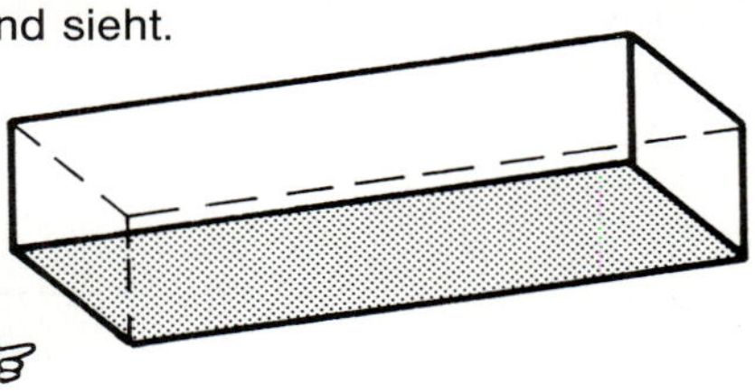

von oben gesehen

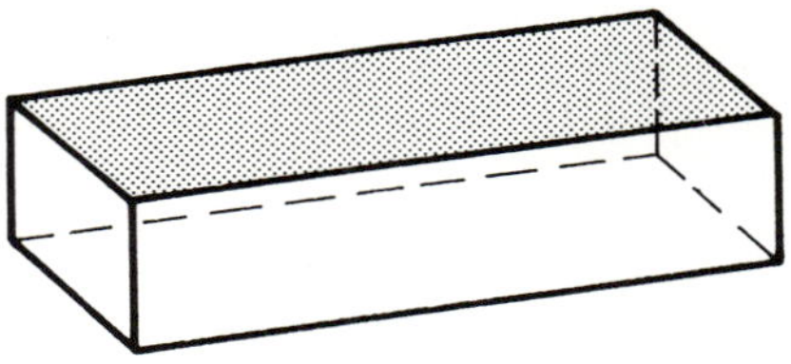

von unten gesehen

Regel: Verdeckte Kanten werden mit schmalen Strichlinien gezeichnet.

DIE SCHMALE VOLLINIE

Der Ziegelstein hat bestimmte äußere Abmessungen, die in die Zeichnung eingetragen werden müssen, die Länge, die Breite und die Dicke.

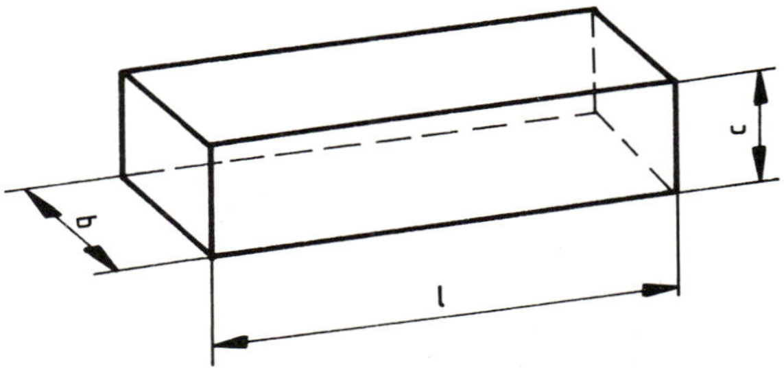

Regel: Mit schmalen Vollinien werden die Abmessungen eines Werkstücks festgelegt.

DIE SCHMALE STRICHPUNKTLINIE

Durch den Ziegelstein soll eine Leitung verlegt werden. Es muß ein Loch gebohrt werden. Aus der Zeichnung muß zu erkennen sein, an welcher Stelle die Bohrerspitze angesetzt werden muß.

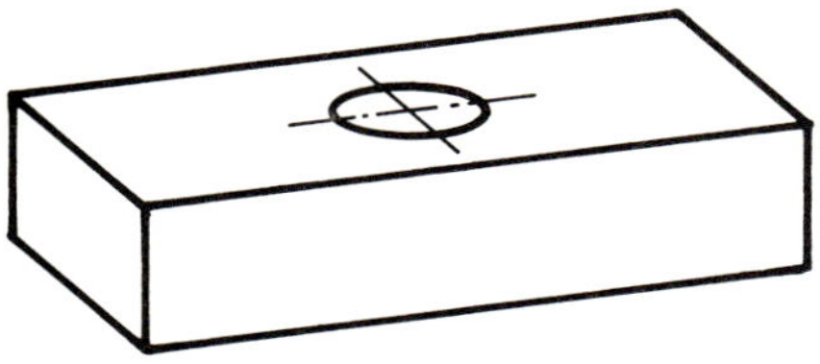

Regel: Mittellinien werden mit schmalen Strichpunktlinien gezeichnet.

Linienarten, ihre Darstellung und die verschiedenen Bleistifte stehen in enger Verbindung zueinander.

Linienarten	Darstellung	Bleistift	Anwendung
breite Vollinie	———	B	sichtbare Körperkanten, Umrisse
schmale Vollinie	———	H	Maßlinie, Maßhilfslinie, Schraffur
Strichlinie	— — — — —	H	Verdeckte Kanten
schmale Strichpunktlinie	—·——·—	H	Mittellinien

Aufgabe Übertragen Sie die unten gezeichneten Figuren auf ein Zeichenblatt.

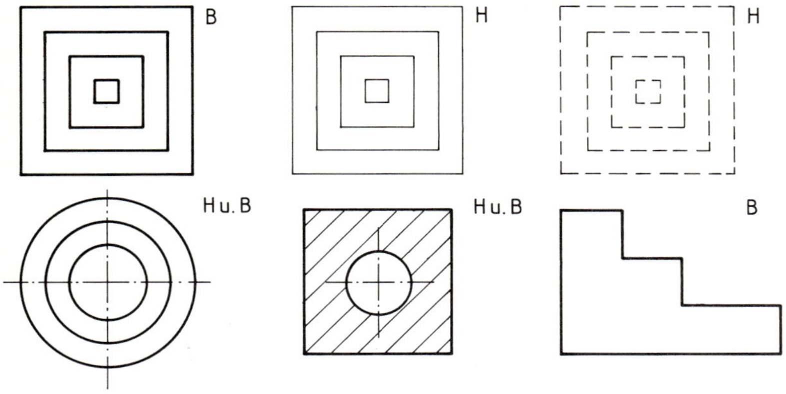

Zeichenregeln:

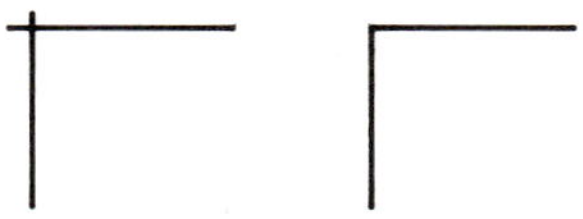 falsch richtig	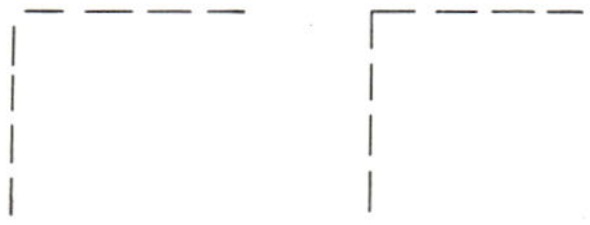 falsch richtig	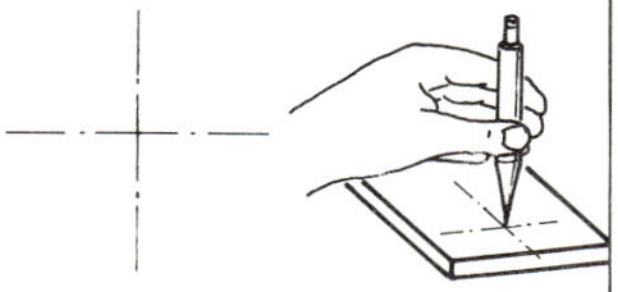
Vollinien, die an einer Ecke zusammenstoßen, müssen eine scharfe Kante bilden.	Alle Teilstriche einer **Strichlinie** sind gleich lang. An Ecken stoßen immer zwei Teilstriche zusammen, keine Lücken.	Schneiden sich **Strichpunktlinien,** so müssen sich die langen Striche schneiden.

Ohne Buchstaben und Zahlen geht es nicht

Mit Linien allein kann keine vollständige technische Zeichnung angefertigt werden.

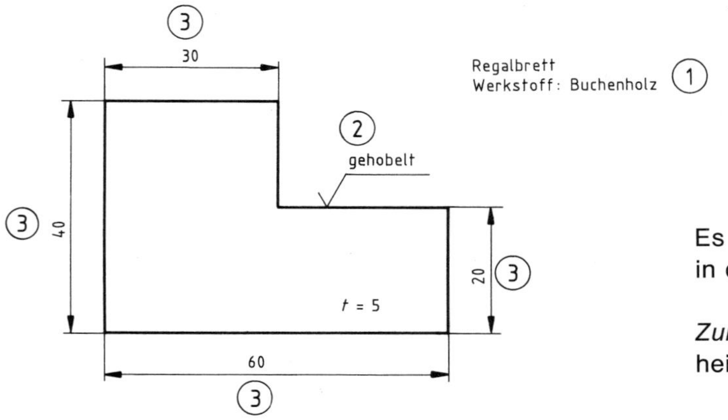

Es müssen wichtige Angaben mit Worten und Zahlen in die Zeichnung eingetragen werden.

Zum Beispiel: ① Werkstoff, ② Oberflächenbeschaffenheit und die ③ Maßzahlen.

Jeder Zeichner hat eine persönliche Handschrift. Die technischen Zeichnungen und die Beschriftung müssen jedoch von vielen Menschen gelesen werden.
Es ist deshalb notwendig, alle technischen Zeichnungen einheitlich zu beschriften. Man verwendet dazu eine besondere Schrift, die Normschrift.
Diese Schrift heißt Normschrift, weil die Buchstaben, Zeichen und Zahlen nach festen Regeln geschrieben werden. Die Schrift ist genormt.
Es gibt verschiedene Normschriften. Für handschriftliche Eintragungen verwendet man eine schräge Schrift.

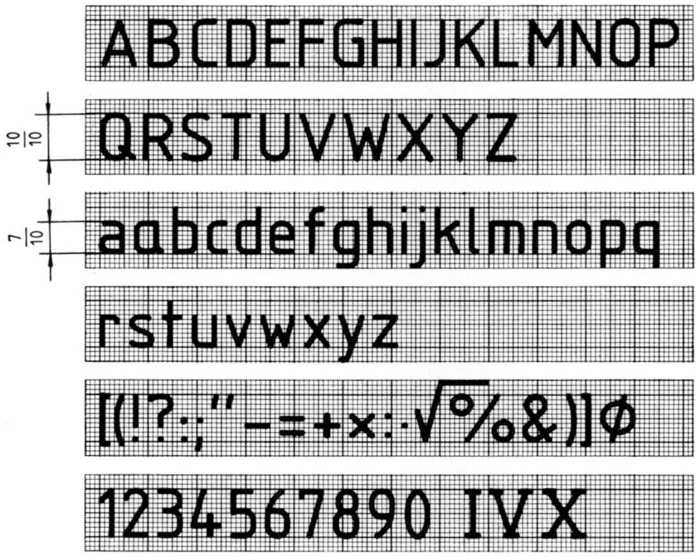

ISO Normschrift für Zeichnungen
nach DIN 6776
Schriftform A, gerade

Aufgabe

Für eine Stempelplatte soll eine Zeichnung angefertigt werden.
Die Stempelplatte hat die Abmessungen:
Länge 200 mm, Breite 130 mm

Die Platte soll mit den Namen, Vornamen und Geburtsdaten aller Mitschüler in Normschrift beschriftet werden.
Zeichenblatt Hochformat.

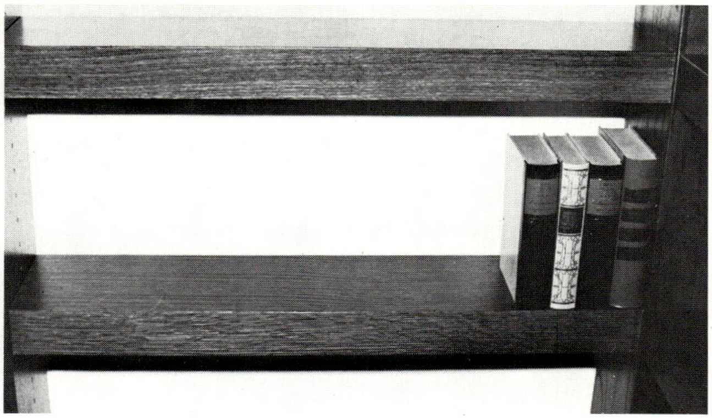

Das Maß aller Dinge:

Grundregeln der Maßeintragung

Um ein Brett für die Regalwand herzustellen, müssen seine Abmessungen bekannt sein.

In einer technischen Zeichnung werden die Abmessungen mit Maßzahlen, Maßlinien und Maßhilfslinien nach bestimmten Regeln eingetragen.

Die Maße beziehen sich auf das fertige Werkstück. Wenn Maße fehlen, kann das Werkstück nicht hergestellt werden. Die Zeichnung wird unübersichtlich, wenn zu viele Maße eingetragen werden.

Für ein einfaches Regalbrett sieht das so aus:

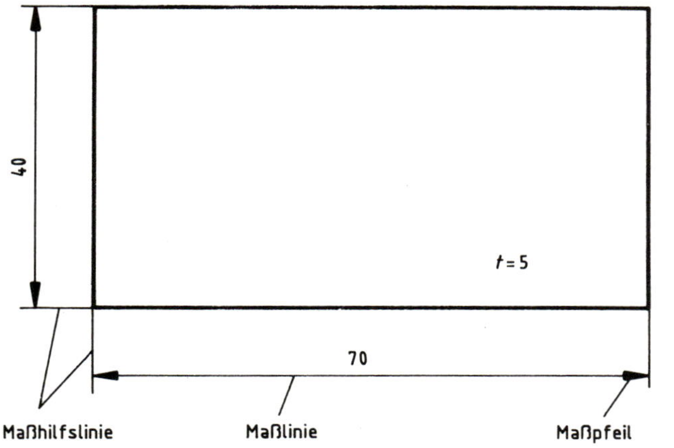

Regeln:

- Maßzahlen (HB) geben die Abmessungen an. Sie sind von rechts oder von unten lesbar.
- Maßhilfslinien (H) beginnen an der Körperkante und gehen ca. 2 mm über die Maßlinie hinaus.
- Maßlinien (H) verlaufen parallel zur bemaßten Kante. Der Abstand zur Körperkante beträgt ca. 10 mm.
- Maßpfeile sind ca. 4 mm lang, schlank und werden voll ausgezeichnet.

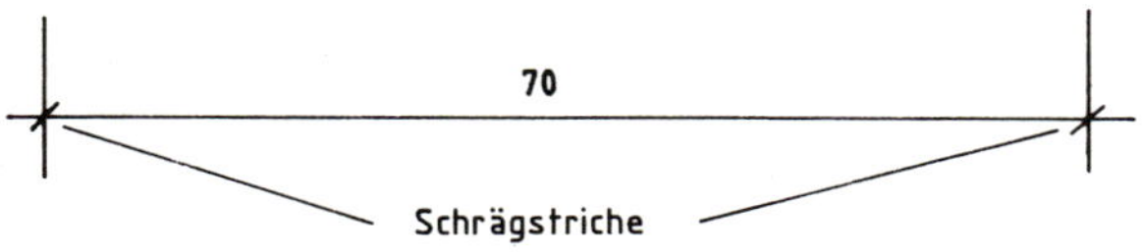

- Eine andere Möglichkeit der Maßlinienbegrenzung statt Maßpfeilen sind Schrägstriche.

Für schwierigere Brettformen bedeutet das:

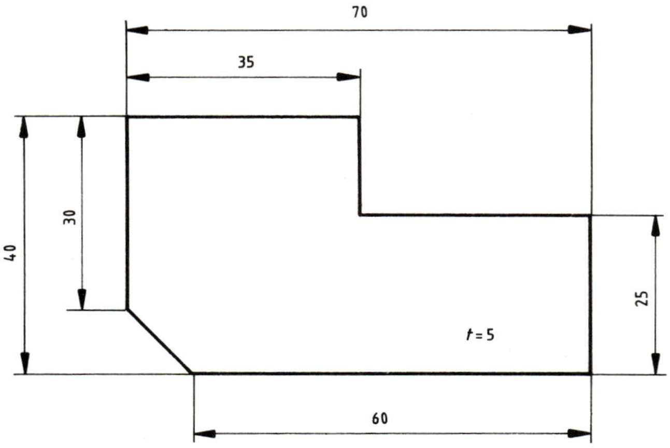

Regeln:

- Jede Kante wird nur einmal bemaßt.
- Die Anordnung der Maße richtet sich nach Herstellung und Verwendung.
- Schräge Kanten werden nicht direkt bemaßt.

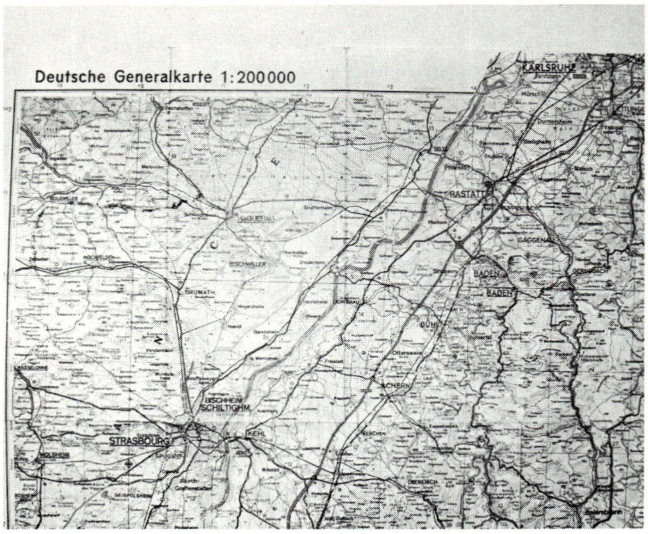

Großes Werkstück, kleines Zeichenblatt:

Der Maßstab

Beim Betrachten einer Landkarte bemerkt man, daß Länder, Flüsse, Meere verkleinert dargestellt werden. Das gleiche Problem kann beim technischen Zeichnen auftreten. Häuser müssen vom Architekten verkleinert gezeichnet werden. Kleine Bauteile, zum Beispiel aus einer Armbanduhr, müssen dagegen vergrößert dargestellt werden.

Die Form der Werkstücke muß jedoch klar erkennbar bleiben. Deshalb werden alle Maße im gleichen Verhältnis verkleinert oder vergrößert.

Man verwendet dazu bestimmte genormte Maßstäbe.

Natürlicher Maßstab:	1:1	1 cm in der Zeichnung entspricht 1 cm in Wirklichkeit

Verkleinerungen:	1:2; 1:5; 1:10	1 cm in der Zeichnung entspricht 10 cm in Wirklichkeit

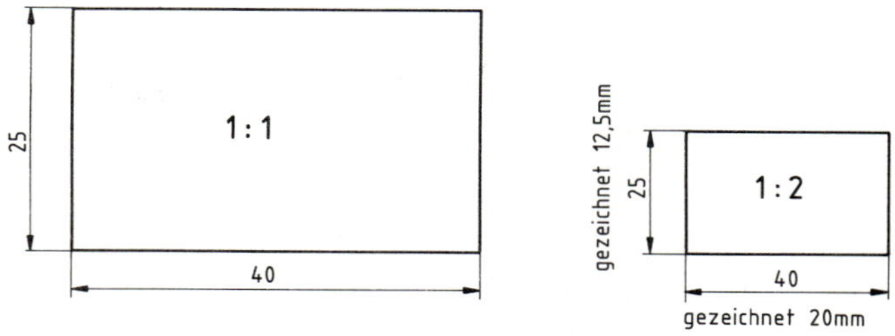

Vergrößerungen:	2:1; 5:1; 10:1	10 cm in der Zeichnung entsprechen 1 cm in Wirklichkeit

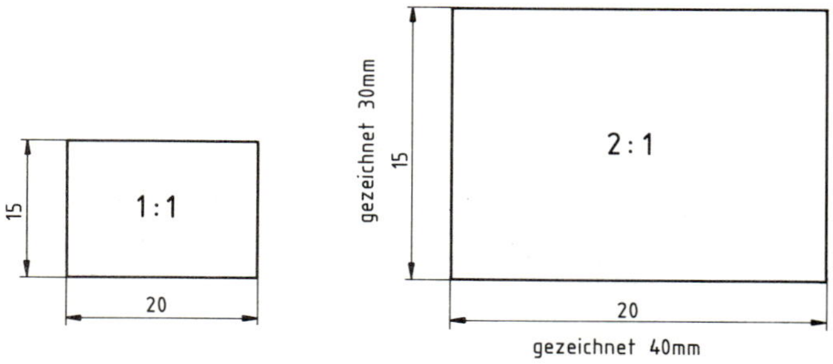

Beachte: Bei vergrößerten und verkleinerten Zeichnungen werden immer die tatsächlichen Maße eingetragen. Das Werkstück wird jedoch maßstabsgetreu größer oder kleiner dargestellt.

Der Leser der Zeichnung muß jedoch sofort erkennen, daß es sich um eine Vergrößerung oder eine Verkleinerung handelt. Dies wird durch den Eintrag des verwendeten Maßstabs erreicht.
Auch wenn Zeichnung und Werkstück dieselben Maße haben (natürlicher Maßstab) wird 1 : 1 auf die Zeichnung geschrieben.

Der Maßstab wird neben das Bauteil oder unten auf das Zeichenblatt geschrieben.

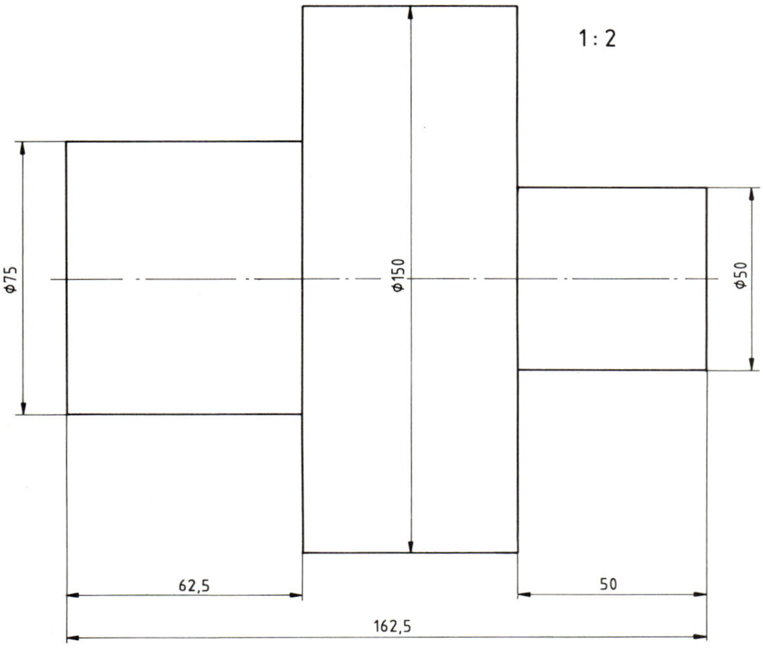

Beispiel:
tatsächliches Maß:
50 mm
50 mm : 2 = 25 mm
Beim Maßstab 1:2 wird das tatsächliche Maß 50 mm nur 25 mm lang gezeichnet.

Das ⌀-Zeichen bedeutet: Hier handelt es sich um einen Durchmesser. Man kann deshalb erkennen, daß es sich bei dem abgebildeten Werkstück um ein Drehteil handelt.

Aufgaben

1. *Überprüfen Sie mit dem Lineal, ob das oben gezeichnete Werkstück richtig verkleinert wurde.*
2. *Übertragen Sie das oben verkleinert gezeichnete Werkstück in den Maßstab 1 : 1 auf ein Zeichenblatt.*
3. *Zeichnen Sie die skizzierten (nicht maßstabsgerecht gezeichneten) Teile,*

a) im Maßstab 5 : 1

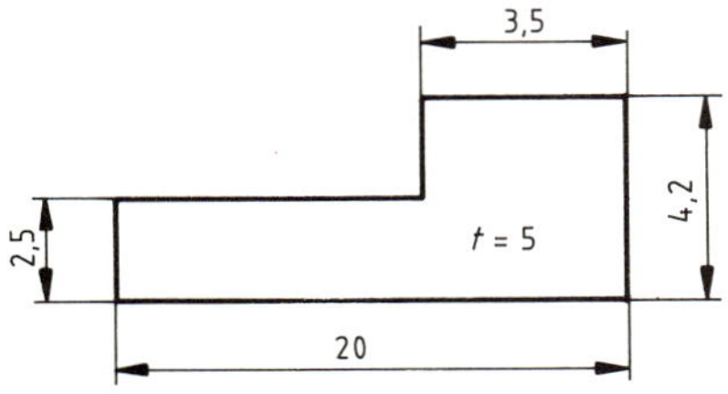

b) im Maßstab 1 : 2

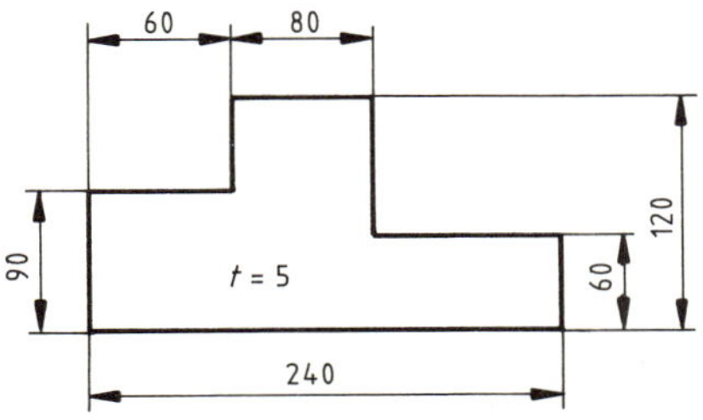

Zeichenfertigkeit kommt durch Übung:

Geometrische Grundkonstruktionen

Einige Grundkonstruktionen aus der Geometrie sind ebenfalls Grundlage von technischen Zeichnungen.

1. Teilen einer Strecke AB in zwei gleiche Teile

Konstruktion der Mittelsenkrechten

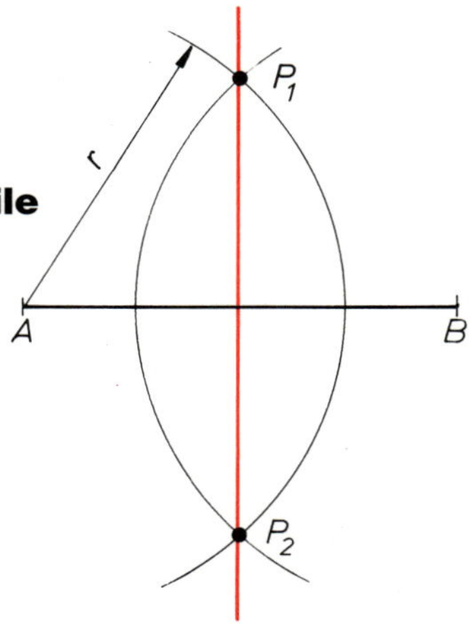

So wird's gemacht:

a) die Strecke AB zeichnen

b) Kreisbogen um A mit beliebigem Radius r (Radius = Halbmesser)

c) Kreisbogen um B mit gleichem Radius r

d) die beiden Kreisbögen schneiden sich in P_1 und P_2

e) die Verbindungslinie zwischen P_1 und P_2 halbiert AB und steht senkrecht auf der Strecke AB
die Strecke P_1P_2 heißt Mittelsenkrechte auf der Strecke AB

2. Von einem Punkt P das Lot auf eine Gerade g fällen

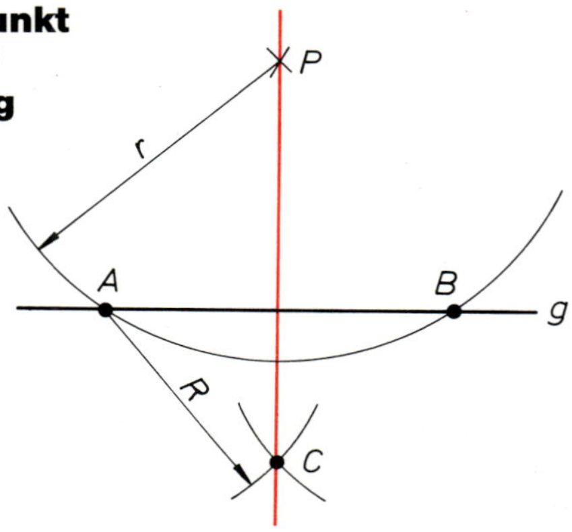

So wird's gemacht:

a) die Gerade g zeichnen

b) Kreisbogen um P mit beliebigem Radius r schneidet die Gerade g in A und B

c) Kreisbogen um A mit beliebigem Radius R

d) Kreisbogen um B mit gleichem Radius R ergibt Schnittpunkt C

e) Verbindungslinie PC ist das gesuchte Lot

3. Teilen einer Strecke AB in gleiche Teile

Beispiel:
Teilen in fünf gleiche Teile

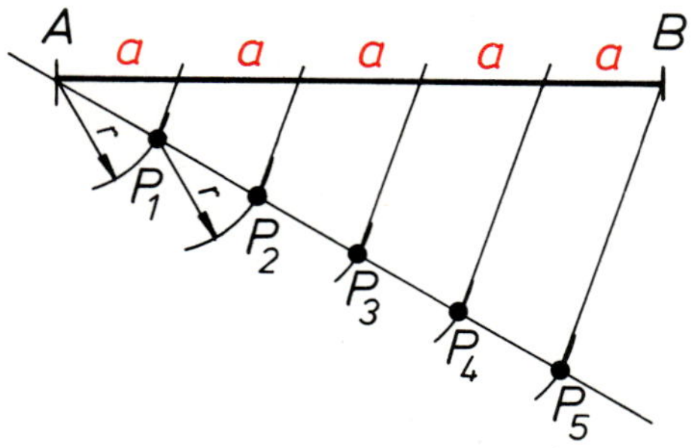

So wird's gemacht:

a) die Strecke AB zeichnen

b) beliebige Gerade g durch A ziehen

c) auf g mit dem Zirkel 5 gleich lange Teilstücke a abtragen

d) Endpunkt P_5 mit B verbinden

e) Parallelen durch P_4, P_3, P_2, P_1 ergeben auf AB 5 gleiche Streckenteile a

4. Halbieren eines Winkels

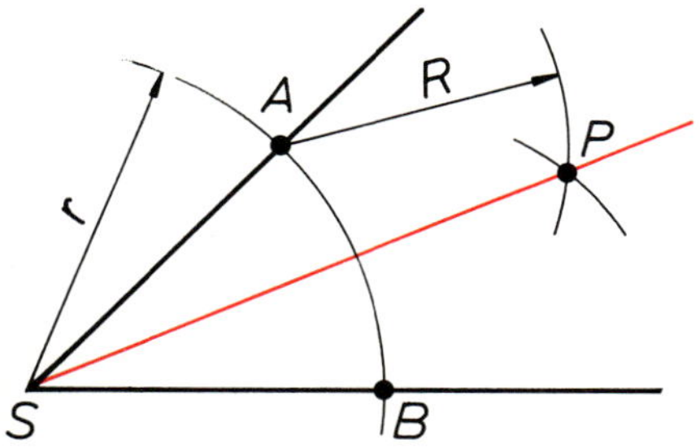

So wird's gemacht:

a) einen beliebigen Winkel zeichnen

b) Kreisbogen um S mit beliebigem Radius r schneidet die beiden Schenkel in A und B

c) Kreis um A mit beliebigem Radius R

d) Kreis um B mit gleichem Radius R ergibt Schnittpunkt P

e) Verbindungslinie SP halbiert den Winkel

5. Übertragen eines Winkels

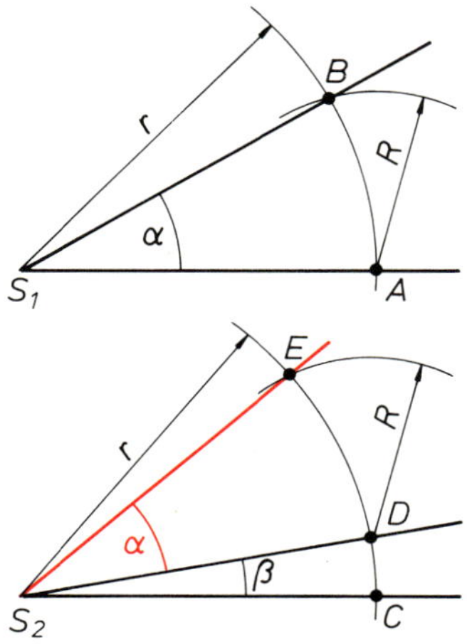

So wird's gemacht:

a) zwei beliebige Winkel α und β zeichnen

b) Kreisbogen um S_1 mit beliebigem Radius r schneidet die beiden Schenkel des Winkels α in A und B

c) Kreisbogen um S_2 mit Radius r schneidet die beiden Schenkel des Winkels β in C und D

d) Kreisbogen um D mit Radius R = AB schneidet Kreisbogen um S_2 mit Radius r in E

e) Verbindungslinie S_2E ergibt den gesuchten Schenkel des übertragenen Winkels

6. Teilen eines 90°-Winkels in drei gleiche Teile

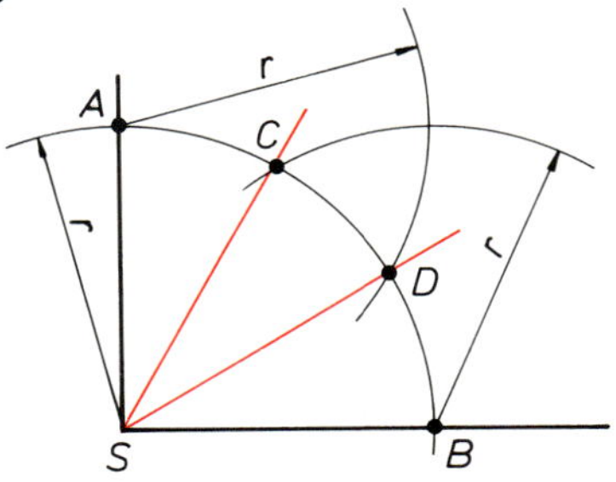

So wird's gemacht:

a) rechten Winkel zeichnen

b) Kreisbogen um S mit beliebigem Radius r schneidet die beiden Schenkel in A und B

c) Kreis um B mit gleichem Radius r schneidet Kreis um S in C

d) Kreis um A mit gleichem Radius r schneidet Kreis um S in D

e) Verbindungslinien SC und SD teilen den rechten Winkel in drei gleiche Teile

Aufgaben

1. *Errichten Sie auf einer Strecke von 6 cm Länge mit Zirkel und Lineal die Mittelsenkrechte.*
2. *Fällen Sie von einem beliebigen Punkt das Lot auf eine Gerade g.*
3. *Teilen Sie eine Strecke AB = 7 cm in sechs gleiche Teile.*
4. *Teilen Sie einen Winkel von 35° in vier gleiche Teile.*
5. *Konstruieren Sie einen Winkel von 135°.*

Ebenes Zeichenblatt – Räumlicher Körper

Die räumliche Darstellung

Aufgabe:

Eine Stahlplatte soll als Körper dargestellt werden.

Schwierigkeit:

Die dritte Ausdehnungsrichtung muß auf das Zeichenblatt gezeichnet werden.
Zur Länge und Breite kommt noch die Dicke (Tiefe). Diese Größen sollen möglichst wirklichkeitstreu dargestellt werden.

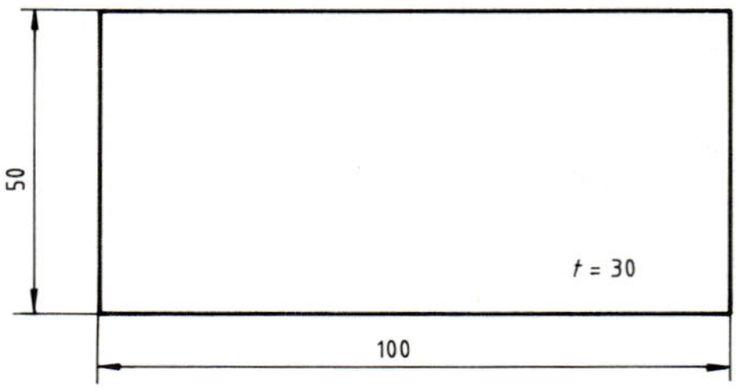

1. Lösung: die Kavalierperspektive

Länge und Breite werden in natürlicher Größe gezeichnet. Kanten, die in die Tiefe gehen, werden schräg nach hinten gezogen (Winkel zur Waagerechten = 45°). Diese Kanten werden nur halb so lang wie in Wirklichkeit gezeichnet. Man nennt diese Art der räumlichen Darstellung: Kavalierperspektive.

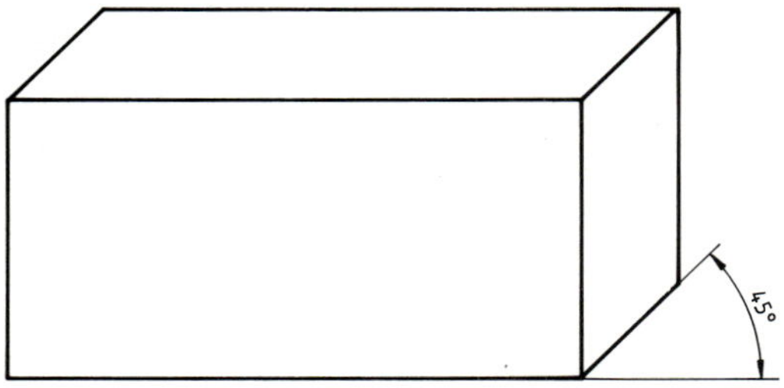

Bei der Kavalierperspektive werden die in die Tiefe gehenden Kanten um die Hälfte verkürzt. Der Neigungswinkel beträgt 45°.

Die Maßhilfslinien werden von den Kanten herausgezogen. Die Maßlinien verlaufen parallel zu den Kanten (Bleistift H).
Verdeckte Kanten (unsichtbare Kanten) werden mit Strichlinie gezeichnet (Bleistift H).

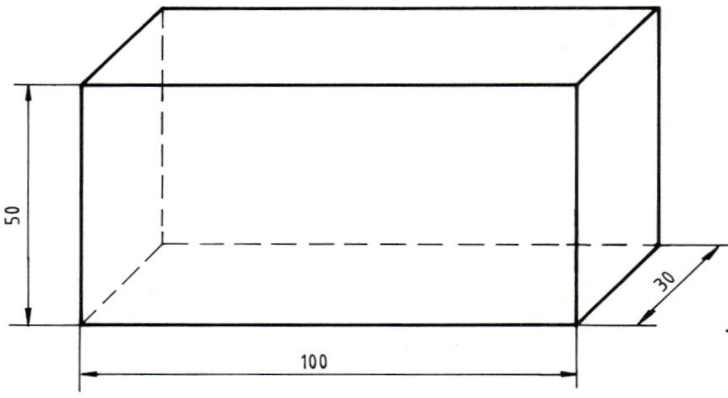

Aufgabe

Stellen Sie die untenstehende Auflage in Kavalierperspektive dar. Sie ist 60 mm dick.

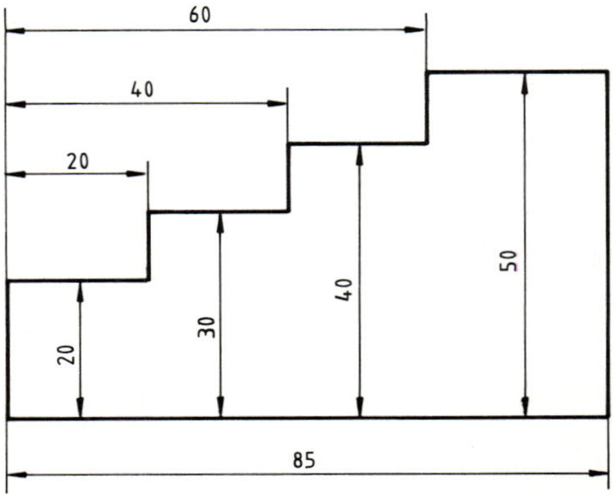

Oft muß in allen drei Ansichten eines Körpers etwas Wesentliches gezeigt werden. Dafür reicht die Kavalierperspektive nicht aus. Es muß eine Möglichkeit der räumlichen Darstellung sein, in der keine der Ausdehnungen (Länge, Breite und Tiefe) verkürzt dargestellt wird.

2. Lösung: die isometrische Darstellung

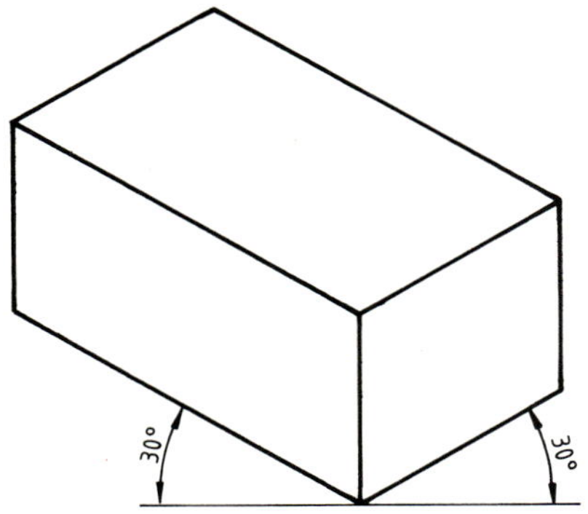

Der Körper wird bei dieser Darstellung zum Betrachter hin gekippt.

Es werden zwei Ausdehnungsrichtungen unter einem Winkel von 30° zur Waagerechten, die dritte wird senkrecht gezeichnet.

Bei isometrischer Darstellung werden Länge, Breite und Dicke in wirklicher Größe gezeichnet. Der Neigungswinkel beträgt 30°.

Für die Maßeintragung und die verdeckten Kanten gilt dasselbe wie bei der Kavalierperspektive.

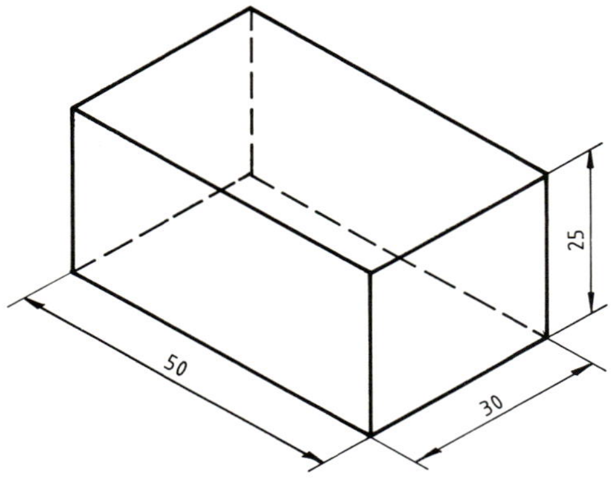

Aufgaben

1. *Zeichnen Sie die Auflage von Seite 90 in isometrischer Darstellung.*
2. *Zeichnen Sie den skizzierten Ziegelstein:*
   Länge 50 cm, Breite 24 cm,
   Dicke 18 cm
   großes Langloch: 12 x 3 cm,
   kleines Langloch: 4 x 2 cm
   a) in Kavalierperspektive
   b) in isometrischer Darstellung

   Wichtig: Maßstab 1 : 5
3. *Zeichnen Sie den skizzierten keilförmigen Schieber*
   a) in Kavalierperspektive
   b) in isometrischer Darstellung

   Wichtig: Alle verdeckten Kanten einzeichnen.

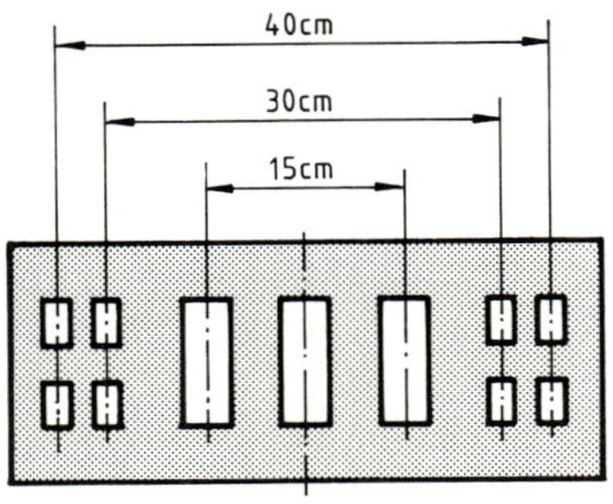

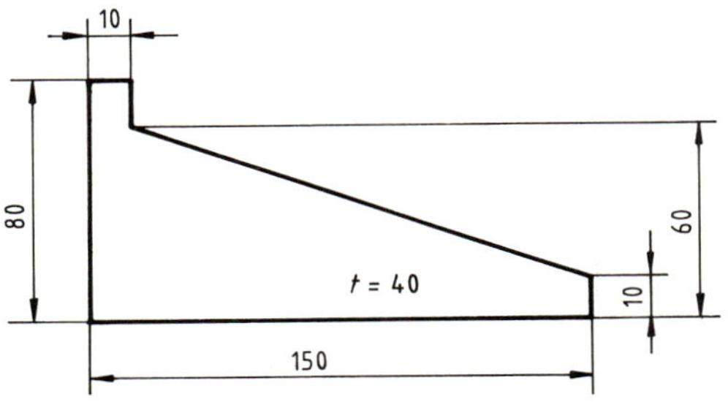

Auf den Standpunkt kommt es an:

Die Ansichten

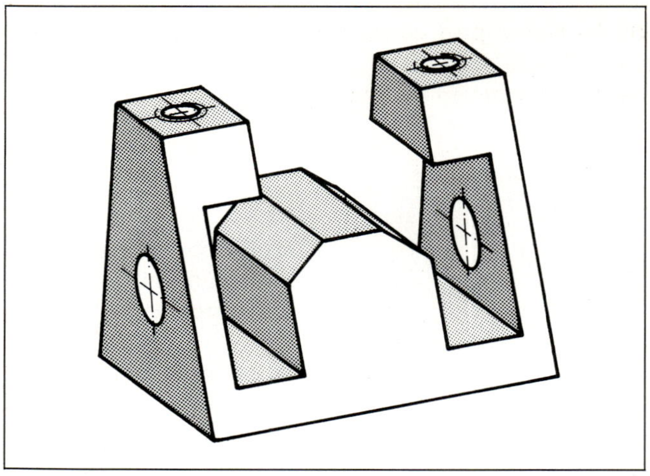

Die räumliche Darstellung von Gegenständen gibt uns einen übersichtlichen Aufschluß vom Aussehen des Gegenstandes. Aber: Je schwieriger die Form des Gegenstandes ist, desto schwieriger wird die räumliche Darstellung. Dasselbe gilt auch für die Bemaßung.

Eine technische Zeichnung muß den tatsächlichen Körperformen entsprechen. Formen und Abmessungen müssen klar erkennbar sein. Dies wird erreicht, wenn man die sichtbaren Seiten eines Körpers einzeln zeichnet.

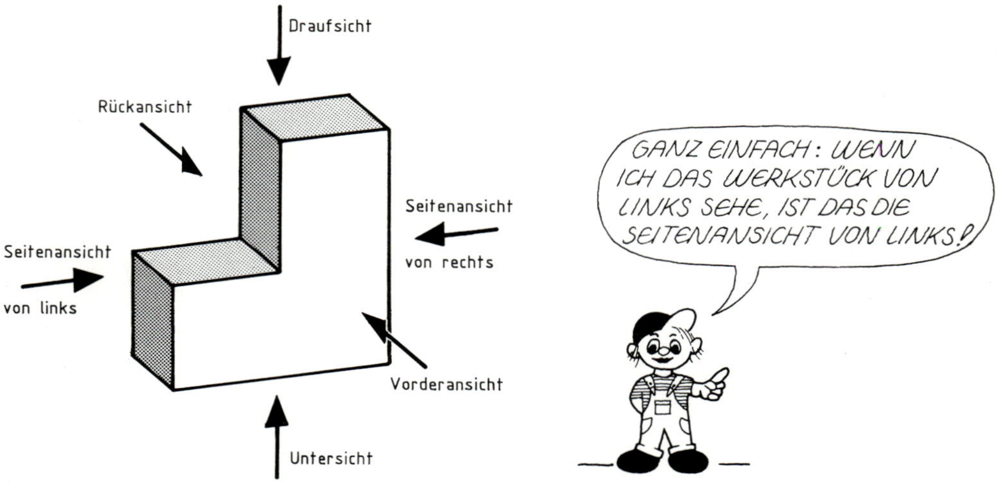

Damit der Betrachter später die einzelnen Ansichten verstehen kann, muß jede Ansicht auf dem Zeichenblatt einen festen Platz haben.

Von den sechs oben genannten Ansichten sind Vorderansicht, Seitenansicht von links und Draufsicht die wichtigsten.

Zur besseren Vorstellung ersetzen wir unser Auge durch eine Lichtquelle und zeichnen die Schattenbilder der Flächen und Kanten des Körpers auf die dahinterliegenden Flächen.

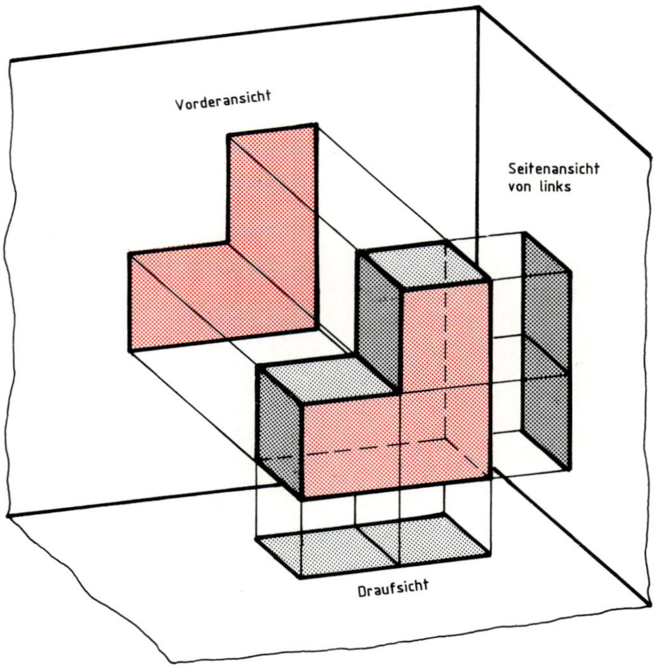

Im allgemeinen reichen diese drei Ansichten zum Erkennen der Körperform aus. Muß die Untersicht gezeichnet werden, so muß sie oberhalb der Vorderansicht angeordnet werden. Für die Seitenansicht von rechts bleibt dann nur noch der Platz links neben der Vorderansicht. Die Rückansicht wird ganz rechts außen gezeichnet.

Für das auf Seite 92 im Schrägbild gezeichnete Werkstück sehen demnach die Ansichten so aus:
Man muß dazu nur noch die Ebenen ins Zeichenblatt klappen.

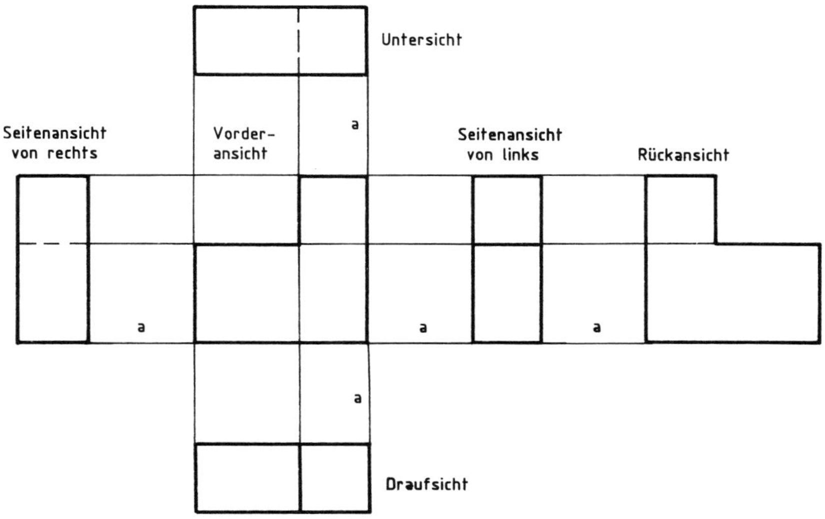

Beachten Sie: Die einzelnen Ansichten haben immer denselben Abstand a voneinander. Die Größe des Abstandes hängt von Werkstückgröße bzw. Blattgröße ab.

Aufgaben

1. *Übertragen Sie von dem in räumlicher Darstellung gezeichneten Spielzeughaus: Vorderansicht, Seitenansicht von links und Draufsicht im Maßstab 2:1 auf ein Zeichenblatt.*

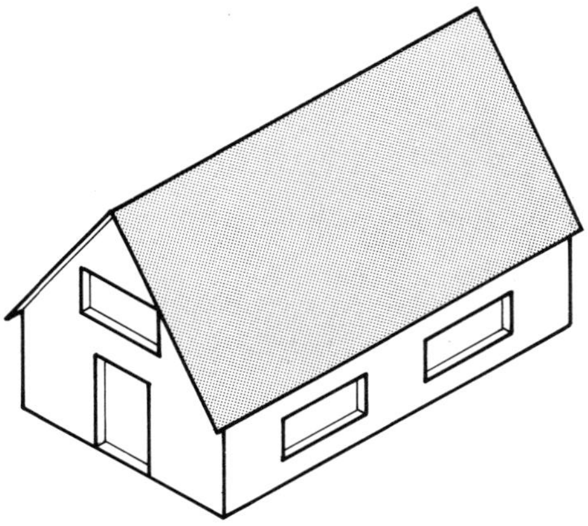

Beachten Sie:
- Die Vorderansicht ist in der Aufgabenstellung durch Pfeilrichtung festgelegt.
- Die Blatteinteilung ? ? ?
- Die richtigen Linienarten müssen verwendet werden.
- Auch verdeckte Kanten sind einzuzeichnen.

2. *Übertragen Sie Vorderansicht, Seitenansicht von links und die Draufsicht von folgenden Werkstücken auf je ein Zeichenblatt.*

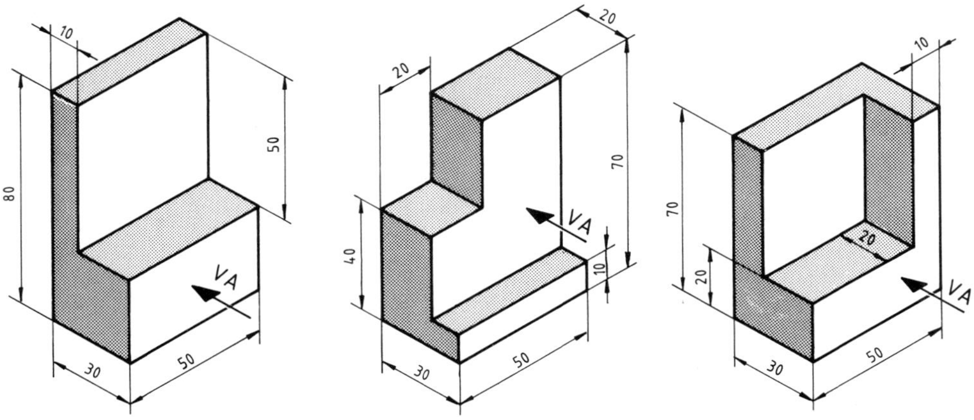

Neben eckigen Körpern, wie zum Beispiel Ziegelsteinen, Möbeln usw., haben wir es sehr oft mit Körpern zu tun, deren Grundformen Zylinder sind. Solche Form haben Rohre, Säulen oder auch Wellen. In der Technik stellt man solche Teile häufig auf Drehmaschinen her. Man nennt sie deshalb auch Drehteile. Die Drehachse wird durch eine Mittellinie (Strichpunktlinie) eingezeichnet.

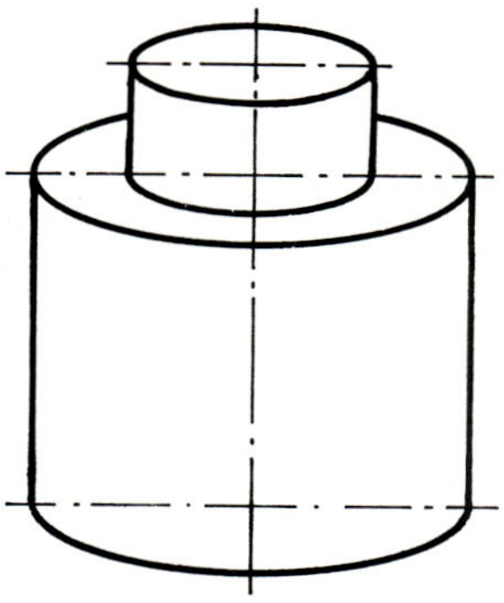

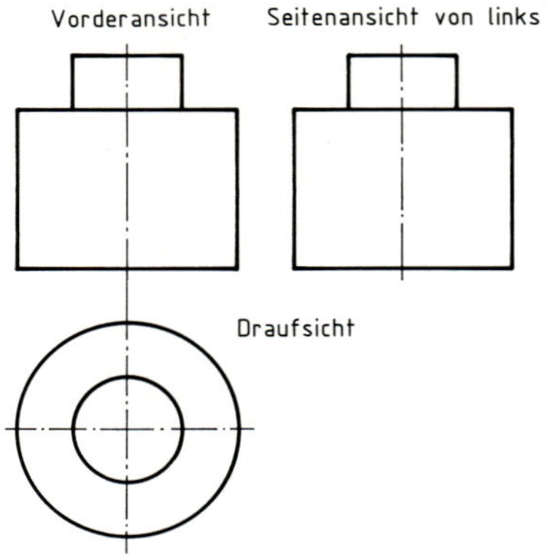

Bei so einfachen Drehteilen genügt meist die Vorderansicht zum Erkennen der Form des Werkstücks. Allerdings muß dazu die Bemaßung helfen.

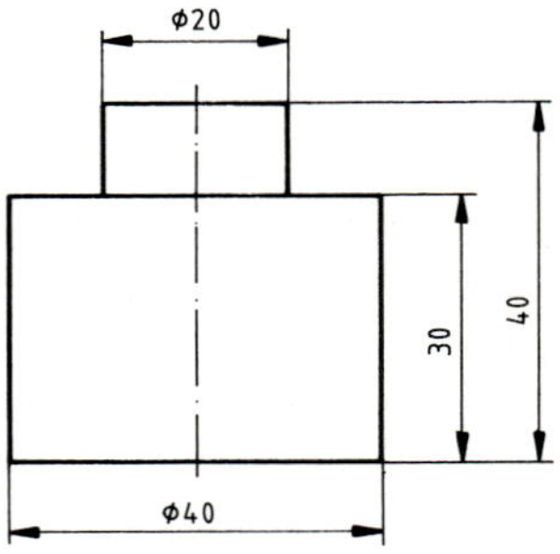

Das Durchmesserzeichen (⌀) wird vor die Maßzahl geschrieben, wenn der Kreis in der Ansicht als Strecke erscheint.

Mit der Vorderansicht allein kommt man allerdings nicht aus, wenn das zylindrische Werkstück einseitig bearbeitet wurde.

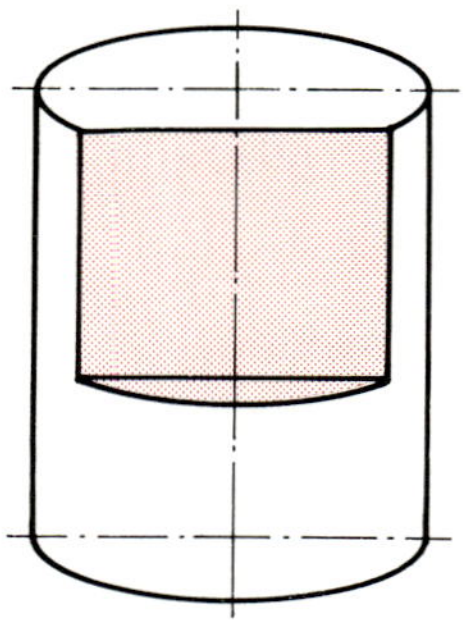

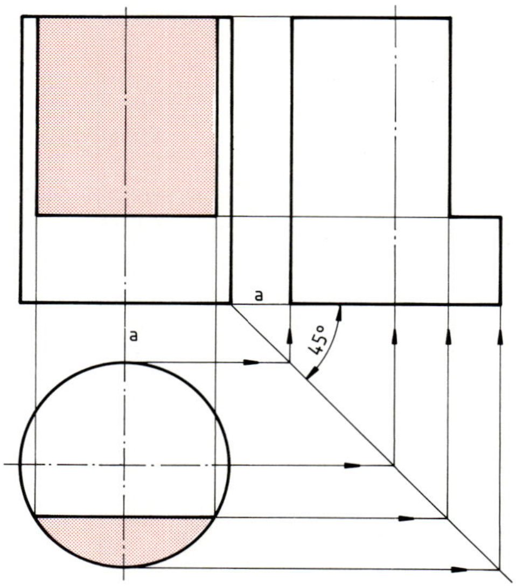

Um durch die Hilfslinien von einer Ansicht zur andern zu kommen, müssen die Ansichten denselben Abstand a voneinander haben. Von der Draufsicht zur Seitenansicht kommt man über die 45°-Linie.

Aufgaben

1. *Zeichnen Sie folgende Werkstücke*

   a) in isometrischer Darstellung

   b) in Kavalierperspektive

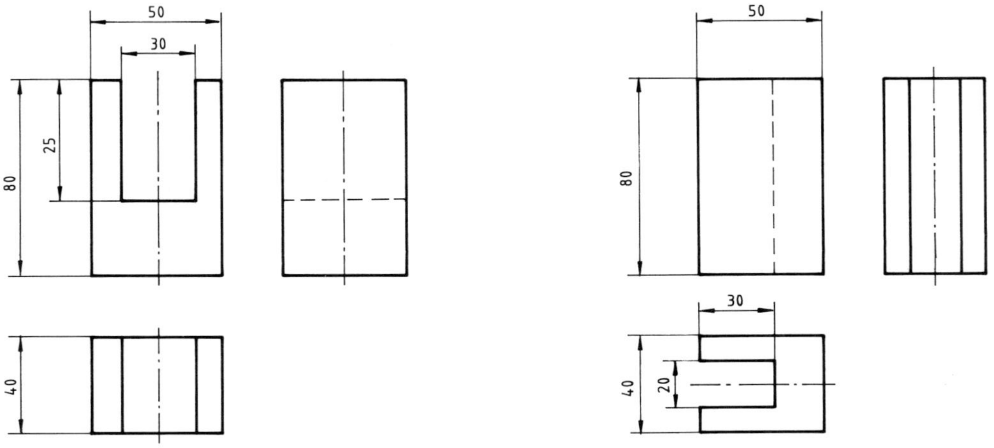

2. *Zeichnen Sie zu folgenden Werkstücken Vorderansicht, Seitenansicht von links und Draufsicht.*

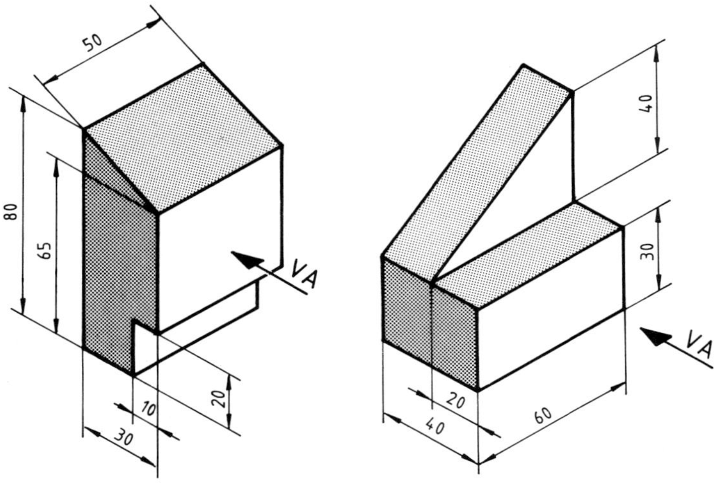

3. *Übertragen Sie folgende Werkstücke auf ein Zeichenblatt, und ergänzen Sie jeweils die Draufsicht.*

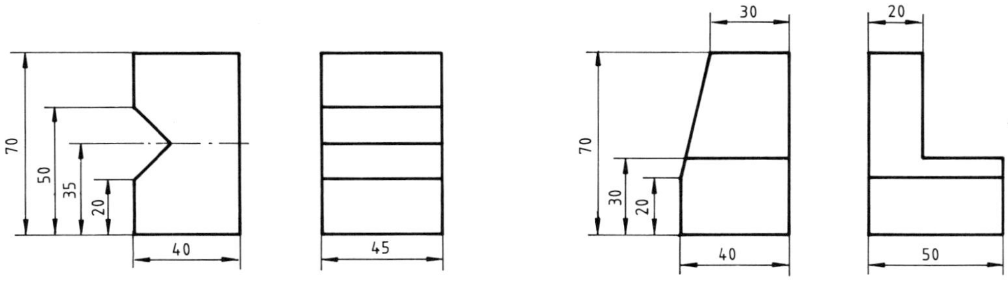

4. *Zeichnen Sie zu den gegebenen Vorderansichten die Seitenansicht von links und die Draufsicht.*

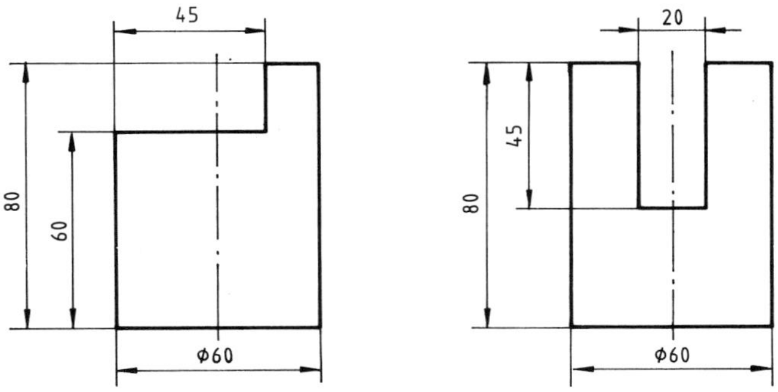

Der Blick hinter die Kulissen:

Die Schnittdarstellung

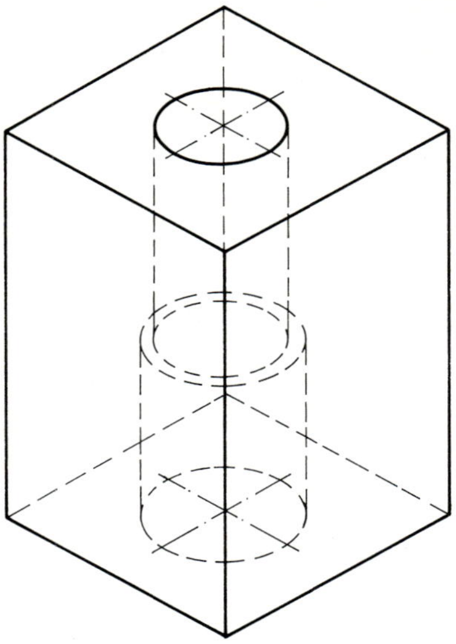

Werkstücke mit Hohlräumen werden geschnitten dargestellt.

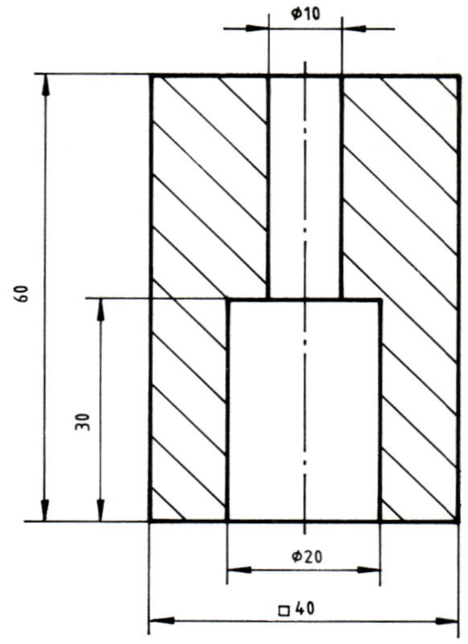

Der Schnitt ist das gedachte Zerschneiden eines Werkstückes. Bei symmetrischen Werkstücken wird entlang der Symmetrieachse geschnitten. Nach dem Schneiden denkt man sich die vordere Hälfte des Werkstückes weggenommen. Nun sieht man auf das Innere der verbliebenen Werkstückhälfte.

Zeichenregeln

Die Schnittfläche wird unter 45° schraffiert mit schmalen Vollinien (Bleistift H).
Der Abstand der Schraffurlinien richtet sich nach der Werkstückgröße. Großes Werkstück – größerer Abstand.
Die sichtbar gewordenen Kanten werden wie Körperkanten mit breiten Vollinien gezeichnet (Bleistift B).
Verdeckte Kanten werden in der Schnittdarstellung nicht gezeichnet.

Aufgaben

Zeichnen Sie von folgenden Werkstücken Vorderansicht, Seitenansicht von links im Schnitt, Draufsicht, und tragen Sie die notwendigen Maße ein. Verdeckte Kanten sind in VA und DS einzutragen.

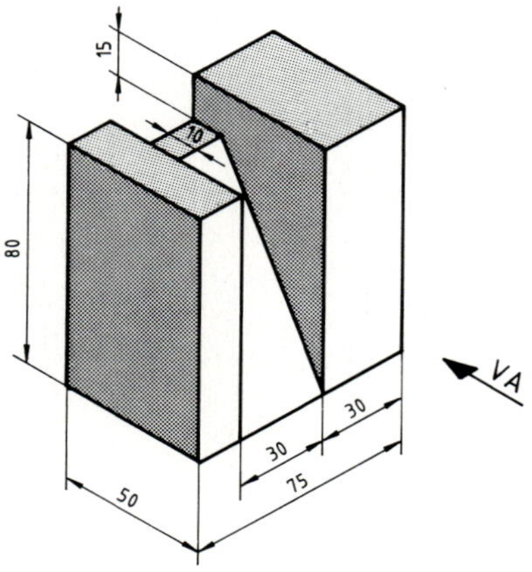

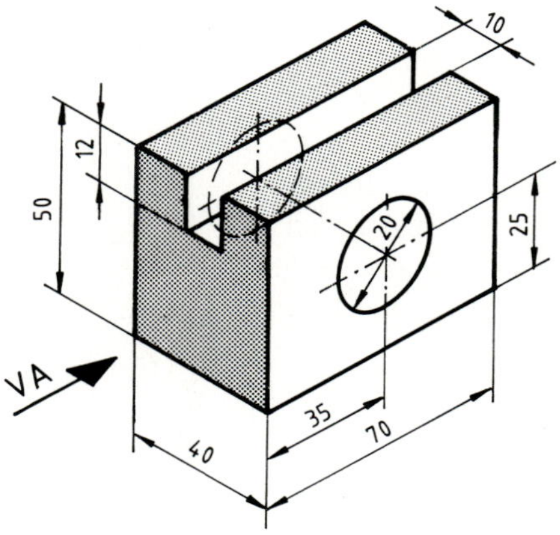

GEMISCHTE AUFGABEN

Aufgabe 1

Mit welcher Strichstärke werden

a) Körperkanten

b) Maßlinien

c) verdeckte Kanten

d) Bohrungsmittellinien gezeichnet?

Aufgabe 2

Zeichnen Sie den skizzierten Stuhl aus Kantholz 3 x 3 cm im Maßstab 1 : 5

a) in isometrischer Darstellung

b) in Vorderansicht, Seitenansicht von links und Draufsicht.

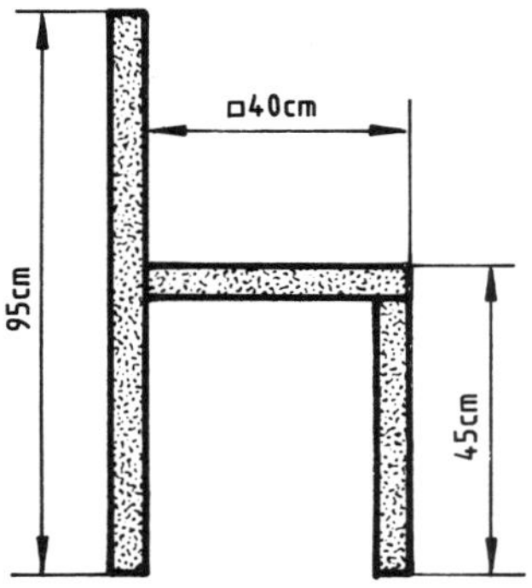

Aufgabe 3

Übertragen Sie die in Ansichten gezeichneten Werkstücke, und ergänzen Sie jeweils die Draufsicht.

a)

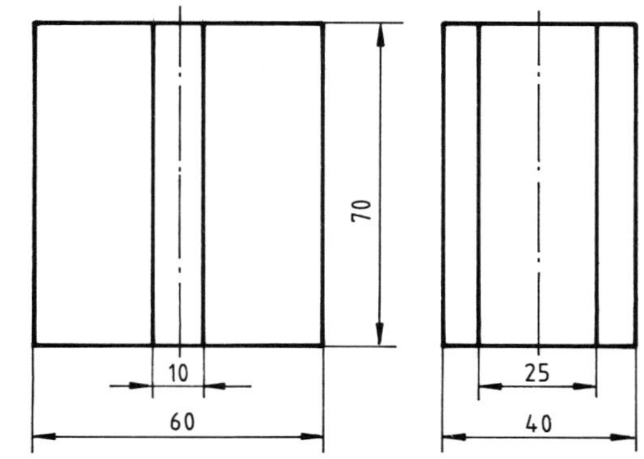

b)

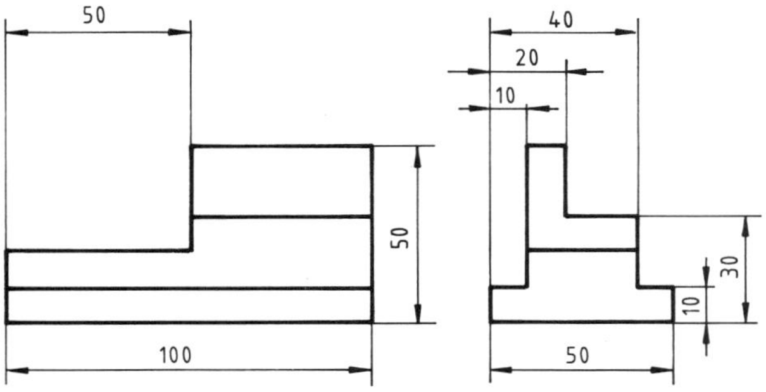

Aufgabe 4

Ordnen Sie den in Ansichten dargestellten Werkstücken das richtige Raumbild zu.

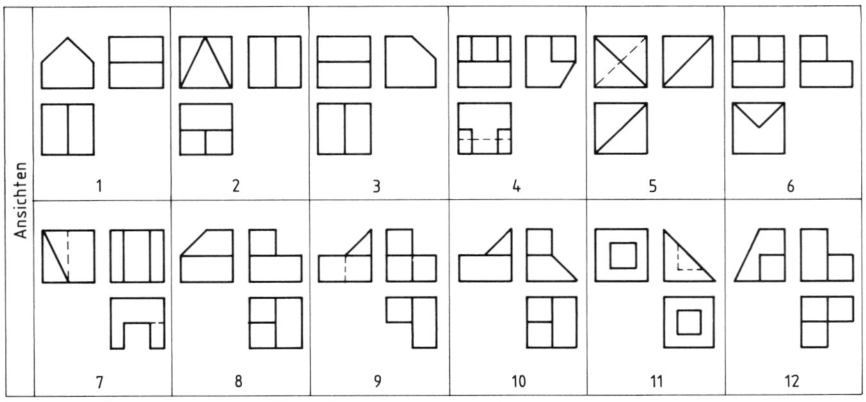

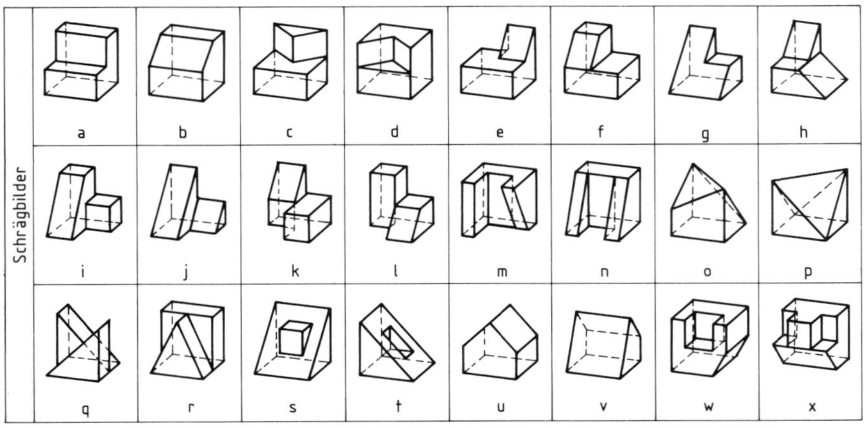

NATURKUNDE / PHYSIK

Hier geht es um Stoffmengen

Sie gehen einkaufen.
Auf dem Einkaufszettel stehen diesmal nur Lebensmittel. Brötchen und Zitronen werden stückweise verkauft. Milch und Sahne werden nur in Litern oder Bruchteilen davon verkauft.
Wie ist es jedoch bei Zucker und Wurst?

Masse

Zucker und Wurst werden nicht in Stücken oder Litern verkauft. Sie können jedoch eine bestimmte Menge von dem Stoff Zucker oder dem Stoff Wurst oder dem Stoff Holz oder vielen anderen Stoffen kaufen.

Die Stoffmenge eines Gegenstandes nennt man Masse.

Jeder Gegenstand oder Körper hat eine bestimmte Masse, auch Sie.
An Ihrer Stoffmenge ändert sich nichts, wenn Sie von Hamburg nach München reisen oder sich als Astronaut auf den Mond schießen lassen. Ihre Masse bleibt unverändert.

Die Masse eines Gegenstandes ist nicht vom Ort abhängig.

1 Liter Wasser hat die Masse 1 kg

Formelzeichen und Einheit

Das Formelzeichen der Masse ist m.
Die Einheit der Masse ist das Kilogramm (kg).

1 kg = 1000 g (Gramm)
1000 kg = 1 t (Tonne)

Wie kann man sich die Größe eines Kilogramms vorstellen?

1 kg ist die Masse von 1 Liter Wasser (bei 4 °C).

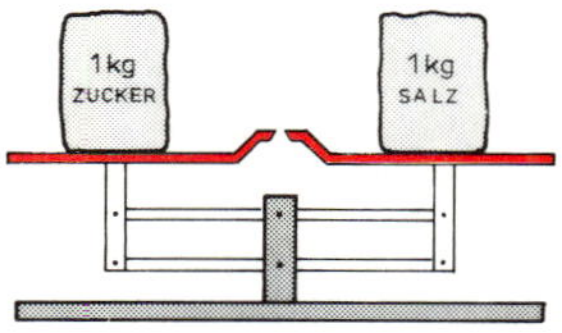

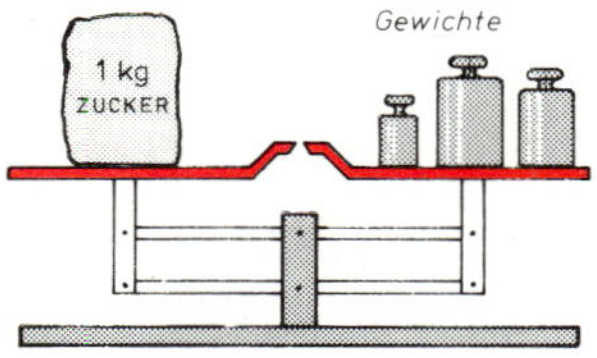

Tafelwaage

Wie kann man Massen bestimmen?

Zucker ist kein Salz. Das weiß jeder. Trotzdem können Sie Zucker und Salz auf einer Tafelwaage vergleichen. Ist die Tafelwaage im Gleichgewicht, so ist die Stoffmenge 1 kg Zucker auf der einen Seite gleich der Stoffmenge 1 kg Salz auf der anderen Seite.
Die Waage ist auch im Gleichgewicht, wenn die Masse 1 kg Zucker mit der Masse 1 kg irgend eines anderen Stoffes verglichen wird.
Als Vergleichsstoff wird fast immer ein Metall genommen. Metallstücke mit bekannter Masse heißen Gewichte.

Unbekannte Massen werden durch Vergleich mit bekannten Massen bestimmt.

Die Kraft, die uns auf dem Boden hält

Jeder Gegenstand und jeder Körper haben eine Masse. Auch der Maurer auf dem Foto hat eine Masse. Das Brett, auf dem er steht, biegt sich durch. Hat die Masse des Maurers etwas damit zu tun?

Erdanziehung

Die Erde unter uns hat auch eine Masse. Sie ist riesengroß und beträgt etwa 6 000 000 000 000 000 000 000 t.

Die Masse der Erde hat auf alle anderen Massen eine anziehende Wirkung.

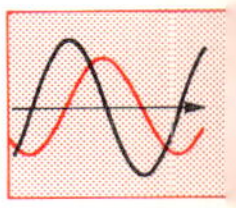

Alle Gegenstände und Körper werden von der Erde angezogen. Sind sie frei beweglich, so fallen sie der Erde zu. Liegt ein Gegenstand auf einer Unterlage, so werden die Unterlage oder der Gegenstand oder beide verformt. Der Maurer auf dem Foto kann nicht fallen, er steht sicher auf dem Brett. Die Erdanziehung übt eine Kraft auf seine Masse aus. Das Brett biegt sich deshalb durch. Er spürt die Kraft als sein „Gewicht".

Die Kraft, mit der die Erde einen Gegenstand oder Körper anzieht, heißt Gewichtskraft.

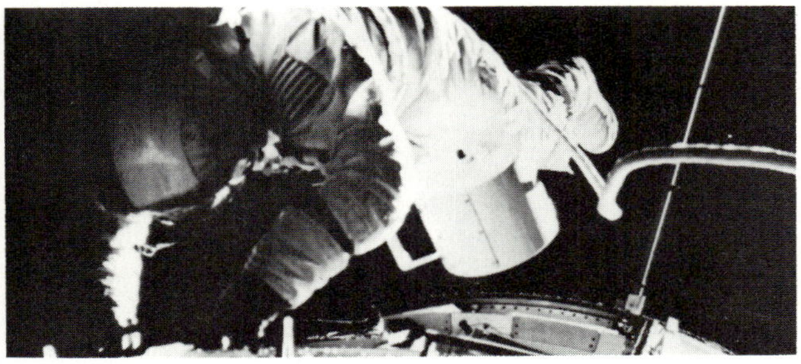

Wovon Gewichtskräfte abhängen

Die Masse des Mondes ist viel kleiner als die der Erde. Auf dem Mond würde der Maurer deshalb nur von der kleineren Mondmasse angezogen, seine Gewichtskraft würde nur noch ca. $\frac{1}{6}$ betragen.
Im Fernsehen konnte man die Astronauten auf dem Mond beobachten. Trotz ihrer Ausrüstung konnten sie Sprünge wie Känguruhs machen.

Gewichtskräfte sind ortsabhängig.

Messung der Gewichtskraft

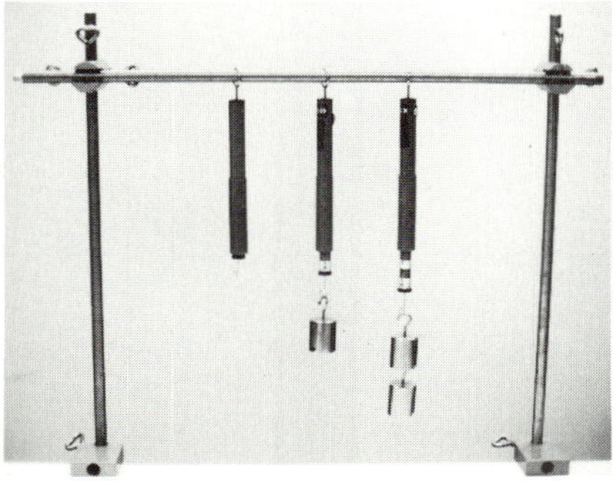

Je größer die Gewichtskraft, desto größer ist die Verlängerung der Feder in der Federwaage.

Gewichtskräfte werden mit Federwaagen gemessen.

Formelzeichen und Einheit

Das Formelzeichen für die Gewichtskraft ist *G*.
Die Einheit der Kraft ist Newton* (N).

* benannt nach dem engl. Physiker Isaac Newton (sprich: njut'n).

Die Gewichtskraft eines Körpers ist nicht überall auf der Erde gleich groß. Je weiter ein Gegenstand vom Erdmittelpunkt entfernt ist, desto kleiner wird die Gewichtskraft.
Für die Erde gilt (aufgerundet):

Die Gewichtskraft von 1 Liter Wasser mit der Masse von 1 kg beträgt ungefähr 10 N.

Wie Masse und Volumen zusammenhängen

Die Tafelwaage ist im Gleichgewicht.
Die Massen links und rechts auf der Waage sind gleich groß.
Die Volumen* links und rechts sind jedoch nicht gleich.
Woran mag das liegen?

Masse und Volumen

Auf der linken Seite der Waage liegt ein Stahl-Würfel. Auf der rechten Seite liegen drei Würfel aus Leichtmetall (einer Aluminium-Magnesium-Legierung). Es handelt sich also um verschiedene Stoffe.

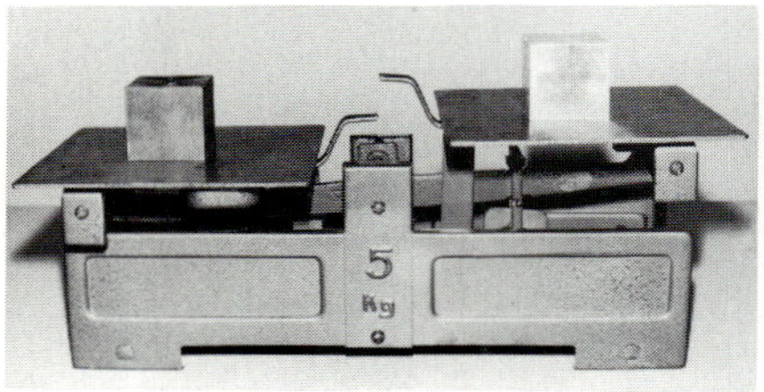

Verschiedene Stoffe gleicher Masse können verschiedenes Volumen haben.

Die Tafelwaage auf dem zweiten Foto ist nicht im Gleichgewicht. Die Massen links und rechts sind nicht gleich.
Die Volumen der Stoffe links und rechts sind jedoch gleich.

Verschiedene Stoffe ungleicher Masse können gleiche Volumen haben.

* Volumen = Rauminhalt
** 1 dm^3 = 10 cm x 10 cm x 10 cm

Dichte

Sind die Stoffe verschieden, dann können also gleiche Volumen verschiedene Massen haben.
Durch Messungen wurde festgestellt:

gleiche Volumen	ungleiche Masse
1 dm^3** Luft hat die Masse	0,00129 kg
1 dm^3 Holz hat die Masse (Durchschnittswert)	0,65 kg
1 dm^3 Aluminium hat die Masse	2,7 kg
1 dm^3 Wasser hat die Masse	1,0 kg
1 dm^3 Stahl hat die Masse	7,85 kg
1 dm^3 Blei hat die Masse	11,34 kg

Wenn gleiche Volumen mehr Masse enthalten, so ist der Stoff dichter. Die Stoffdichte oder **Dichte** ist das **Verhältnis von Masse zu Volumen.**

Formelzeichen und Einheit

$$\text{Dichte} = \frac{\text{Masse}}{\text{Volumen}}$$

Formelzeichen: $\rho = \frac{m}{V}$

Einheit: $\frac{kg}{dm^3}$

ρ ist ein griechischer Buchstabe (sprich: rho).

Meist gibt man die Masse in kg, das Volumen in dm^3 an.
Die Dichte hat demnach die Einheit $\frac{kg}{dm^3}$.
Kleine Massen gibt man jedoch in Gramm (g), große in Tonnen (t) an.

Dann gilt: $\frac{1\,kg}{1\,dm^3} = \frac{1000\,g}{1000\,cm^3} = \frac{1\,g}{1\,cm^3}$

oder: $\frac{1000\,kg}{1000\,dm^3} = \frac{1\,t}{1\,m^3}$

Aufgaben

a) Ein Taucher hat besonders schwere Schuhe von der Masse 5 kg und dem Volumen 0,44 dm^3.

Wie groß ist die Dichte?

Um welchen Stoff handelt es sich?

b) Ein Styroporblock (Schaumstoff) hat ein Volumen von 0,3 m^3 und eine Dichte von 0,02 kg/dm^3.

Wie groß ist die Masse?

Wie groß die Gewichtskraft?

Wie man das Gleichgewicht hält

Haben Sie auch soviel Geschick?
Wo muß das Tablett unterstützt werden, damit es nicht kippt?
Wo eine lange Latte?
Wo ein Ball?

Der Schwerpunkt

Wo muß Pfiff den Maßstab unterstützen, damit er nicht kippt?

Denkt man sich die Masse eines Körpers in einem Punkt vereinigt, so genügt es, wenn der Körper unterhalb dieses Punktes unterstützt wird, damit er nicht kippt. Diesen Punkt nennt man Schwerpunkt.

Im Schwerpunkt eines Körpers kann man sich seine Masse vereinigt denken.

Lage des Schwerpunktes *S*

Kreis

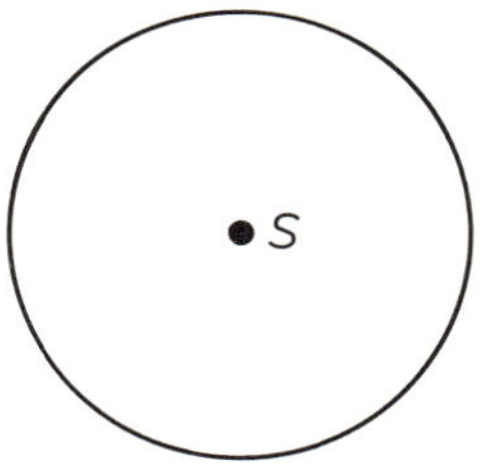

Kreismittelpunkt

Rechteck

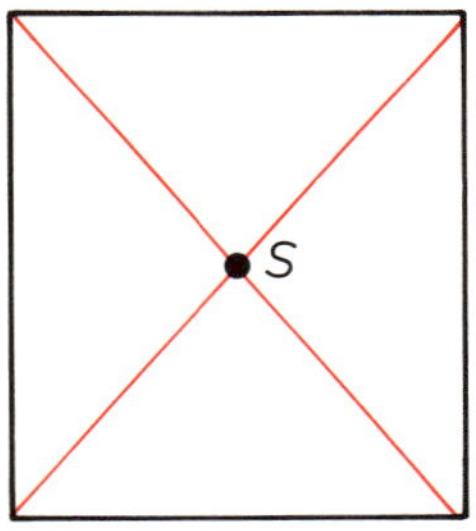

Schnittpunkt der Diagonalen

Kugel

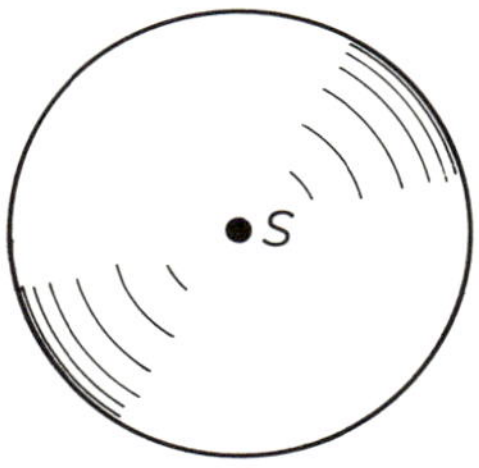

Kugelmittelpunkt

Wann herrscht Gleichgewicht?

Jeder Gegenstand bleibt im Gleichgewicht, wenn er im Schwerpunkt oder senkrecht unterhalb des Schwerpunktes unterstützt wird.

stabiles* Gleichgewicht
Körper kehrt immer wieder in seine Ausgangslage zurück.

labiles Gleichgewicht**
Körper entfernt sich bei geringstem Anlaß aus seiner Lage.

Standsicherheit ist dann gewährleistet, wenn der Schwerpunkt über der Standfläche liegt.

* stabil = beständig
** labil = schwankend

Vervielfältigung von Kräften

Mit geringer Kraft kann die Kiste gekippt werden. Durch welches Gerät wird dies erreicht?
Gibt es noch weitere Geräte, die helfen, Kräfte einzusparen?

Krafteinsparung durch Hebel

Mit einem **Hebel** können große Kräfte ausgeübt werden. Wird der Hebel auf der einen Seite heruntergedrückt, so bewegt sich die andere Hebelseite nach oben. Ein Punkt dazwischen bleibt in Ruhe, um ihn wird der Hebel gedreht. Man nennt diesen Punkt den **Drehpunkt.**

Zweiseitiger Hebel
Der zweiseitige Hebel wird durch den Drehpunkt in Kraftarm und Lastarm aufgeteilt. Ein Beispiel dafür ist die Tafelwaage. Sehen Sie sich die Seite 98 nochmals an.
Durch Versuche kann festgestellt werden:
Wird der Kraftarm verdoppelt, so ist nur die halbe Kraft notwendig, um den Hebel im Gleichgewicht zu halten.

Beispiel 1:

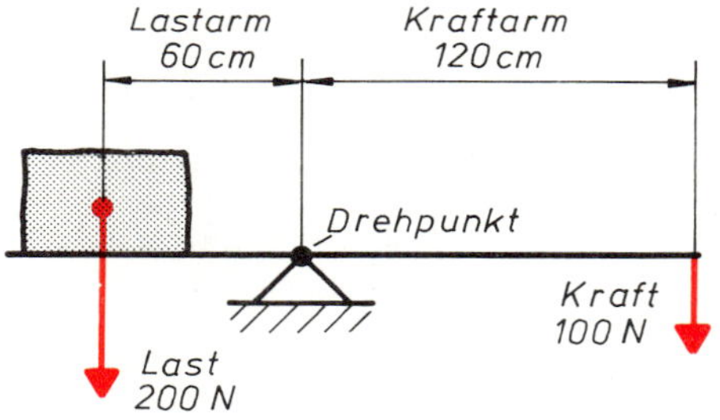

Kraft · Kraftarm
100 N · 120 cm = <u>12 000 Ncm</u>

Last · Lastarm
200 N · 60 cm = <u>12 000 Ncm</u>

Beispiel 2:

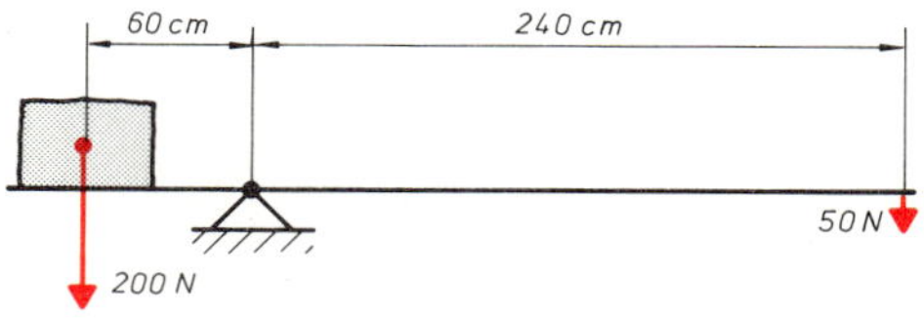

Kraft · Kraftarm
50 N · 240 cm = <u>12 000 Ncm</u>

Last · Lastarm
200 N · 60 cm = <u>12 000 Ncm</u>

Es gilt demnach:

Kraft · Kraftarm = Last · Lastarm

Einseitiger Hebel

Beim einseitigen Hebel befindet sich der Drehpunkt am Hebelende. Ein Beispiel dafür ist die Schubkarre. Die Last drückt nach unten, die Kraft muß nach oben wirken. Es muß unbedingt darauf geachtet werden, daß Kraftarm und Lastarm bis zum Drehpunkt gemessen werden. Dann gilt auch für den einseitigen Hebel

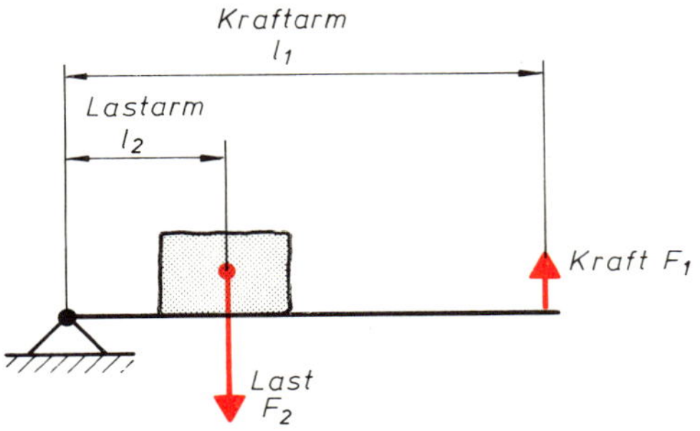

das **Hebelgesetz:**

$$\text{Kraft} \cdot \text{Kraftarm} = \text{Last} \cdot \text{Lastarm}$$
$$F_1 \cdot l_1 = F_2 \cdot l_2$$

oder einfacher:

langer Hebelarm – geringe Kraft erforderlich
kurzer Hebelarm – große Kraft erforderlich

Beispiel

Eine Last von 800 N soll mit einem Hebel gehoben werden. Der Lastarm beträgt 15 cm, der Kraftarm 75 cm.
Welche Kraft ist notwendig?

Lösung:

$$F_1 = \frac{F_2 \cdot l_2}{l_1} = \frac{800\ \text{N} \cdot 15\ \text{cm}}{75\ \text{cm}} = \underline{160\ \text{N}}$$

Anwendung

Bei vielen Werkzeugen und Geräten des täglichen Gebrauchs können durch Hebel große Kräfte aufgebracht werden.

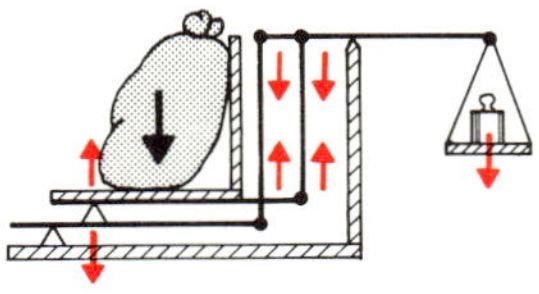

Dezimalwaage

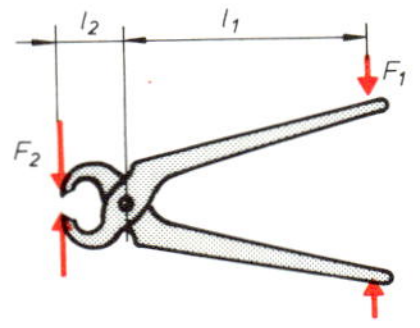

Zange

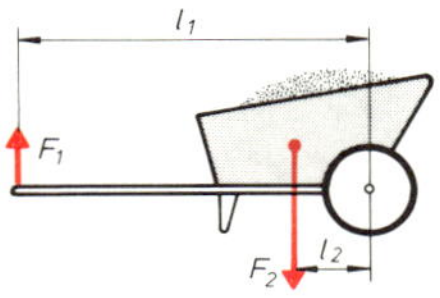

Schubkarre

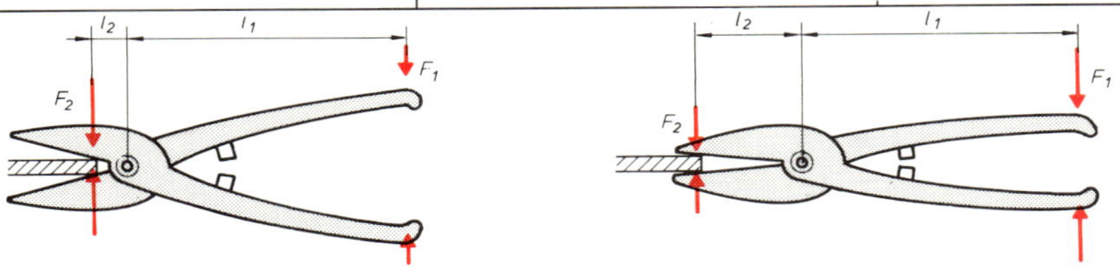

Scheren Welche Stellung ist günstiger?

Wird die Platte nach oben gekippt, so wird immer weniger Kraft notwendig, je höher die Platte schon gekippt ist. Begründung?

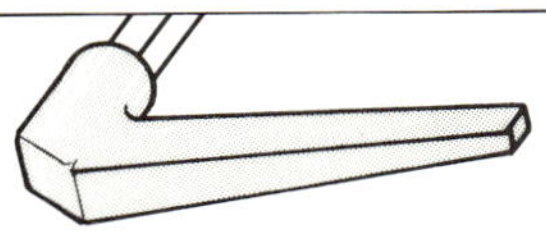

Türklinke
An welcher Stelle muß mit der geringsten Kraft gedrückt werden?

Aufgaben

a) *Nennen Sie mindestens drei Werkzeuge oder Gebrauchsgegenstände (ohne die oben aufgeführten), bei denen durch die Hebelwirkung weniger Kraft notwendig wird!*

b) Durch Hebel kann die menschliche Kraft vervielfältigt werden.
Welchen Nachteil muß man jedoch übernehmen, wenn man mit Hebeln arbeitet?
Denken Sie dabei an den Weg.

c) Wird eine Schraube mit einem Schraubenschlüssel festgezogen, so soll der Schraubenschlüssel nicht durch ein übergestecktes Rohr verlängert werden.
Welche Gefahr besteht sonst?

d) Zum Öffnen einer Kiste mit einem Brecheisen ist eine Kraft von 1200 N erforderlich. Der Lastarm beträgt 2 cm, der Kraftarm 25 cm.
Welche Kraft muß aufgebracht werden?

Leichteres Heben von Lasten

Welchen Vorteil hat der Bauarbeiter durch die Benutzung einer Rolle?

Bei welchen Geräten werden Rollen benutzt?

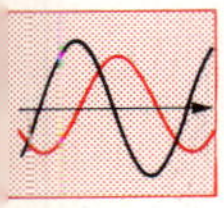

ROLLEN

Man unterscheidet:

feste Rolle

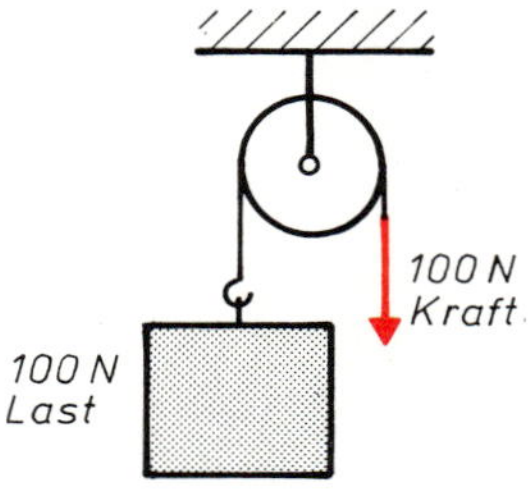

lose Rolle

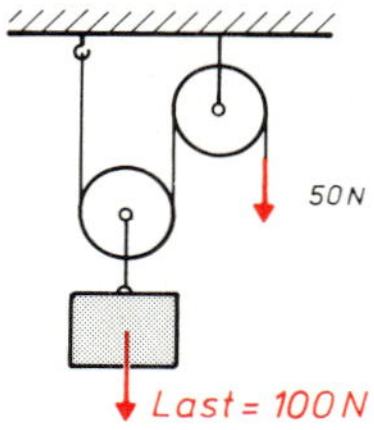

Bei einer festen Rolle wird die Kraftrichtung umgedreht.

Kraft = Last

Bei einer losen Rolle ist nur die halbe Kraft erforderlich.

Kraft = $\frac{1}{2}$ · Last

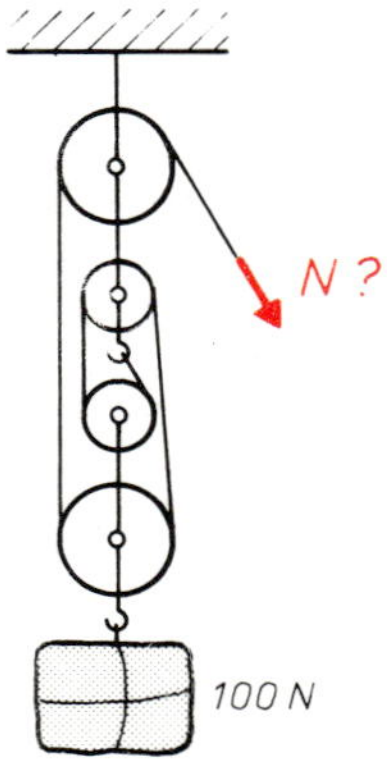

Werden mehrere Rollen zu einem Hebegerät zusammengefaßt, so nennt man dies einen **Flaschenzug.**

Bei Flaschenzügen wird die Last immer von mehreren Seilen gehalten. Dadurch benötigt man weniger Kraft, muß jedoch auch mehr Seil abspulen.

Aufgabe

Versuchen Sie zu berechnen, mit welcher Kraft gezogen werden muß, um eine Last von 100 N zu heben.

Weshalb wird in der Wirklichkeit eine größere Kraft erforderlich sein, als die Rechnung ergibt?

Auf einer schiefen Ebene geht's leichter nach oben

Welchen Vorteil hat der Arbeiter, wenn er die Kiste über eine Schräge auf die Pritsche schiebt?
Nennen Sie weitere Beispiele, bei denen eine solche Schräge eingesetzt wird.

SCHIEFE EBENE

Wird eine Last nicht senkrecht gehoben, sondern über eine Schräge befördert, so ist weniger Kraft erforderlich. Eine solche Schräge nennt man **schiefe Ebene.**

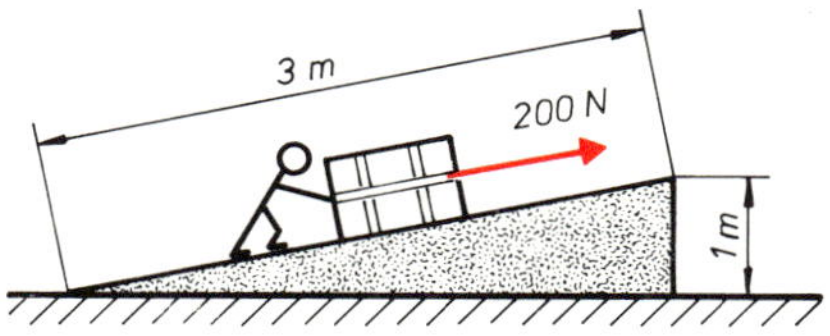

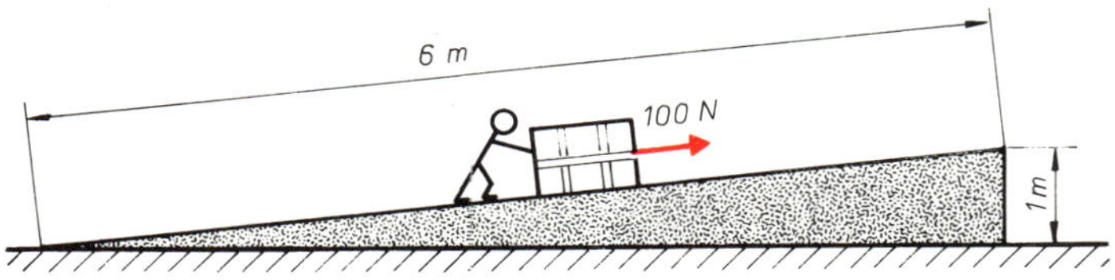

Je flacher eine schiefe Ebene, desto weniger Kraft ist notwendig. Die Kraft muß jedoch über einen längeren Weg aufgebracht werden.

Kraft · Kraftweg = Last · Hubhöhe

Anwendungen der schiefen Ebene

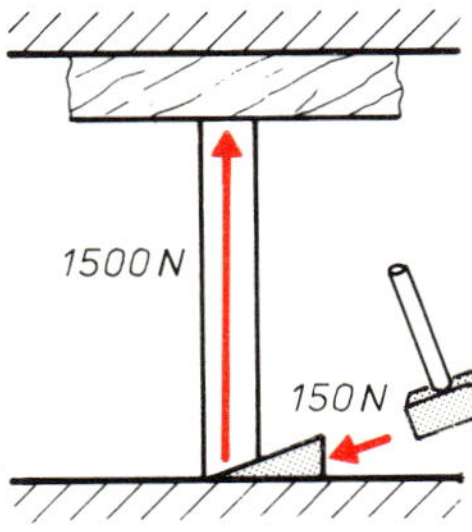

Keil zum Befestigen (Verkeilen)

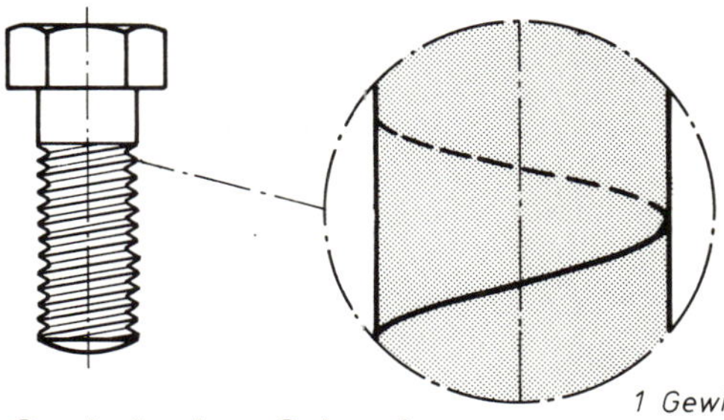

Gewinde einer Schraube

1 Gewindegang (vergrößerte Darstellung)

Aufgaben

a) Eine Maschine läßt man auf einer 4 m langen schiefen Ebene von der 1 m hohen Verladerampe herabrutschen.

Der wievielte Teil der Gewichtskraft wird zum Abbremsen benötigt?

b) *Welchen Vorteil hat es, wenn Bergstraßen nicht geradlinig, sondern mit vielen Windungen geführt werden?*

Geschwindigkeit ist keine Hexerei

Mopedfahrer und Fußgänger haben denselben Schulweg.

Der Mopedfahrer braucht 4 Minuten (Stadtverkehr!), der Fußgänger 10 Minuten.

Der Mopedfahrer hat eine höhere Geschwindigkeit als der Fußgänger.

Was ist überhaupt Geschwindigkeit?

Etwas kann sich langsam oder schnell bewegen. Ein Maß dafür ist die **Geschwindigkeit.**

läuft 5 km weit in einer Stunde

Geschwindigkeit 5 km/h*

fährt 25 km weit in einer Stunde

Geschwindigkeit 25 km/h*

* lies: Kilometer pro Stunde

Je länger der zurückgelegte Weg in einer Stunde, desto höher ist die Geschwindigkeit.

Formelzeichen und Einheit

Geschwindigkeit $= \frac{\text{zurückgelegter Weg}}{\text{benötigte Zeit}}$

Formelzeichen: $v = \frac{s}{t}$

Einheit: $\frac{\text{km}}{\text{h}}$

Beispiele:

a) Ein Motorradfahrer legt eine 96 km lange Strecke in 2 Stunden zurück. Wie groß ist seine Durchschnittsgeschwindigkeit?

Lösung: $v = \frac{s}{t} = \frac{96\text{ km}}{2\text{ h}} = \underline{\underline{48\text{ km/h}}}$

b) Der Schall hat eine Geschwindigkeit von ca. 1196 km/h. Welchen Weg legt er in einer Sekunde zurück?

Lösung: $s = v \cdot t = \frac{1196\text{ km/h}}{3600\text{ s/h}} = \underline{\underline{0{,}332\text{ km}}}$

In der Technik wird die Geschwindigkeit oft auch in $\frac{\text{m}}{\text{min}}$ angegeben.

Die Umrechnungstabelle hilft:

	km/h	m/min
1 km/h	–	= 16,67
1 m/min	$= \frac{6}{100}$	–

Aufgaben

a) Bei einer Maschine bewegt sich das Werkzeug in 2 Minuten um 800 mm weiter.

Wie groß ist seine Geschwindigkeit in m/min und km/h?

b) Der Weltrekord für 100 m liegt bei ca. 10 Sekunden.

Wie groß ist die Durchschnittsgeschwindigkeit des Läufers in km/h?

Wenn sich etwas im Kreise bewegt

Kettenrad und Kette bewegen sich.
Welche Stellen des Kettenrades haben dieselbe Geschwindigkeit wie die Kette?

UMFANGSGESCHWINDIGKEIT

Das gerade Stück der Kette bewegt sich geradlinig, das Kettenrad kreisförmig. Die Kette und die äußersten Punkte am Umfang des Kettenrades haben die gleiche Geschwindigkeit. Man spricht von **Umfangsgeschwindigkeit.**

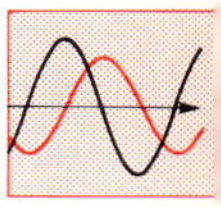

Wovon hängt die Umfangsgeschwindigkeit ab?

Wir rollen zwei Räder mit verschiedenen Durchmessern ab. Der zurückgelegte Weg nach einer Umdrehung ist bei dem Rad mit größerem Durchmesser auch größer. Der zurückgelegte Weg ist gleich dem Radumfang, also $\pi \cdot d$.
Dreht sich das Rad nicht einmal, sondern zweimal, so ist der zurückgelegte Weg zweimal so groß.
Entscheidend für die Größe der Geschwindigkeit ist die Anzahl der Umdrehungen in einer bestimmten Zeit. Die **Drehzahl** n gibt an, wie oft sich ein Rad oder eine Scheibe in einer Minute dreht. Bei Elektromotoren ist die Drehzahl oft 1400 $\frac{1}{\text{min}}$.

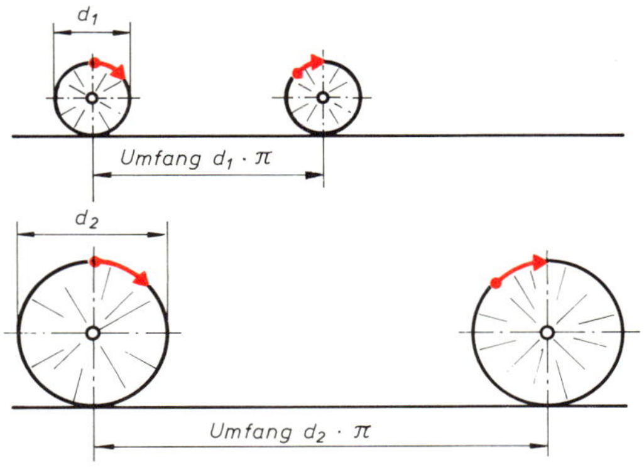

In einer Minute legt also ein Punkt am Umfang einer Scheibe den Kreisumfang so oft zurück, wie es die Drehzahl angibt.

Die Umfangsgeschwindigkeit ist demnach gleich der Länge der zurückgelegten Kreisumfänge in einer Minute.

Formelzeichen und Einheit

Umfangsgeschwindigkeit = Umfang · Drehzahl	
Formelzeichen:	$v = \pi \cdot d \cdot n$
Einheit:	$\text{km} \cdot \frac{1}{\text{h}}$
	$\frac{\text{km}}{\text{h}}$

Beispiel:

Das Rad eines Fahrrades mit dem Raddurchmesser $d = 680$ mm hat eine Drehzahl von $n = 95 \frac{1}{\text{min}}$. Wie groß ist die Umfangsgeschwindigkeit des Rades in m/min? Wie groß ist die Geschwindigkeit des Fahrrades in km/h?

Lösung:

Wenn das Rad nicht durchrutscht, so ist die Geschwindigkeit des Fahrrades gleich der Umfangsgeschwindigkeit des Rades.

$$v = \pi \cdot d \cdot n = 3{,}14 \cdot 0{,}68\ \text{m} \cdot 95 \frac{1}{\text{min}} = \underline{\underline{202{,}8 \frac{\text{m}}{\text{min}}}}$$

$$v = 202{,}8 \frac{\text{m}}{\text{min}} \cdot 0{,}06 \frac{\text{km/h}}{\text{m/min}} = \underline{\underline{12{,}2 \frac{\text{km}}{\text{h}}}}$$

Aufgaben

a) Bei einer Bohrmaschine dreht sich der Bohrer mit $d = 8$ mm 1280mal in einer Minute.
Wie groß ist die Geschwindigkeit am Bohrerumfang in m/min?

b) Die Riemenscheibe an einem Motor hat einen Durchmesser von 16 cm.
Wie schnell bewegt sich der Riemen, wenn der Motor eine Drehzahl von 700 $\frac{1}{min}$ hat?

Arbeit – einmal theoretisch betrachtet

Das erfordert Kraft – und dann noch bis zum 4. Stockwerk hoch.

Da weiß man abends, wieviel man gearbeitet hat!

WAS IST ARBEIT?

Soll eine Last hochgehoben, ein Pkw angeschoben, an einer Seilwinde gedreht werden, so ist Arbeit erforderlich.
Arbeit (genauer mechanische Arbeit) wird verrichtet, wenn eine Kraft über einen bestimmten Weg wirkt.

Je größer die aufgewendete Kraft, desto größer die Arbeit.
Je länger der Weg, desto größer die Arbeit.
Kraft hat die Einheit N (Newton).
Weg hat die Einheit m (Meter).

Formelzeichen und Einheit

Arbeit = Kraft · Weg

Formelzeichen: $W = F \cdot s$

Einheit: N · m

Nm
(Newtonmeter)

Wichtig: Bei der Arbeit in der Physik darf nur der Weg in Richtung der Kraft berücksichtigt werden.

Arbeit bei der losen Rolle

halbe Kraft,
aber doppelter Weg

Arbeit bleibt gleich groß

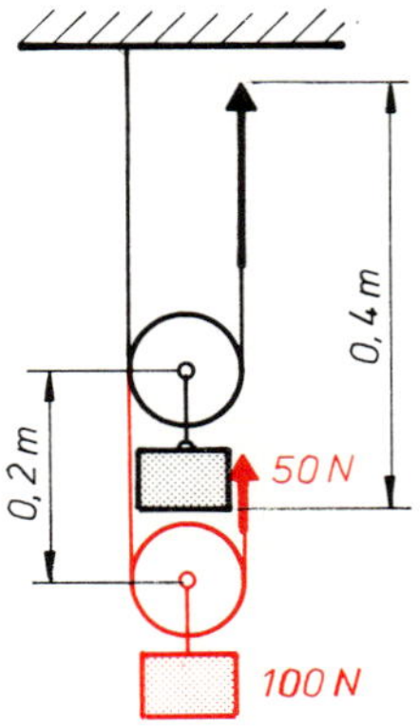

Arbeit beim Hebel

weniger Kraft,
aber größerer Weg

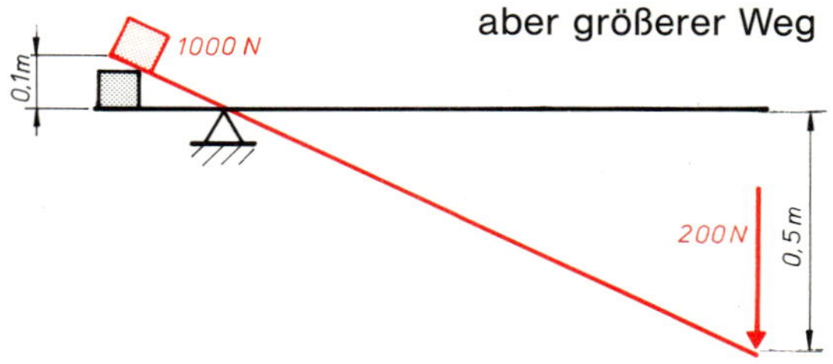

Arbeit bleibt gleich groß

Beispiel

Ein Kran muß beim Heben einer Last in 6 m Höhe eine Kraft von 5000 N aufbringen.
Wie groß ist die verrichtete Arbeit?

Lösung:

$W = F \cdot s$
$= 5000\ \text{N} \cdot 6\ \text{m} = 30\,000\ \text{Nm}$
$= \underline{\underline{30\ \text{kNm}}}$ (Kilonewtonmeter)

Hier wird etwas geleistet!

Man muß das Eisen schmieden, solange es noch heiß ist!

Hier kommt es nicht nur auf den Weg und die Kraft an, es muß auch schnell gehen!

LEISTUNG

Soll eine Arbeit rasch erledigt werden, so muß man mehr leisten.
Schmiedet ein Schmied zwei Hufeisen in der gleichen Zeit, in der ein anderer nur eines schmiedet, so hat er mehr geleistet.

Je **größer** die **Arbeit** (in der gleichen Zeit), desto **größer** die **Leistung.**

Benötigt ein Schmied zum Schmieden eines Hufeisens nur halb soviel Zeit wie ein anderer, so hat er mehr geleistet.

Je **kleiner** die **Zeit** (für die gleiche Arbeit), desto **größer** die **Leistung.**

Arbeit hat die Einheit Nm (Newtonmeter)
Zeit hat die Einheit s (Sekunde)

Formelzeichen und Einheit

$$\text{Leistung} = \frac{\text{Arbeit}}{\text{Zeit}} = \frac{\text{Kraft} \cdot \text{Weg}}{\text{Zeit}}$$

Formelzeichen: $P = \frac{W}{t} = \frac{F \cdot s}{t}$

Einheit: $\frac{\text{Nm}}{\text{s}}$ (Newtonmeter pro Sek.)

andere Bezeichnung: $1 \frac{\text{Nm}}{\text{s}} = 1$ Watt

Vielfach wird die Leistung noch in PS ausgedrückt.
Für Umrechnungen gilt: $1 \text{ PS} = \frac{750 \text{ Nm}}{\text{s}}$

Beispiel:

Zwei Möbelpacker arbeiten um die Wette. Der erste verrichtet seine Arbeit in zwei Stunden. Der zweite hat nur halb soviel zu arbeiten und ist nach einer Stunde fertig. Wer hat mehr geleistet?

Lösung:

$$\text{Leistung} = \frac{\text{Arbeit}}{\text{Zeit}} = \frac{\text{halbe Arbeit}}{\text{in der halben Zeit}}$$

Ergebnis: Beide haben gleich viel gearbeitet.

Beispiel:

Ein Autofahrer schiebt seinen Wagen mit 500 N in 10 s 5 m weit. Wie groß ist seine Leistung?

Lösung:

$$P = \frac{F \cdot s}{t} = \frac{500 \text{ N} \cdot 5 \text{ m}}{10 \text{ s}} = \underline{\underline{250 \frac{\text{Nm}}{\text{s}}}}$$

Aufgaben

a) Ein Kran hebt in 10 s eine Last mit einer Gewichtskraft von 50 kN 3,5 m hoch.
Wie groß ist seine Leistung?

b) Ein Pkw hat eine Leistung von 50 $\frac{\text{kNm}}{\text{s}}$.
In welcher Zeit kann er eine 100 m lange Strecke zurücklegen, wenn die Antriebskraft 2500 N beträgt?

Wärmelehre

WÄRMEQUELLEN

Wird der elektrische Strom abgeschaltet, so müssen die Gäste hungrig bleiben.
Dann spürt man, wie abhängig wir von der Energie sind. Wird das Heizöl knapp, können nur noch wenige Wohnungen auf Kohlenheizung umstellen.

Aber:

Wärme braucht der Mensch!

Welche Wärmequellen stehen zur Verfügung?

Sonne – ist für uns ein unerschöpflicher Energie- und Wärmelieferant. Durch Verschmelzung von Atomkernen wird im Sonneninnern die abstrahlende Energie laufend nacherzeugt.

Verbrennung – Holz, Kohle, Öl und viele andere Stoffe verbrennen in chemischen Prozessen. Dabei wird Wärme frei.

Elektr. Strom – Fließt elektrischer Strom durch einen Stromleiter, so wird dieser Leiter erwärmt.

Atomenergie – Durch Kernspaltung und Umwandlung der Materie in Energie werden Strahlung und Wärme frei.

Was ist Wärme?

Die ganz schnellen Wasserteilchen werden durch den Deckel wieder abgebremst!

Alle Stoffe bestehen aus Atomen und Molekülen, die sich (für uns unsichtbar) dauernd bewegen.
Wird einem Stoff Wärme zugeführt, so erhöht sich die Geschwindigkeit der Atome und Moleküle.

Wärme ist ein Bewegungszustand der Atome und Moleküle.

Je geringer die Temperatur eines Stoffes ist, desto langsamer ist die Bewegung der kleinsten Teilchen.

ABSOLUTER NULLPUNKT DER TEMPERATUR

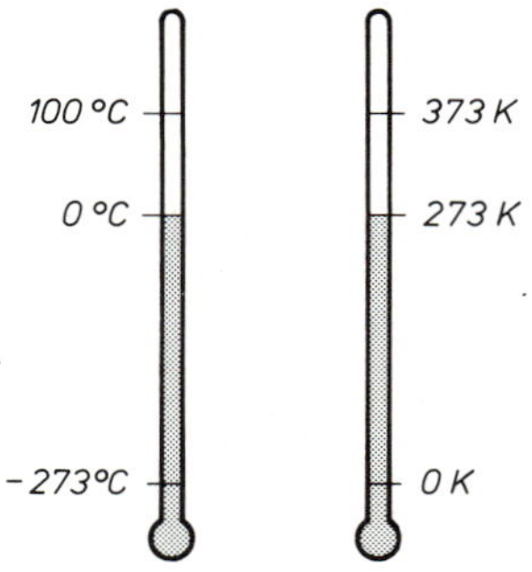

Temperaturskala nach
Celsius Kelvin

Wissenschaftler haben festgestellt, daß die Bewegung der Materieteilchen bei einer Temperatur von etwa −273 °C endet. Man nennt diese Temperatur den absoluten Nullpunkt der Temperatur. Nach dem englischen Physiker Lord Kelvin (1824–1907) wurde eine neue Temperaturskala benannt, für die der absolute Nullpunkt mit 0 K (Kelvin) als Nullpunkt gilt.

So ist:

−273 °C	=	0 K
0 °C	=	273 K

Zum Nachdenken:
Die ergiebigste Wärme- und Energiequelle ist für uns die Sonne.
Wie wird und wurde die Sonnenenergie auf der Erde gespeichert?

Wie Wärme sich ausbreitet

Viele Taxis sind hell gespritzt. Früher waren alle Taxis schwarz. Welcher Grund war für die Farbänderung wohl maßgebend?

Wärmestrahlung

Die Wärmestrahlen der Sonne wirken erst beim Auftreffen auf einen Körper. Wie die Lichtstrahlen, so werden auch die Wärmestrahlen von hellen Flächen zurückgeworfen (reflektiert). Von rauhen, dunklen Flächen werden die Strahlen jedoch gesammelt und z. T. weitergeleitet.
Hell gespritzte Taxis werden deshalb im Sommer von der Sonne weniger aufgeheizt. In südlichen Ländern trägt man helle Kleidung.

Wärmeleitung

Wird ein Körper an einer Stelle erwärmt, dann kann sich die Wärme nach einiger Zeit über den ganzen Körper ausgebreitet haben. Die Wärme durchdringt den Körper. Man sagt auch, der Körper leitet die Wärme.

Unterschiedliche Stoffe leiten Wärme unterschiedlich gut.
Jeder Stoff hat eine bestimmte **Wärmeleitfähigkeit.**

Einige Beispiele für die Wärmeleitfähigkeit von Stoffen im Vergleich mit Eisen:

Eisen	1	Silber	7,5	Kiesbeton	0,04
Aluminium	4	Wasser	0,01	Holz	0,004
Kupfer	7	Glas	0,016	Luft	0,0005

Energieeinsparung

Gute Wärmeleitung an Gebäuden oder Geräten bedeutet hohen Energieverbrauch und hohe Energiekosten. Die Tabelle zeigt, welche Stoffe die Wärme gut abführen und deshalb als Wärmeleiter eingesetzt werden und welche Stoffe sich als Wärmedämmstoffe eignen.
Luft leitet die Wärme etwa 2000mal schlechter als Eisen. Viele Wärmedämmstoffe enthalten deshalb Luft, z. B. dicke Stricksachen, Felle oder – bei der Wärmedämmung von Gebäuden – Glas- und Gesteinsfaserwolle.

Wärmeströmung

Warme Luft ist leichter als kalte Luft. Über einem warmen Heizkörper erwärmt sich die Luft. Sie wird leichter als die kältere Luft der Umgebung und steigt auf. Kältere Luft aus der Umgebung strömt nach. Es entsteht ein Luftstrom an dem Heizkörper vorbei von unten nach oben. Mit dem Luftstrom wird Wärme transportiert.
Man nennt diese Art von Wärmetransport auch Konvektion.
Etwas ähnliches gibt es auch in der Natur. Die Sonne erwärmt den Erdboden. Die Luft darüber erwärmt sich und steigt auf. Segelflieger benutzen diese Luftströmung, um große Höhen zu erreichen.

Fragen: *Weshalb verwendet man Kunststoffe für die Griffe von Kochgeräten?*
Eine Thermosflasche ist aus doppelwandigem Glas.
Der Zwischenraum ist luftleer. Weshalb wohl?

Wie sich Wärme und Kälte auswirken

Hochspannungsleitungen hängen im Sommer weit durch. Im Winter sind dieselben Leitungen straffer gespannt. Wer oder was ist wohl dafür verantwortlich?

Wissen Sie aus Ihrer Erfahrung noch weitere Beispiele?

Ursache und Wirkung

Erwärmung eines Stoffes bedeutet, daß sich die Materieteilchen schneller bewegen. Die Materieteilchen benötigen mehr Platz.

> Stoffe dehnen sich bei Erwärmung aus.

Unterschiedliche Wärmeausdehnung

Die Erwärmung eines 1 m langen Stabes um 50 °C (z. B. von −10 °C im Winter auf +40 °C im Sommer beträgt:

Glas	≈	0,4 mm
Aluminium	≈	1,1 mm
Stahl	≈	0,6 mm
Beton	≈	0,6 mm
Kupfer	≈	0,8 mm

Diese Beispiele zeigen, daß die Stoffe unterschiedliche Wärmeausdehnung haben.
Auffallend ist die annähernd gleiche Wärmeausdehnung von Stahl und Beton. Welche Bedeutung hat dies für Stahlbetonbauten?
Sehr groß ist die Wärmeausdehnung aller Gase. Wird die Temperatur um 273 °C erhöht, so verdoppeln alle Gase ihr Volumen genau einmal.

Aufgabe *Warum springt ein dickes Glas, wenn heißes Wasser eingegossen wird?*

Die Dehnfugen vermeiden Rißbildung durch Erwärmung.

Auf einer Seite ist die Brücke beweglich gelagert.

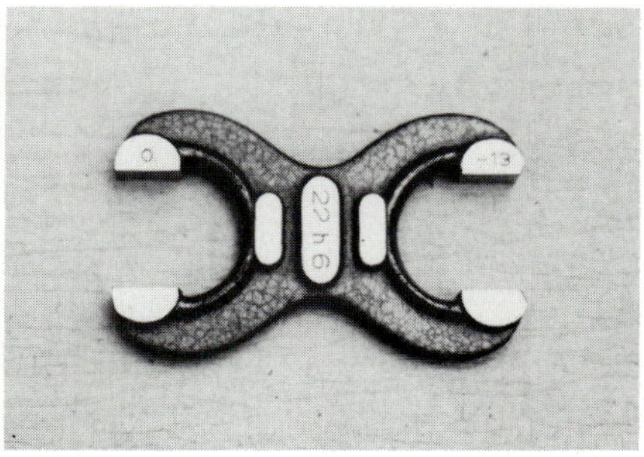

Genaues Prüfen nur bei 20° C.

Wie man die Temperatur mißt

Automotoren werden durch Luft oder Wasser gekühlt. Bei zu hoher Temperatur entstehen sonst Schäden am Motor.
Die Temperaturanzeige und die rote Signallampe auf dem Armaturenbrett sollen vor zu hoher Temperatur warnen.

Was ist Temperatur?

Heiß und kalt sind Begriffe, die den Wärmezustand eines Körpers bezeichnen. Gemeint ist dabei jedoch, ob die Temperatur hoch oder niedrig ist.

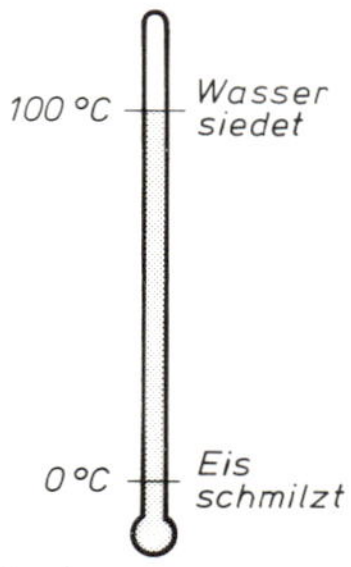

Flüssigkeitstermometer

Temperatur = Wärmezustand

In der Technik kann mit Begriffen wie warm und kalt nicht gearbeitet werden. Dort zählen Zahlen.
Der schwedische Astronom Anders Celsius (1701–1744) schlug 1742 die noch heute gültige Einteilung der Temperaturskala vor.
Die Temperatur von schmelzendem Eis bezeichnete er mit 0, die Temperatur von siedendem Wasser mit 100.
Ihm zu Ehren wird die Temperatur mit Grad Celsius bezeichnet.

Die Einheit der Temperatur ist °C (Grad Celsius).

In der Wissenschaft wird heute die Temperatur oft mit Kelvin benannt (siehe Seite 110).

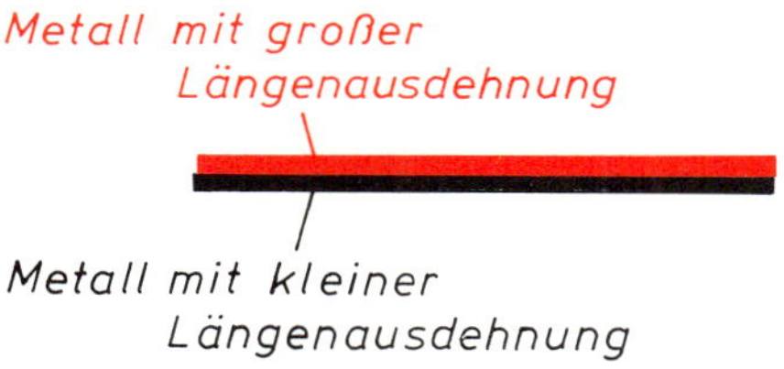

bei Temperaturerhöhung

bei Temperaturminderung

Temperaturmessung

Körper dehnen sich bei Erwärmung aus. Die Wärmedehnung wird zur Temperaturmessung verwendet.
Beim **Flüssigkeitsthermometer** dehnen sich Alkohol oder Quecksilber aus. **Alkoholthermometer** werden zur Temperaturmessung von etwa –100 bis etwa 70 °C, **Quecksilberthermometer** zur Temperaturmessung von etwa –30 bis etwa 750 °C verwendet.

Bei **Metallthermometern** sind zwei Metallstreifen fest miteinander verbunden. Die beiden verschiedenen Metalle haben unterschiedliche Wärmeausdehnung. Erwärmt man den Streifen, so krümmt er sich. Beim **Bimetallthermometer** wird eine Spirale aus zwei fest miteinander verbundenen Metallstreifen benutzt.

Bei **Temperatur-Meßfarbstiften** ändert sich bei bestimmten Temperaturen plötzlich die Farbe. Es gibt Temperatur-Meßfarbstifte für den Meßbereich von 65 °C bis 670 °C, die jeweils bei einer ganz bestimmten Temperatur ihren Farbton ändern. So kann z. B. rasch bei damit angestrichenen Teilen eine Überhitzung festgestellt werden.

Frage:
Weshalb darf man ein Badethermometer (Alkoholthermometer) nicht in die Wanne legen, wenn man nur heißes Wasser einfließen läßt?

Vom Gefrieren und Verdampfen

Wer möchte hier im Hochsommer nicht auch Verkäufer sein? Das kühlt ab, wenn das Eis langsam im Munde schmilzt.
Billig ist jedoch der „Lutschspaß“ nicht.
Könnte man Eis zu Hause nicht selbst billiger herstellen?

Wasser wird zu Eis

Im Eisfach des Kühlschrankes kann die Hausfrau selbst Eis herstellen. Aus Limonade wird im Eisfach nach einigen Stunden Limonadeneis. Was geschieht dabei?
Im Kühlschrank wird dem Wasser Wärme entzogen, dabei kühlt es bis 0 °C ab. Wird weiter Wärme entzogen, so erstarrt das Wasser, wird bei 0 °C zu Eis und erreicht anschließend Minustemperaturen.
Wird Eis erwärmt, so schmilzt es bei 0 °C und wird zu Wasser.

Die **Erstarrungs- bzw. Schmelztemperatur** gibt an, bei welcher Temperatur ein flüssiger Stoff in einen festen bzw. ein fester Stoff in einen flüssigen überführt wird.

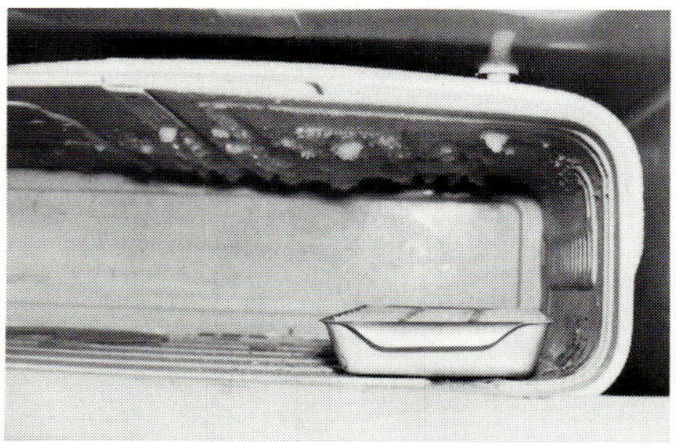

Im Kühlschrank muß die Erstarrungswärme bei der Eisbildung entzogen und abgeführt werden.

Erstarrungs- bzw. Schmelztemperaturen in °C

Quecksilber	−39	Zink	420
Seewasser	− 2,5	Silber	961
Wasser	0	Kupfer	1083
Zinn	232	Stahl	1450 ... 1550
Blei	327	Wolfram	3370

Erstarrt eine Flüssigkeit, so wird Wärme frei, die **Erstarrungswärme.**

Schmilzt ein fester Körper, so muß Wärme zugeführt werden, die **Schmelzwärme.**

Wasser hat eine sehr hohe Schmelz- bzw. Erstarrungswärme. Bei +1 °C bis +2 °C gibt es deshalb noch oft Schnee- und Eisreste auf den Straßen. An zugigen Straßenabschnitten, z. B. auf Brücken oder in Waldschneisen, bildet sich oft zuerst Eis auf der Fahrbahn. Hier wird die freiwerdende Erstarrungswärme rasch abgeführt.

Wasser wird zu Dampf

Wenn der Teekessel pfeift, so ist dies das Zeichen, daß das Wasser siedet. Wasser wird in Dampf überführt.
Diese Überführung geht nicht plötzlich vor sich. Bis alles Wasser zu Dampf umgewandelt ist, wird eine gewisse Zeit benötigt, in der weiter Wärme zugeführt werden muß.
Wird Dampf abgekühlt, so wird er bei 100 °C wieder in Wasser überführt. Diesen Vorgang nennt man **Kondensation.**

> Die **Siede- bzw. Kondensationstemperatur** gibt an, bei welcher Temperatur ein flüssiger Stoff in einen gasförmigen bzw. ein gasförmiger in einen flüssigen überführt wird.

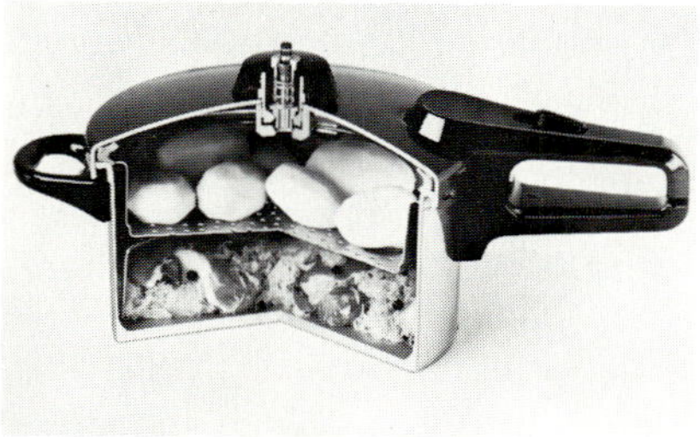

Siede- bzw. Kondensationstemperatur in °C

Luft	−192	Spiritus	78	Wasser	100
Ether	35	Benzin	40 ... 200	Fette	≈ 300

Die Siedetemperatur wird höher, wenn in einem geschlossenen Gefäß Druck auf die Flüssigkeit ausgeübt wird, z. B. in einem Dampf- oder Schnellkochtopf.

Aggregatzustände

fest – flüssig – gasförmig

sind die drei Zustände, in denen Stoffe vorkommen.
Soll ein Stoff von dem einen in den anderen Aggregatzustand überführt werden, so muß Wärme zugeführt oder entzogen werden.

	+ Wärme →		+ Wärme →	
	Schmelztemperatur		Siedetemperatur	
fest		flüssig		gasförmig
	Erstarrungstemperatur		Kondensationstemperatur	
	← – Wärme		← – Wärme	

Weshalb Dampf Arbeit verrichtet

Wird ein Körper erwärmt, so dehnt er sich geringfügig aus. Wird Wasser in Dampf umgewandelt, so wird das Volumen vervielfacht. Dadurch wird der Kochtopfdeckel gehoben, eine Dampflokomotive in Bewegung versetzt und werden Dampfturbinen angetrieben.

Anomalie des Wassers

Auch im kältesten Winter gefrieren tiefe Seen nicht bis zum Grunde. Dort herrscht immer die Temperatur +4 °C. Wird Wasser von 0 °C an erwärmt, so dehnt sich Wasser zuerst nicht aus, sondern zieht sich zusammen. Bei +4 °C nimmt Wasser das kleinste Volumen ein, es hat die größte Dichte. Wird Wasser über +4 °C erwärmt, so dehnt es sich wie jeder andere Stoff aus. Dieses eigenartige Verhalten des Wassers bei Erwärmung nennt man Anomalie des Wassers. Wasser von 4 °C hat das kleinste Volumen, also die größte Dichte und sinkt deshalb auf den Grund der Seen.

Fragen:
Weshalb kann ein Dampfkochtopf explodieren, wenn das Ventil defekt ist?
Wasser in einer Pfütze erstarrt zuerst an der Oberfläche. Begründung?
Wie wirkt das Frostschutzmittel im Kühler eines Autos?

Vom Kochen und Heizen

Wird die Sparflamme beim Gasherd oder eine niedrige Stufe am Elektroherd eingeschaltet, so dauert es lange, bis das Wasser warm ist.

Wärmemenge

Um 1 *l* Wasser zum Sieden zu bringen, ist eine große Wärmemenge notwendig. Die Sparflamme beim Gasherd oder die niedrige Stufe am Elektroherd geben nur wenig Wärme ab, deshalb dauert es so lange.
Nimmt man weniger Wasser, so ist weniger Wärmemenge notwendig. Wird das Wasser nur auf Handwärme (ca. 30 °C) erwärmt, so ist ebenfalls weniger Wärme erforderlich.

Die zum Erwärmen notwendige Wärmemenge Q ist um so größer, je größer die Menge des zu erwärmenden Stoffes ist und je höher die Endtemperatur sein muß.

Einheit

Wärme und Arbeit sind zwei Formen von Energie. So wird z. B. bei einer Dampfmaschine die durch Verbrennung erzeugte Wärme in Arbeit umgewandelt.

Arbeit und Wärme haben dieselbe Einheit.

1 Nm = 1 J
1 Newtonmeter = 1 Joule (sprich dschaul oder dschul)

benannt nach dem englischen Physiker J. P. Joule (1818–1889).

Nicht alle Stoffe benötigen die gleiche Wärmemenge. So benötigt z. B. Quecksilber für die Temperaturerhöhung um 1 °C nur den 30sten Teil der Wärmemenge, die für die gleiche Menge Wasser notwendig wäre.

Die spezifische Wärmekapazität (auch spez. Wärmemenge) ist die Wärmemenge, die zur Erwärmung von 1 kg eines Stoffes um 1 °C notwendig ist.

Spezifische Wärmekapazität einiger Stoffe in $\frac{kJ}{kg \cdot °C}$							
Aluminium	0,9	Eis	2,09	Luft	1,00	Stahl	0,42–0,5
Beton	0,88	Kupfer	0,39	Maschinenöl	1,80	Wasser	4,19

Die Tabelle zeigt, daß Wasser im Vergleich mit anderen Stoffen eine sehr hohe Wärmekapazität hat.

Beispiele: a) 1 *l* Wasser wird von 20 °C auf 90 °C erwärmt. Welche Wärmemenge ist notwendig?

Lösung: $Q = 4{,}19 \frac{kJ}{kg \cdot °C} \cdot 1\,kg \cdot (90\,°C - 20\,°C)$

$Q = \underline{\underline{293{,}3\,kJ}}$

b) 1 *l* Maschinenöl wird von 20 °C auf 90 °C erwärmt. Welche Wärmemenge ist notwendig?

Lösung: $Q = 1{,}80 \frac{kJ}{kg \cdot °C} \cdot 1\,kg \cdot (90\,°C - 20\,°C)$

$Q = \underline{\underline{126\,kJ}}$

Fragen:
Weshalb ist das Klima an der See meist milder als das Landklima?
Sie haben die Wahl zwischen einem Kochtopf mit Aluminium- oder Kupferboden. Welchen würden Sie vorziehen? Begründung!

AUFGABEN ZUR MECHANIK UND WÄRMELEHRE

1. *Weshalb kann man mit einer Federwaage nicht die Masse eines Körpers feststellen?*

2. Ein Maschinenteil hat die Masse 40 kg.
Wie groß ist seine Gewichtskraft in N?

3. Ein Astronaut befindet sich auf dem Mond.
Weshalb ist dort seine Gewichtskraft geringer?

4. An einem Kran hängt eine Kabelrolle mit einer Masse von 1,5 t.
Wie groß ist die Gewichtskraft?

5. Eine „Goldmünze" hat einen Durchmesser von 16 mm und ist 2 mm dick. Die Waage zeigt 4,22 g.
Ist die Münze echt oder nur vergoldet?
(ρ_{AU} = 19,33 g/cm³)

6. *Wie groß ist das Gewicht (die Masse) eines 1,5 m langen Holzbalkens mit dem Querschnitt 8 cm × 8 cm?*
(ρ_{Holz} = 0,65 kg/dm³)

7. *Welches Gleichgewicht herrscht bei einem Senklot, mit dem auf einer Baustelle festgestellt wird, ob eine Mauer senkrecht gemauert wurde?*

8. *Weshalb gehen Wanderer mit schweren Rucksäcken auf dem Rücken meist leicht nach vorne gebeugt?*

9. An einem zweiseitigen Hebel liegt auf der einen Seite im Abstand von 60 cm vom Drehpunkt eine Last mit 1500 N. Pfiff drückt auf der anderen Seite vom Drehpunkt mit 400 N nach unten.
Wie weit vom Drehpunkt aus entfernt muß er drücken, damit er die Last halten kann?

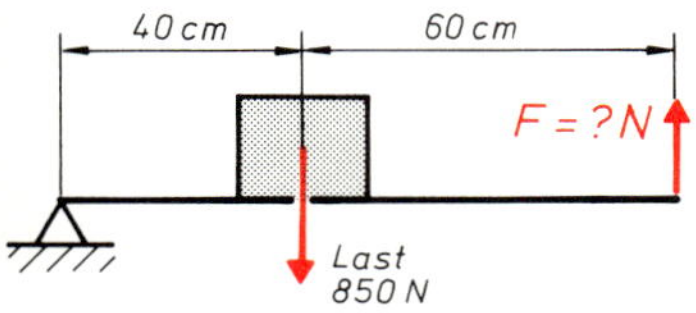

10. *Wie groß muß die Kraft F sein, um die Last zu halten?*

11. Mit einem Schraubenzieher (besser: Schraubendreher) wird eine Schraube festgezogen. Auch dabei erleichtert ein Hebelarm die Arbeit.
Begründung!

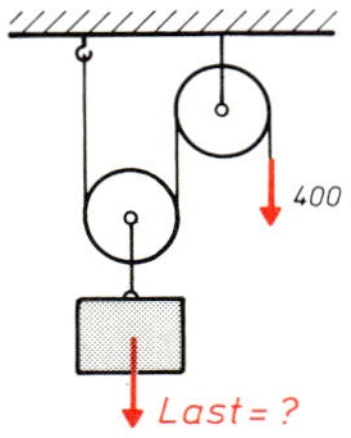

12. *Wie groß ist die Last?*

13. Ein Flugzeug fliegt eine 500 km lange Strecke mit einer Durchschnittsgeschwindigkeit von 650 km.
Wie lange braucht es?

14. Ein LKW benötigt für die Strecke Stuttgart–München (227,5 km) 3,5 Stunden.
Wie groß ist die Durchschnittsgeschwindigkeit?

15. Pfiff stemmt eine Last von 250 N 1,8 m hoch.
Welche Arbeit wird dabei verrichtet?

16. Ein Personenaufzug kann 5 Personen (360 kg) in 12 s in die 5. Etage (15 m) befördern.
Welche Leistung hat er?
(Achtung: Zuerst muß die Gewichtskraft berechnet werden!)

17. Im Winter zeigt das Thermometer −10 °C an.
Was würde ein Thermometer mit einer Kelvin-Skala anzeigen?

18. *Weshalb ist es ungünstig, die Heizkörper an der Wand gegenüber von den Fenstern anzubringen?*

19. *Weshalb werden trotz der geringen Wartung immer noch sehr wenig Fenster mit Aluminiumrahmen verwendet?*

20. Heizungsrohre, die in Wänden verlaufen, sind oft aus gut wärmeleitendem Kupfer.
Wie kann verhindert werden, daß zuviel Wärme verlorengeht?

21. *Wie kann man bei großen Gebäuden Risse durch Wärmedehnung vermeiden?*

22. *Was versteht man unter Temperatur? Was versteht man unter Wärme?*

23. *Wie funktioniert ein Flüssigkeitsthermometer?*

24. Wird in der Küche gekocht, so schlägt sich oft an den Fenstern Feuchtigkeit nieder.
Welcher Zusammenhang besteht hier?

25. Noch im Frühjahr findet man an manchen Nordhängen Schneereste, obwohl die Tagestemperaturen schon z. T. 10 °C betragen.
Begründung!

26. *Was versteht man unter der Anomalie des Wassers? Weshalb gefrieren tiefe Seen im Winter nie bis zum Grunde zu?*

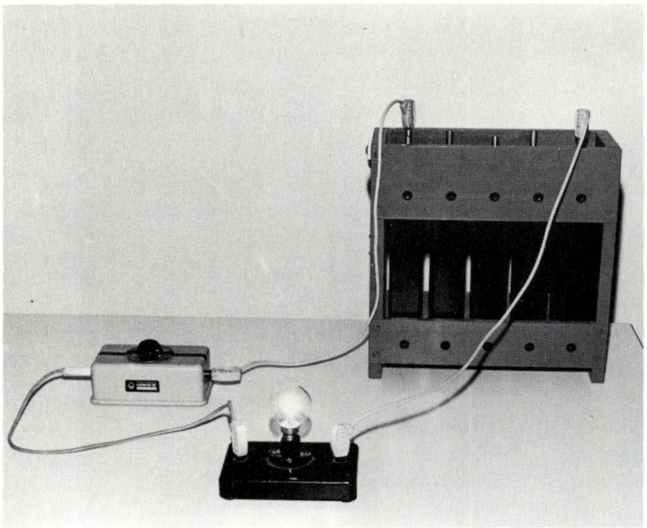

Die Elektrizität

Ohne Elektrizität müßten wir auf viele angenehme Dinge verzichten.
Radio, Fernsehen, Aufzüge in Hochhäusern und vieles andere mehr funktionieren nicht ohne Elektrizität.

Was ist Elektrizität?

Wir machen Versuche: Ein Lämpchen aus einer Taschenlampe soll zum Leuchten gebracht werden.
Dazu benötigen wir:
1 Lämpchen mit Fassung und zwei Anschlüssen
1 Spannungsquelle mit zwei Anschlüssen (im Foto ein Element, wie es auf Seite 120 beschrieben wird)
Kupferdrähte als Leitungen
1 Schalter

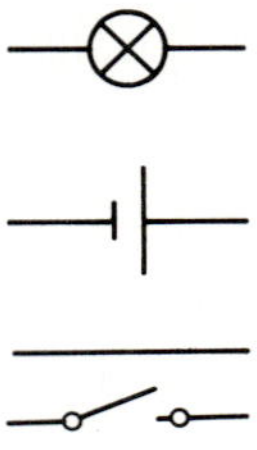

VERSUCH 1

Versuch: Ein Draht verbindet einen Pol der Spannungsquelle mit dem Lämpchen.

Ergebnis: Das Lämpchen brennt **nicht.**

VERSUCH 2

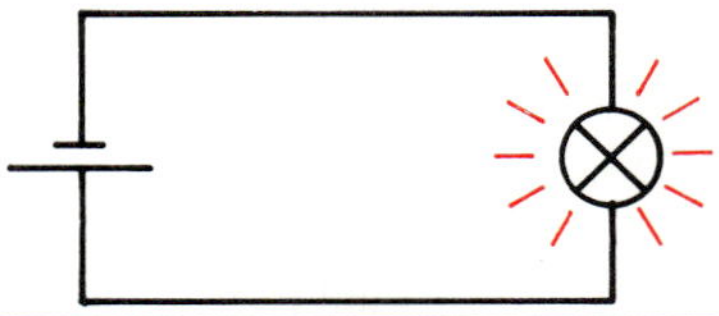

Versuch: Auch der andere Pol der Spannungsquelle wird mit dem Lämpchen verbunden.

Ergebnis: Das Lämpchen brennt jetzt.

VERSUCH 3

Versuch: Die Spannungsquelle wird entfernt und die freien Drahtenden miteinander verbunden.

Ergebnis: Das Lämpchen brennt **nicht.**

Zusammenfassung

Damit das Lämpchen brennt, muß die Verbindung von Spannungsquelle, Lämpchen und Leitungen einen geschlossenen Kreis bilden.
Man nennt diesen Kreis auch Stromkreis.

Ein Stromkreis enthält immer mindestens eine Spannungsquelle, Hin- und Rückleitung und einen Verbraucher (Lämpchen).

Stromkreis

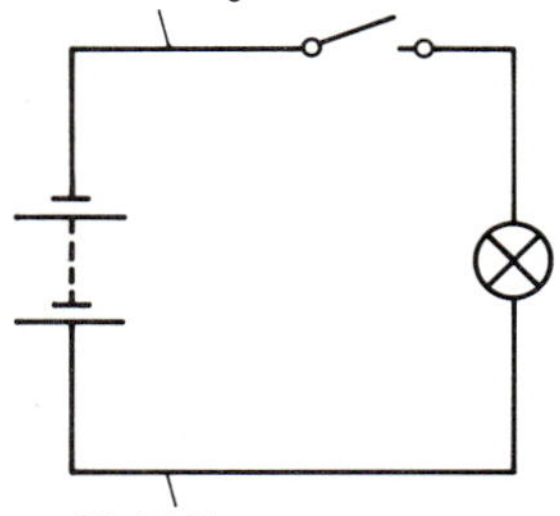

Unfallschutz

Elektrischer Strom ist gefährlich – lebensgefährlich.
Verwenden Sie bei Versuchen deshalb als Spannungsquelle nur Batterien und niemals eine Steckdose.

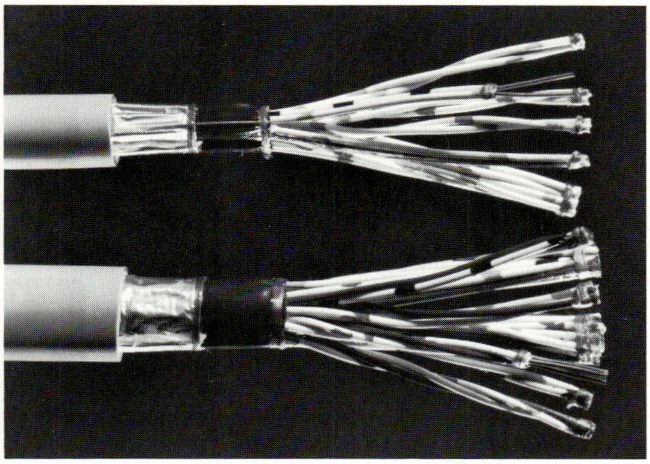

Von Leitern und Nichtleitern

Viele einzelne Leitungen sind zu einem dicken Kabel zusammengefaßt und dienen zum Übertragen von Telefongesprächen mit Hilfe der Elektrizität.

Dabei stellt sich die Frage:

Woraus bestehen elektrische Leitungen?

Untersucht man ein Stück Klingelleitung, Telefonleitung oder auch ein Stück einer Leitung eines Haushaltsgerätes, so stellt man immer denselben Aufbau fest. Den Kern einer Leitung bildet ein Kupferdraht oder viele feine Kupferdrähtchen, die den elektrischen Strom leiten. Dieser Kern ist von einem Mantel aus Kunststoff umgeben. Der Mantel isoliert den Leiter gegenüber anderen Stoffen, so auch gegenüber dem Menschen.

Behandeln Sie Leitungen sorgfältig.
Achten Sie darauf, daß der Mantel nicht beschädigt wird. Beschädigte Leitungen sofort ausbessern lassen.

Elektrische Leiter

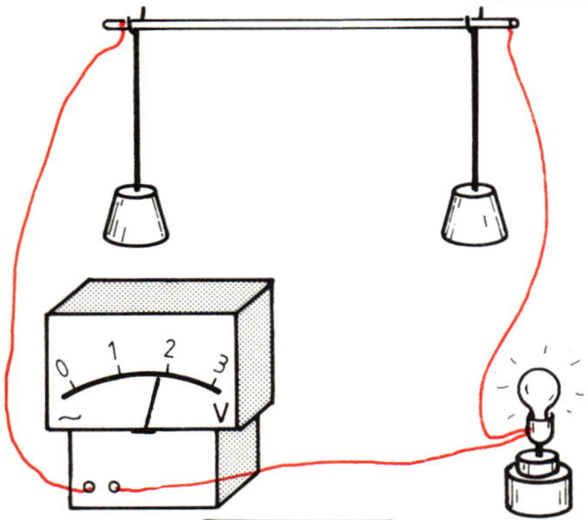

Welche Stoffe außer Kupfer können den elektrischen Strom noch leiten? Die Antwort gibt ein einfacher Versuch.
Dazu benötigt man: 1 Lämpchen mit zwei Anschlüssen
1 Spannungsquelle mit zwei Anschlüssen
2 Stative mit isolierten Anschlüssen
3 Leitungen
Drähte und Stäbe aus verschiedenen Stoffen

Die Drähte und Stäbe werden der Reihe nach als Brücke zwischen die Stative gelegt, so daß ein geschlossener Stromkreis entsteht.
Leuchtet das Lämpchen auf, so fließt Strom im geschlossenen Stromkreis.
Der geprüfte Stoff ist ein Leiterwerkstoff.

zu prüfender Stoff	Ergebnis	
Kupfer	Lämpchen leuchtet	Leiter
Silber-Kettchen	Lämpchen leuchtet	Leiter
Holz (Bleistift)	Lämpchen leuchtet nicht	Nichtleiter
Aluminium	Lämpchen leuchtet	Leiter
Kunststoff	Lämpchen leuchtet nicht	Nichtleiter
reines Wasser	Lämpchen leuchtet nicht	Nichtleiter
Wasser mit Kochsalz	Lämpchen leuchtet	Leiter
Wasser mit Säure	Lämpchen leuchtet	Leiter
Wasser mit Seife (Lauge)	Lämpchen leuchtet	Leiter

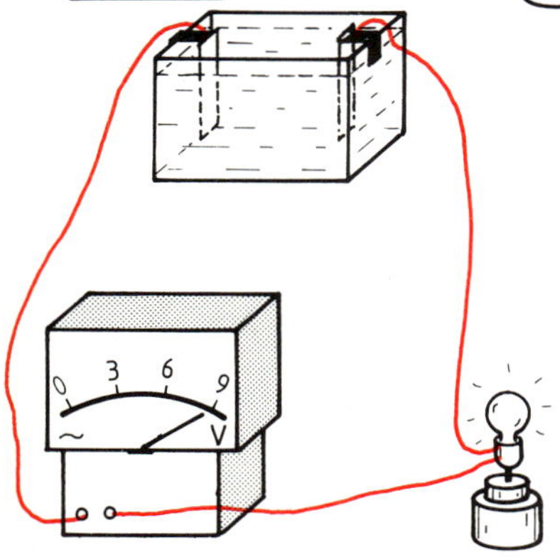

So werden Flüssigkeiten auf elektrische Leitfähigkeit geprüft.

Zusammenfassung

Elektrische Leiter		Nichtleiter
Kupfer Silber alle weiteren Metalle Kohlenstoff (Graphit)	Salzlösung Säuren Laugen	Reines (destilliertes) Wasser Holz, Kunststoffe, Gummi, Glas, Porzellan

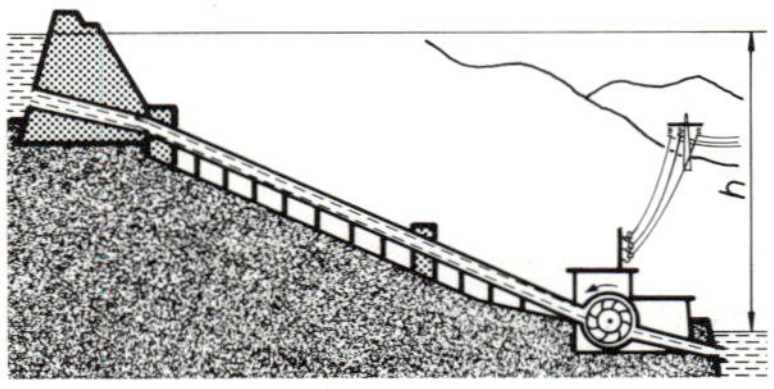

Die elektrische Spannung

Auch hier fließt etwas!
Es ist Wasser.
Beim Wasserfall stürzt das Wasser in die Tiefe.
In einem stillen See steht jedoch das Wasser.
Welches ist wohl die Ursache für das Fließen des Wassers?
Das Fließen des elektrischen Stromes kann mit dem Wasserfluß verglichen werden. So können wir die für uns unsichtbaren Vorgänge beim Fließen des elektrischen Stromes besser verstehen.

Wasser kann nur fließen, wenn ein **Gefälle** vorhanden ist (z. B. beim Wasserfall) oder wenn das Wasser mit **Druck** durch eine Pumpe befördert wird (z. B. in der Wasserleitung).

Weshalb fließen die Elektronen?

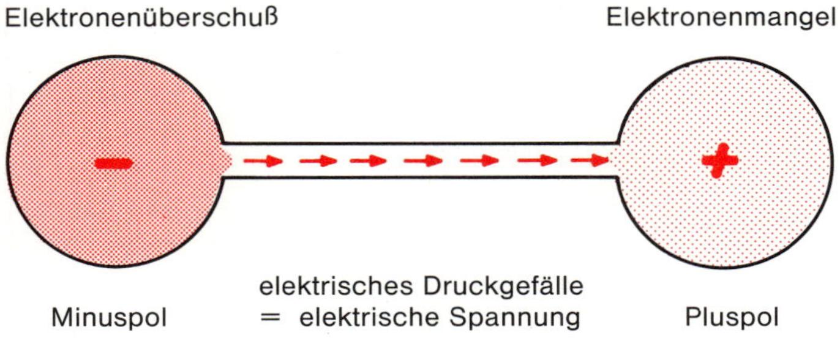

Die elektrische Spannung versucht, den Elektronenmangel mit dem Elektronenüberfluß auszugleichen.
Die Spannung ist die Ursache für das Fließen des elektrischen Stromes.

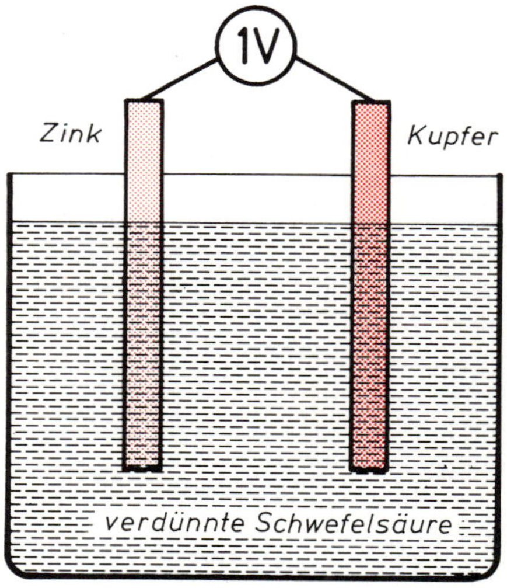

Der Vorläufer der Batterie.

Formelzeichen und Einheit für die Spannung

Der Italiener Alessandro Volta (1745–1827) baute als erster eine Versuchsanordnung, bei der er eine Zink- und eine Kupferplatte in verdünnte Schwefelsäure tauchte.
Er konnte dabei ein elektrisches Druckgefälle feststellen, das heute mit 1 Volt (V) bezeichnet wird.

> Das Formelzeichen für die Spannung ist *U*.

> Die Einheit der Spannung ist Volt (V).

Zum Überlegen: *Warum fließen die Elektronen nicht aus der Steckdose? Eine Autobatterie ist „leer“. Woher mag dies kommen? Wie kann abgeholfen werden?*

Gebräuchliche Spannungen

Batterie 1,5 V

Batterie 4,5 V

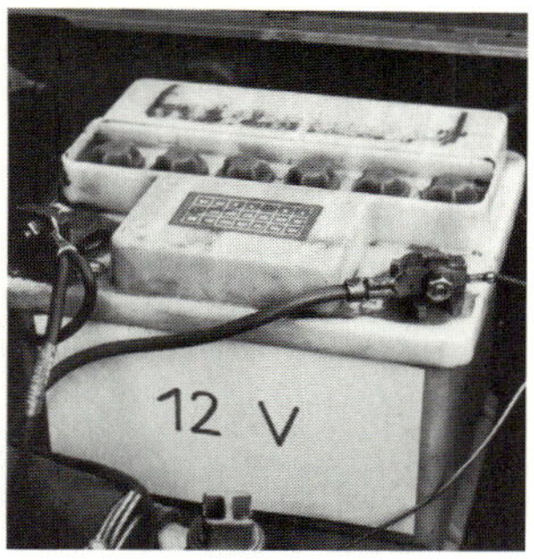

Autobatterie 12 V

Haushalt 220 V

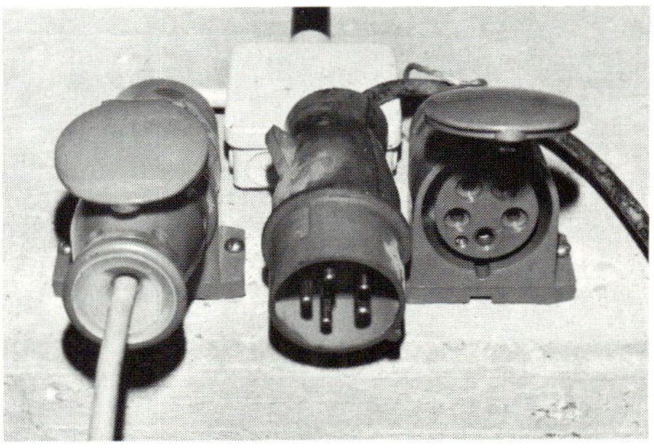
Betrieb 380 V

Spannungsmessung

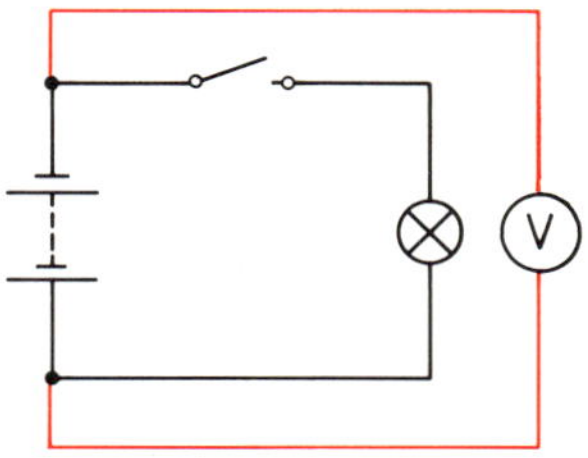

Achtung: Spannung ist auch vorhanden, wenn die Lampe nicht brennt!

Das Gefälle eines Wasserflusses ist der Höhenunterschied zwischen Quelle und Mündung.
Die Spannung ist der elektrische Druckunterschied zwischen Plus- und Minuspol.
Der Spannungsmesser muß deshalb so geschaltet werden, daß er das gesamte elektrische Druckgefälle erfassen kann.

Der Spannungsmesser wird mit Anfang und Ende des Stromkreises verbunden.

Der Spannungsmesser wird parallel zum Verbraucher (elektrische Geräte) geschaltet.

Schutzmaßnahmen

Spannungen über 65 V sind für den Menschen tödlich.

Aber auch bei niedrigeren Spannungen ist der elektrische Strom für den Menschen gefährlich. Spielzeuge arbeiten deshalb mit Niedrigspannung von wenigen V (z. B. Spielzeugeisenbahn mit max. 16 V).

Besonders gefährlich ist es, wenn stromführende Teile vom Menschen berührt werden. Deshalb sind für viele Geräte besondere Schutzmaßnahmen vom VDE (Verband Deutscher Elektriker) festgelegt.
Dies sind z. B.: isolierte Gehäuse,
Schutzleiter mit Schutzkontakt (Schukosteckern und -steckdosen).

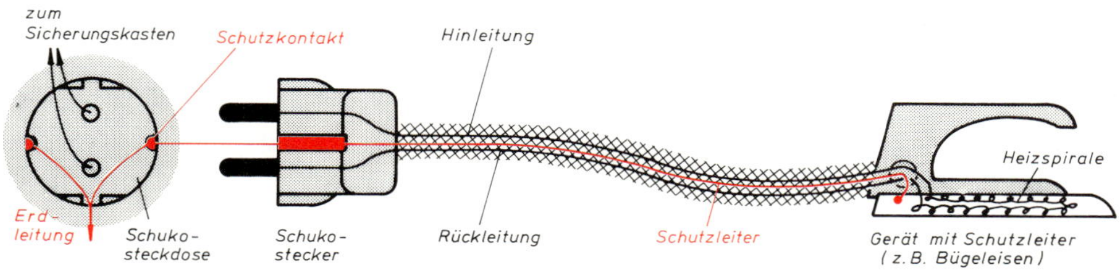

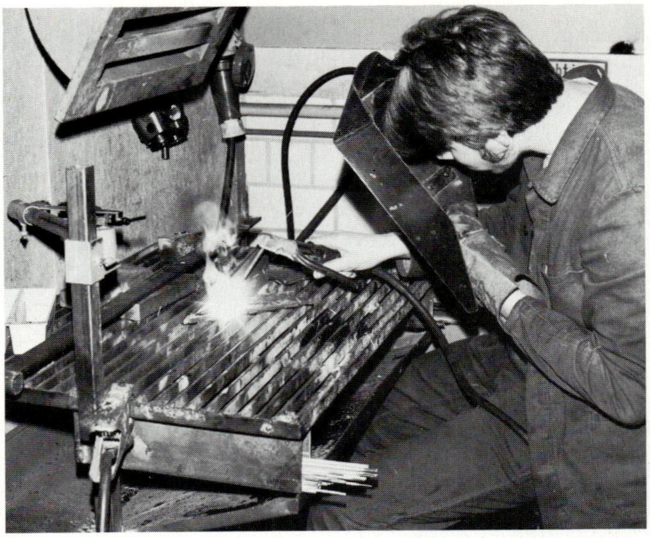

Der elektrische Strom

Hier wird mittels eines Lichtbogens geschweißt.
Die Spannung beträgt nur wenige Volt.
Die Zuführungen für den elektrischen Strom sind dicke Kupferleitungen. Weshalb?

Hinweis: Ein breiter Strom führt mehr Wasser als ein schmaler Bach.

Strom(stärke)

Wo viel Energie benötigt wird (z. B. beim Schweißen), müssen viele Elektronen die Energie befördern.
Wir brauchen einen großen elektrischen Strom (hohe Stromstärke).
Die Stromstärke ist ein Maß für die Anzahl der fließenden Elektronen.

Formelzeichen und Einheit

Das Formelzeichen für den Strom ist I.

Die Einheit des Stromes (der Stromstärke) ist Ampere (A)*.

* 1 A bedeutet, daß pro Sekunde 6 240 000 000 000 000 000 Elektronen fließen (in Worten: sechstrillionenzweihundertundvierzigbilliarden).

Gebräuchliche Ströme

Taschenlampe	0,1 A	Lichtbogenschweißen	... 1 000 A
100 Watt Glühlampe	0,45 A	Lichtbogenofen	... 20 000 A
Durchschnittshaushalt	10 ... 25 A		

Strommessung

In der Wasserleitung wird mit der Wasseruhr die Menge des durchfließenden Wassers gemessen. Im Stromkreis messen wir mit dem Strommeßgerät den elektrischen Strom.

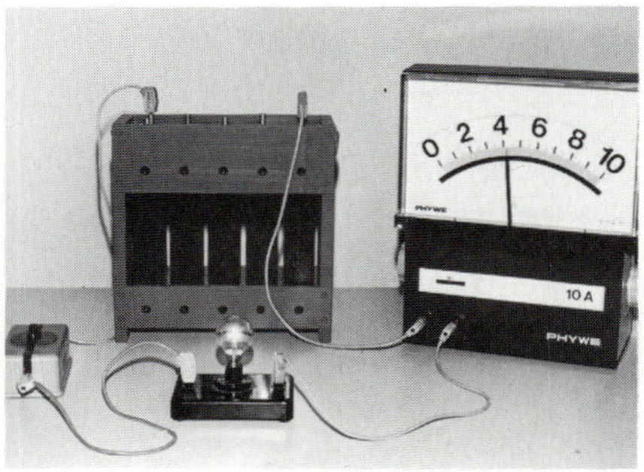

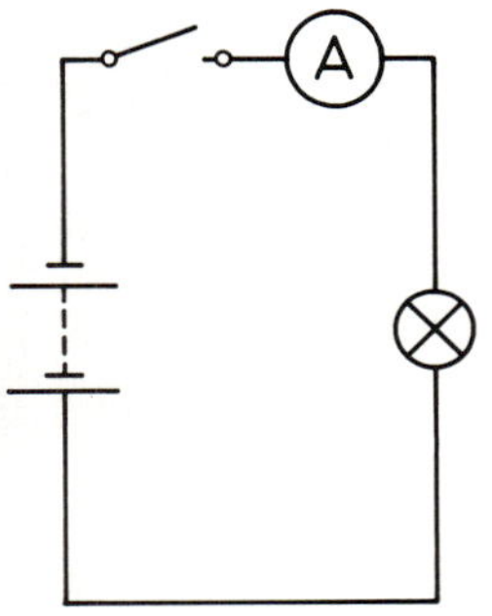

Das Strommeßgerät wird so eingebaut, daß der gesamte Strom durchfließt.

Das Strommeßgerät wird vor oder nach dem Verbraucher in die Leitung eingebaut.

Das Strommeßgerät wird in Reihe zum Verbraucher geschaltet.

Wie Spannung und Strom zusammenhängen

Wer hier etwas reparieren will, muß Fachmann sein, denn nur er kann die defekten Teile erkennen und auswechseln. Ob Kondensatoren oder Widerstände, oft muß dabei auch gerechnet werden.

Der elektrische Widerstand

Jeder Leiter, in dem Strom fließt, setzt dem Strom eine hemmende Kraft entgegen. Sie heißt elektrischer Widerstand.

Die Größe des Widerstandes eines Leiters hängt ab:

1. Leiterwerkstoff – gute Leiter bieten wenig Widerstand
2. Leiterlänge – lange Leitungen haben größeren Widerstand
3. Leiterquerschnitt – Leitungen mit großem Querschnitt haben geringen Widerstand

> Geringen Widerstand bieten kurze Kupferleitungen mit großem Querschnitt.

Das Ohmsche Gesetz

Der deutsche Gymnasiallehrer Georg Simon Ohm (1789–1854) entdeckte den Zusammenhang zwischen Spannung, die an einen Leiter angelegt ist, fließendem Strom und Widerstand des Leiters.
Ihm zu Ehren erhielt der Widerstand die Einheit Ω (Ohm).

Formelzeichen und Einheit

> Das Formelzeichen für den Widerstand ist R.
> Die Einheit für den Widerstand ist Ω (Ohm).

Durch einen einfachen Versuch kann die Entdeckung von Ohm „nachentdeckt“ werden.

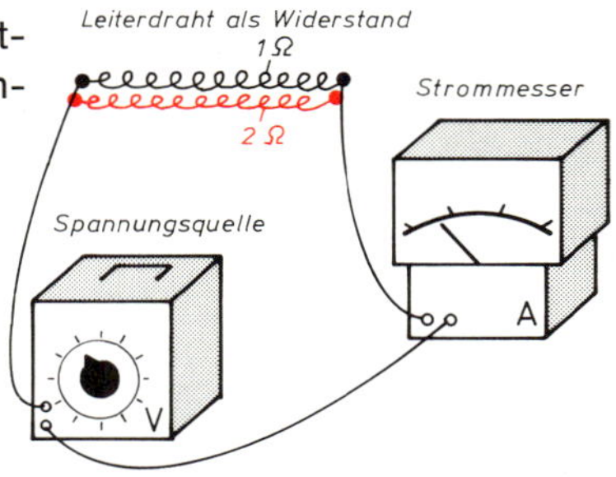

Spannung in V	Widerstand in Ω	Strom in A
1	1	1
2	1	2
4	1	4
1	2	0,5
2	2	1
4	2	2

Bleibt der Widerstand gleich, so gilt:

> Bei doppelter Spannung fließt doppelter Strom.

Wird der Widerstand verdoppelt, so gilt:

> Bei doppeltem Widerstand fließt halb soviel Strom.

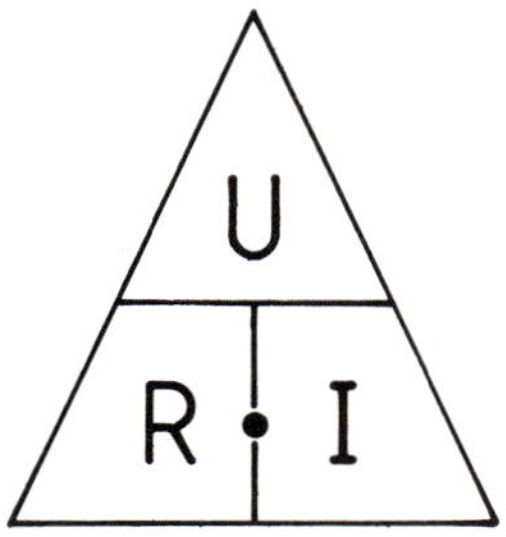

Um die richtige Formel zu finden, muß die gesuchte Größe mit der Fingerspitze abgedeckt werden.

> Der Strom ist um so größer, je größer die Spannung und je kleiner der Widerstand. $\text{Strom} = \frac{\text{Spannung}}{\text{Widerstand}}$ $I = \frac{U}{R}$

Umgeformt gilt: $U = R \cdot I$ und $R = \frac{U}{I}$ damit ist: $1\ \Omega = \frac{1\ \text{V}}{1\ \text{A}}$

Beispiel:

Ein Heizofen ist an 220 V angeschlossen. Es fließen 5,5 A. Wie groß ist der Widerstand des Heizofens?

Lösung:

$R = \frac{U}{I} = \frac{220\ \text{V}}{5{,}5\ \text{A}} = 40\ \frac{\text{V}}{\text{A}} = \underline{\underline{40\ \Omega}}$

Die elektrische Sicherung

Wie oft liest man in der Zeitung, daß durch einen elektrischen Kurzschluß ein Brand entstand.
Was ist eigentlich ein Kurzschluß?
Können ein Gerät, ein Haus gesichert werden?

Ursache

Fließt in einem elektrischen Leiter Strom, so erwärmt sich dieser Leiter. In einer Glühlampe erreicht z. B. die Glühwendel dadurch 2500 °C.
Eine elektrische Leitung darf niemals eine so hohe Temperatur erreichen, sonst kann ein Brand entstehen.

Aufgabe der elektrischen Sicherung

Die in einer Leitung entstehende Temperatur ist um so größer, je größer der fließende Strom ist und je kleiner der Leitungsquerschnitt ist. Wird eine Leitung an einer Stelle beschädigt und ihr Querschnitt dadurch geschwächt, so erwärmt sie sich an dieser Stelle am meisten, besonders dann, wenn ein großer Strom fließt. Hier stellt die geschwächte Leitung die schwächste Stelle im Stromkreis dar, von hier aus kann ein Brand entstehen. Um dies zu verhindern, wird absichtlich eine „Schwachstelle" eingebaut, die **Sicherung.**

Die Sicherung stellt die schwächste Stelle im Leitungsnetz dar.
Bei Überlastung des Stromkreises unterbricht die Sicherung den Stromkreis.

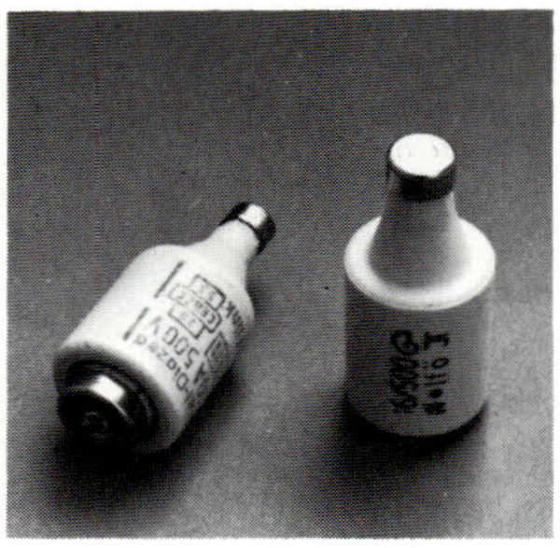

Schmelzsicherung

Bei einer Schmelzsicherung schmilzt ein in Sand eingebetteter Schmelzdraht bei zu hoher Temperatur durch und unterbricht damit den Stromfluß.
Schmelzsicherungen gibt es für verschiedene Nennströme (= Höchstströme). Damit keine falsche Sicherung eingebaut werden kann – und damit die Sicherung eventuell nicht mehr die „Schwachstelle" bildet –, sind Sicherungen mit Farben gekennzeichnet und haben unterschiedliche Durchmesser des Fußkontaktes.
Im Haushalt verwendet man oft Sicherungen mit 16 A Nennstrom, die grau gekennzeichnet sind.

Setze nie falsche Sicherungen ein. Flicke nie eine durchgebrannte Sicherung!

Sicherungsautomat

Eine „durchgebrannte" Schmelzsicherung ist unbrauchbar. Vielfach werden deshalb Sicherungsautomaten verwendet, die nach dem Auslösen wieder eingeschaltet werden können.

Untersuchen Sie vor dem Einsetzen oder Einschalten einer Sicherung stets die Ursache für die Stromunterbrechung.

Kurzschluß

Löst sich in einem elektrischen Gerät eine **Leitung** und **berührt** das **Metallgehäuse,** so kann ein sehr hoher Strom fließen, da kaum ein Widerstand vorhanden ist. Bei diesem **Kurzschluß** muß die Sicherung den Stromkreis in Sekundenbruchteilen unterbrechen.

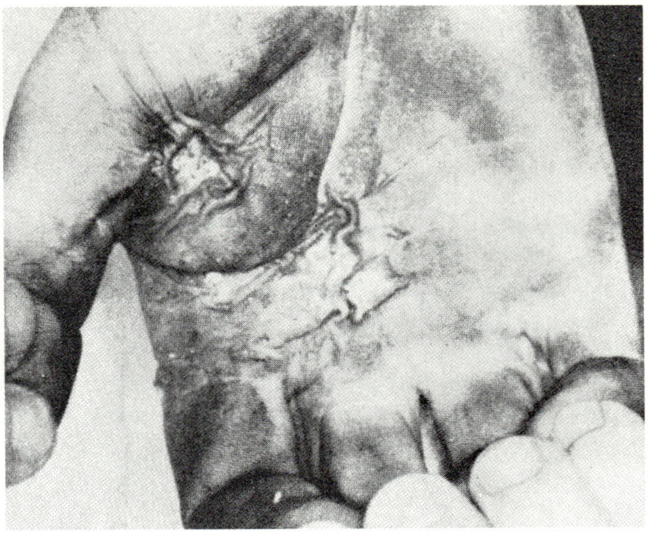

Gefahr erkannt – Gefahr gebannt

Trotz dieser schweren Verletzungen durch elektrischen Strom kann man noch sagen: „Glück gehabt." Wie oft enden Unfälle mit elektrischem Strom tödlich!

Weshalb ist der elektrische Strom so gefährlich?

1. Lebewesen, also auch der Mensch, leiten den elektrischen Strom.
2. Der elektrische Strom ist unsichtbar und fließt geräuschlos. Keiner elektrischen Leitung sieht man es an, ob sie unter Spannung steht. Wenn man es spürt, ist es oft zu spät.

Deshalb:

Vorsicht beim Umgang mit Elektrizität!

Leichtsinn und Gedankenlosigkeit können tödliche Folgen haben!

Wie wirkt der elektrische Strom auf den Menschen?

Ströme ab 0,05 A sind für den Menschen tödlich!
Spannungen über 65 V sind für den Menschen tödlich!

Aber auch bei geringeren Strömen und Spannungen gibt es:
- **äußere Verbrennungen**
- **innere Verbrennungen**
- **Lähmungen**

Deshalb:

Arbeiten an Netzstromleitungen dürfen nur Fachleute ausführen.

Bei Kurzschlüssen und Unglücksfällen: sofort Hauptschalter abschalten oder Netzstecker herausziehen.

Beim Öffnen von Geräten (z. B. für Reparaturen): zuerst Netzstecker herausziehen.

Alle technischen Elektrogeräte müssen mit Schukoanschluß ausgerüstet sein.

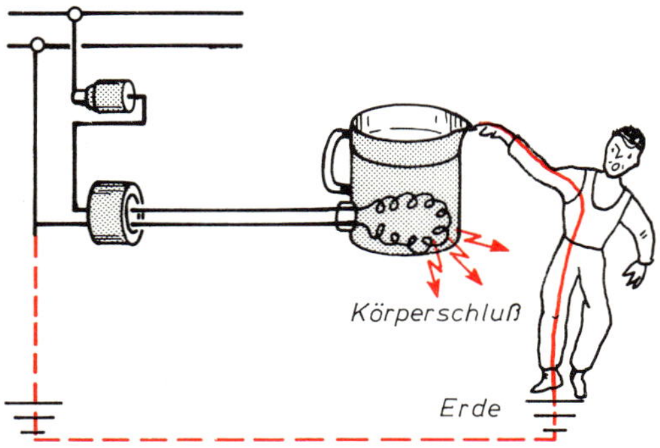

Körperschluß ohne Schutzleitung

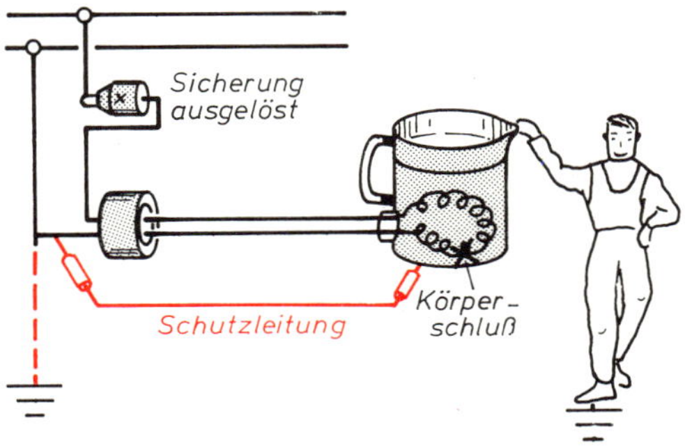

Körperschluß mit Schutzleitung

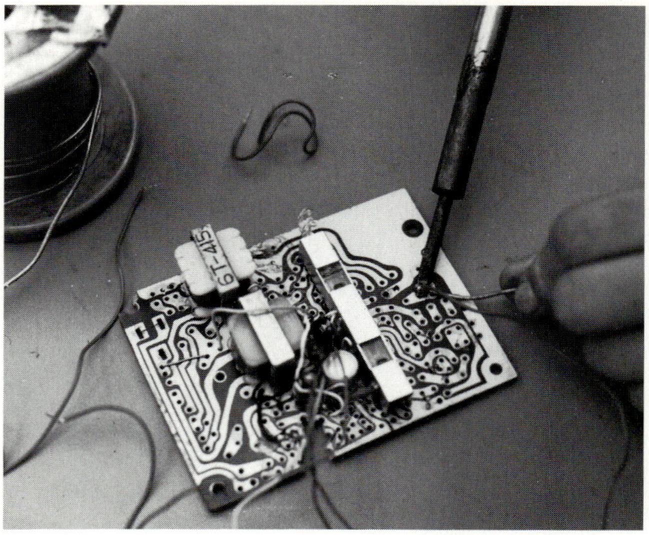

Wärme, die aus der Leitung kommt

Die Wärme entsteht genau an der Stelle, an der sie zum Löten benötigt wird. Die Spitze des Lötkolbens erreicht eine Temperatur von mehreren hundert °C. Wie wird diese hohe Temperatur erzeugt?

Reibung erzeugt Wärme

In jedem Leiter wird der Elektronenfluß durch den Widerstand behindert. Die fließenden Elektronen müssen den Widerstand überwinden. Die dabei auftretende „Reibung" erzeugt im Leiter Wärme, die den Leiter bis zur Weißglut erwärmen und ihn sogar schmelzen kann. Die entstehende Wärme muß deshalb rasch abgeführt werden.

Elektrische Wärme – saubere Wärme

Im Gasherd wird die Wärme durch Verbrennen von Gas, im Ölofen durch Verbrennen von Heizöl, im Kohleofen durch Verbrennen von Holz und Kohle erzeugt. Dabei entstehen Abgase, die für den Menschen wie für die Natur und auch für Gebäude schädlich sind. Bei durch Strom erzeugter Wärme entstehen keine Abgase.

Elektrischer Strom ist umweltfreundlich.

Strom – umweltfreundliche Energie

Wärmeerzeugung in Elektrogeräten

Beim elektrischen **Heizofen** glüht die Heizspirale, nicht jedoch die Leitung. Weshalb?
Der Widerstand der Zuleitung ist gering, die Wärmeerzeugung ebenfalls. Die Heizspirale besteht jedoch aus einem Draht mit hohem Widerstand. Hier entsteht die hohe Wärme, die meist durch einen Ventilator abgeführt wird, damit die Heizspirale nicht durchschmilzt.
Auch der **Tauchsieder** enthält im Innern einen gut isolierten Widerstandsdraht, in dem die Wärme erzeugt wird.
Weshalb muß der Tauchsieder sofort nach dem Herausnehmen aus dem Wasser abgeschaltet werden?

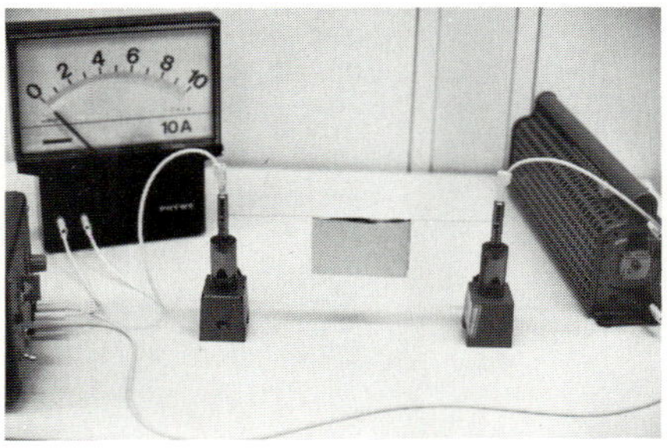

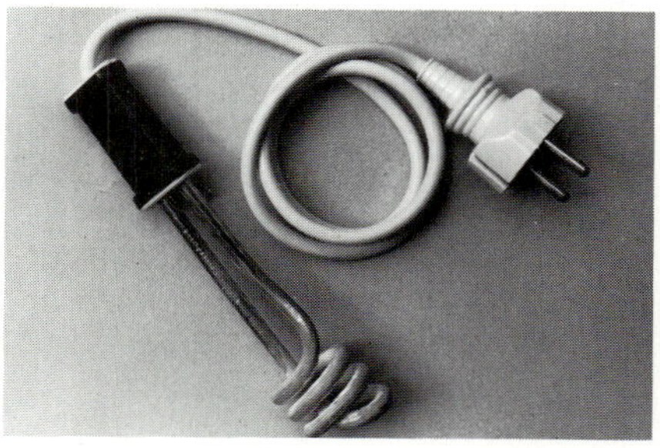

Die elektrische **Kochplatte** enthält eine gut isolierte Heizspirale. Bei den verschiedenen Schaltstufen fließt unterschiedlich großer Strom.

> Je größer der Strom, desto größer die Wärmewirkung.

Die höchste Stufe darf deshalb nur kurzzeitig eingeschaltet werden. Sonst ...?

Lichtwirkung

Die Lichtwirkung der **Glühlampe** ist eine Folge der Wärmewirkung. Der ca. 0,02 mm dünne Wolframfaden ist in sehr viele enge Windungen zusammengerollt. Bei Stromdurchfluß erreicht er Temperaturen über 2500 °C und dabei Weißglut. Der Wolframfaden würde an der Luft bei dieser Temperatur sofort verbrennen. Es fehlt jedoch der zur Verbrennung notwendige Sauerstoff. Der Glaskolben ist entweder luftleer gepumpt oder mit Edelgas gefüllt.
Trotzdem wird die Drahtwendel langsam abgetragen, die Glühlampe erhält innen einen dunklen Belag, und die Glühwendel wird zerstört.

Halogenlampen enthalten im Glaskolben ein Halogen (Brom, Jod), das dies verhindert. Sie haben längere Lebensdauer und gleichbleibende Lichtausbeute. Diese Lampen sind wesentlich teurer als herkömmliche Glühlampen. Sie werden in Autoscheinwerfern oder bei Projektoren eingesetzt.

Das „kalte" Licht der **Leuchtstoffröhren** rührt nicht von der Wärmewirkung her. Bestimmte Gase (z. B. Neon) leuchten bei Stromdurchgang auf. Dabei wird wesentlich weniger Wärme erzeugt als in Glühlampen.

> Leuchtstofflampen sind sparsam im Stromverbrauch.

◄ Halogenscheinwerfer

Leuchtstofflampen ►

Fragen:

1. *Die Drahtwendel einer Projektorlampe bricht in heißem Zustand sehr schnell bei Erschütterungen. Folge?*
2. *Weshalb darf bei einem elektrischen Heizgerät die Heizspirale nicht aus Kupfer hergestellt sein?*
3. *Die Kochplatte wird eingeschaltet, es wird jedoch der Topf vergessen. Folge? Folge bei einem modernen Elektroherd mit Thermostaten?*

Unsichtbare Kräfte

Elektromotoren sind aus unserer technischen Welt nicht mehr wegzudenken.

Aber wie kann elektrischer Strom in einem Motor eine Drehbewegung erzeugen?

Dauermagnete

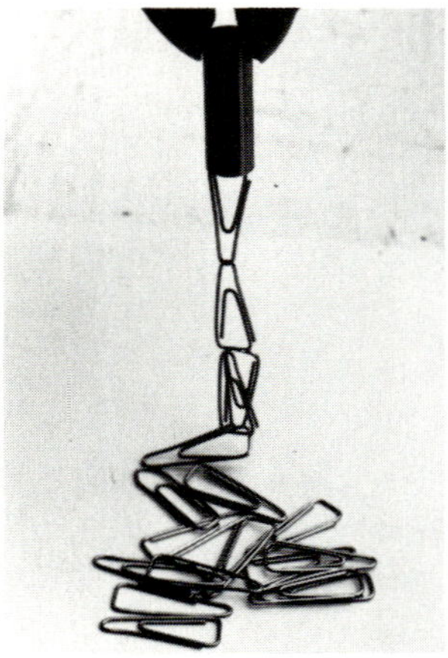

Eisen, Eisenverbindungen und Nickel werden von Magneten angezogen und dabei meist für kurze Zeit selbst magnetisch.
Die stärkste Magnetwirkung geht von den Enden (Polen) aus. Bringt man zwei Magnetpole zusammen, so kann man feststellen, daß sie sich entweder anziehen oder abstoßen.

Stabmagnet mit Reißnägeln

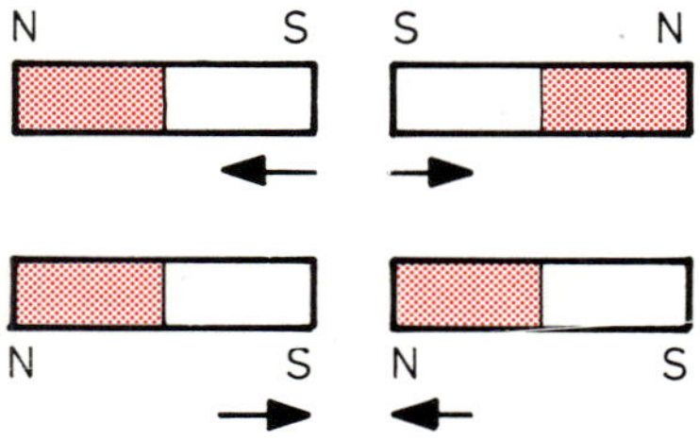

> Jeder Magnet hat einen Nord- und einen Südpol.
> Ungleichnamige Pole ziehen sich an, gleichnamige stoßen sich ab.

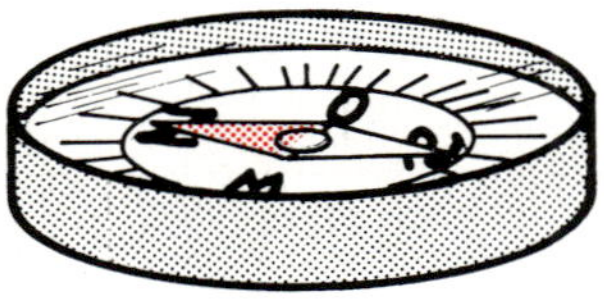

Auch die Erde hat ein Magnetfeld, das mit einer Kompaßnadel erkennbar gemacht werden kann. Die eine Spitze der Kompaßnadel zeigt nach Norden, die andere nach Süden.

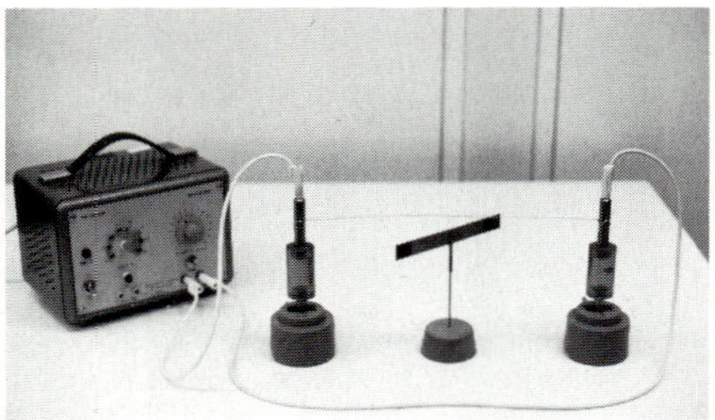

Wird eine Kompaßnadel in die Nähe eines stromdurchflossenen Leiters gebracht, so wird die Kompaßnadel abgelenkt.

> Jeder stromdurchflossene Leiter ist von einem Magnetfeld umgeben.

Elektromagnet

Wird ein isolierter Draht zu einer Spule gewickelt, so baut sich bei Stromfluß in der Spule ein starkes Magnetfeld auf. Durch einen Eisenkern kann die magnetische Wirkung noch verstärkt werden.

> Eine Spule mit einem Eisenkern ergibt einen Elektromagneten, der nur bei Stromdurchfluß eine magnetische Kraft ausübt.

Elektromagneten findet man in der Türklingel, im Türöffner, Telefon, Lautsprecher oder bei Hubmagneten.

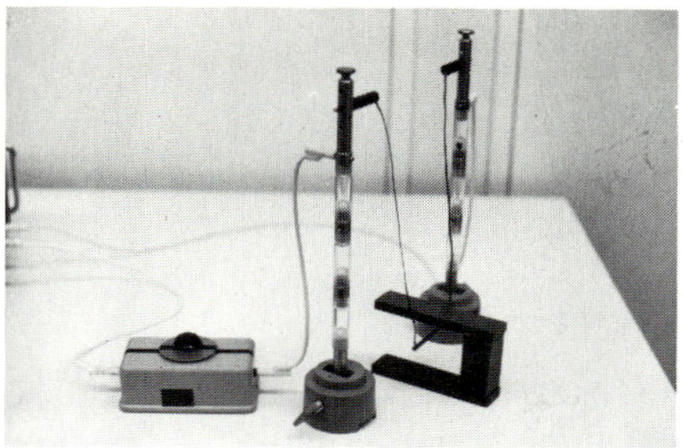

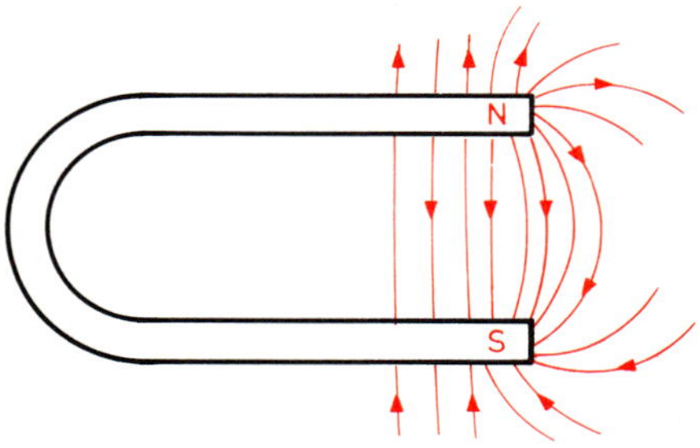

Magnetfeld eines Hufeisenmagneten

Dauermagnet und Elektromagnet wirken gemeinsam

Dauermagnete besitzen ein Dauermagnetfeld.
Fließt durch einen Draht Strom, so bildet sich um diesen Draht ein Magnetfeld.
Was geschieht nun, wenn diese beiden Magnetfelder zusammenkommen? Ein einfacher Versuch kann diese Frage beantworten. Der Versuchsaufbau ist auf nebenstehendem Foto abgebildet.

Ein hufeisenförmiger Dauermagnet bildet das Dauermagnetfeld.
An einem Stativ wird ein Kupferdraht befestigt, der wie eine Schaukel aufgehängt ist.
Wird Strom eingeschaltet, so bildet sich um diesen Kupferdraht ein Magnetfeld im Dauermagnetfeld des Hufeisenmagneten. Die Folge?

Sofort nach dem Einschalten des Stromes kann man beobachten, daß (je nach Stromrichtung) die Schaukel in den Hufeisenmagneten hineingezogen oder aus ihm herausgestoßen wird.

Kommen Dauermagnetfeld und Magnetfeld eines Elektromagneten zusammen, so entsteht eine magnetische Kraft. Durch diese magnetische Kraft werden der Dauermagnet oder der Elektromagnet oder beide bewegt.

> Dauermagnetfeld und Elektromagnetfeld verursachen zusammen eine Bewegung.

Gleichstrommotor

Es wird eine stromdurchflossene Leiterschleife in ein Dauermagnetfeld gebracht. Die Leiterschleife ist so geformt, daß sie durch die magnetischen Kräfte gedreht wird. Der einfachste Gleichstrommotor ist konstruiert.

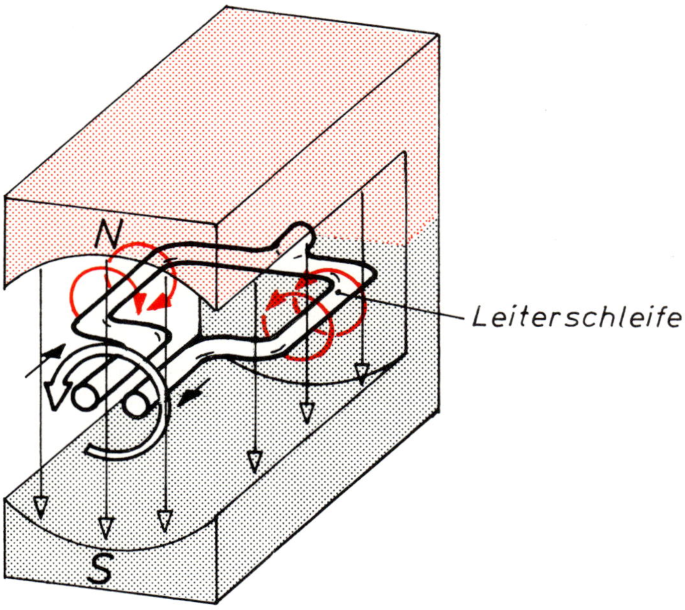

Für die, die noch mehr wissen wollen

Drehstrom- oder besser **Drehfeldmotoren** haben keinen Dauermagneten, sondern Spulen. Sie werden an das Dreiphasen-Wechselstromnetz angeschlossen. Die Ströme in den kreisförmig angeordneten Spulen werden umlaufend stärker und schwächer. Dadurch wird ein umlaufendes magnetisches Drehfeld erzeugt, als wenn ein Dauermagnet im Kreise um den stromdurchflossenen Leiter gedreht werden würde.

Am Ende steht die Stromrechnung

Was kostet eigentlich der elektrische Strom?

Elektrische Leistung

Auf Glühlampen sind Aufdrucke wie z. B.: 25 W, 40 W, 100 W zu finden. Dies sind Angaben über die Leistung der Glühlampen. Je größer die Zahl, desto heller leuchtet die eingeschaltete Lampe, desto größer ist ihre Leistung.

Es bedeutet: 25 W = 25 Watt

> 1 Watt ist die Leistung, wenn bei der Spannung 1 Volt ein Strom von 1 Ampere fließt.

Formelzeichen und Einheit

Leistung = Spannung · Strom

$$P = U \cdot I$$

Watt = Volt · Ampere

W = V · A

1000 W = 1 kW (Kilowatt)

Beispiel:
Ein Heizofen wird an die Spannung 220 V angeschlossen. Es fließt ein Strom von 5 A. Wie groß ist die Leistung des Ofens?

Lösung:
$P = U \cdot I = 220\,\text{V} \cdot 5\,\text{A} = 1100\,\text{VA}$
$= 1100\,\text{W} = \underline{\underline{1{,}1\,\text{kW}}}$

Einige Leistungsangaben:

Scheinwerferlämpchen	15 W	Staubsauger	650 W
Glühlampe	75 W	Heizofen	1000 W
Tauchsieder	200 W	Nachtspeicherofen	6 kW

Elektrische Arbeit

Wird ein elektrisches Gerät eingeschaltet, so beginnt sich die flache Scheibe des Stromzählers zu drehen. Werden weitere Geräte zugeschaltet, so dreht sich die Scheibe schneller. Das Zählwerk zeigt die dem Stromnetz entnommene elektrische Energie an.

> Energie = Arbeit

Die Höhe der elektrischen Arbeit hängt von der Leistung der eingeschalteten Geräte und der Einschaltdauer ab.

Arbeit = Leistung · Zeit

$$W = P \cdot t$$

Beispiel:
Ein Backofen mit einer Leistung von 1 kW wird für eine Stunde eingeschaltet. Wie groß ist die verbrauchte elektrische Arbeit?

Lösung:
$W = P \cdot t$
$= 1\,\text{kW} \cdot 1\,\text{h}$
$= \underline{\underline{1\,\text{kWh}}}$

> Elektrische Arbeit wird in Ws (Wattsekunden) oder kWh (Kilowattstunden) angegeben.

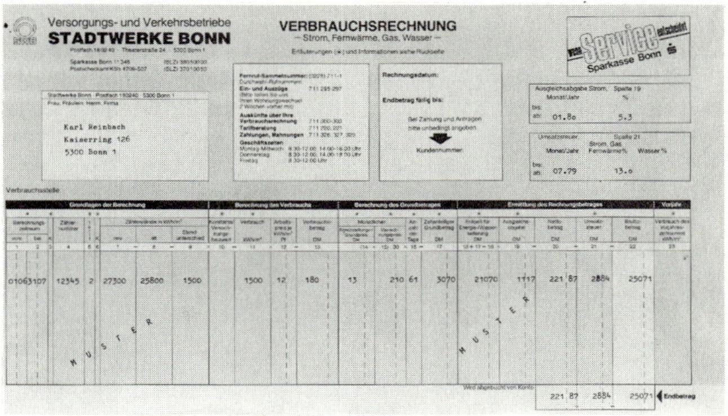
Versorgungs- und Verkehrsbetriebe
STADTWERKE BONN
VERBRAUCHSRECHNUNG
– Strom, Fernwärme, Gas, Wasser –
Karl Reinbach
Kaiserring 126
5300 Bonn 1

Stromkosten

Die Elektrizitätsgesellschaft stellt einen monatlichen Grundpreis und den Stromverbrauch in Rechnung. Der monatliche Grundpreis ist immer zu zahlen, auch wenn kein Strom verbraucht wurde (z. B. im Urlaub).
Um den Stromverbrauch – die verbrauchte elektrische Arbeit – festzustellen, wird der Stromzähler regelmäßig abgelesen. Die verbrauchten Kilowattstunden werden mit dem Arbeitspreis (Tarif) multipliziert.

Stromverbrauchskosten = verbrauchte elektrische Arbeit · Arbeitspreis (Tarif)

$$K = W \cdot T$$

Beispiel
Ein Wäschetrockner hat eine Leistung von 2,32 kW. Zum Trocknen von 4 kg Wäsche benötigt er 2 Stunden. Der Arbeitspreis beträgt 17,8 Pf/kWh. Wie teuer ist ein Trockenvorgang?

Lösung:
$K = W \cdot T$
$= 2{,}32\ \text{kW} \cdot 2\ \text{h} \cdot 17{,}8\ \text{Pf/kWh}$
$= 82{,}50\ \text{Pf} = 0{,}83\ \text{DM}$

AUFGABEN UND FRAGEN ZUR ELEKTROTECHNIK

a) Zeichnen Sie einen Stromkreis mit einem Schalter, Verbraucher, Spannungs- und Strommesser.

b) *Welche Folge hat es, wenn die Rückleitung des Stromkreises mit der Erde* (z. B. Wasserleitung) *in Berührung kommt?*

c) *Weshalb dürfen Spielzeuge nur mit geringer Spannung betrieben werden?*

d) *Weshalb darf man in der Badewanne nie elektrische Geräte* (wie z. B. einen Haarfön) *benützen?*

e) Bei einer Filmlampe fließt bei einer Spannung von 220 V ein Strom von 4,5 A. *Wie groß ist der Widerstand R der Filmlampe?*

f) Nennen Sie Formelzeichen und Einheit für Spannung, Strom, Widerstand, elektrische Leistung und elektrische Arbeit.

g) Bei einer Maschine mit Metallgehäuse löst sich die stromführende Leitung und berührt das Gehäuse.
Welche Folgen können eintreten, wenn das Gehäuse geerdet ist und wenn das Gehäuse nicht geerdet ist?

h) Eine 1000-W-Filmlampe ist an die Spannung 220 V angeschlossen.
Welcher Strom fließt?

i) Eine Handbohrmaschine hat eine Leistung von 350 W bei einer Spannung von 220 V.
Welcher Strom fließt? Welchen Widerstand hat die Bohrmaschine?

k) In einer Werkstatt brennen 12 Lampen mit je 100 W täglich 9 Stunden.
Wie hoch sind die Stromkosten in einer 5-Tage-Woche, wenn 1 kWh 18,5 Pf kostet?

l) Auf dem Flughafen stellt Pfiff fest, daß er zu Hause vergessen hat, die Flurbeleuchtung mit 120 W auszuschalten. Er fährt für 14 Tage in Urlaub.
Lohnt sich eine Taxifahrt nach Hause und zurück von 21,80 DM, um die Beleuchtung auszuschalten? 1 kWh kostet 19,4 Pf.

m) Folgende Geräte sind an die Spannung 220 V angeschlossen und mit einer 25-A-Sicherung abgesichert:
6 Glühlampen zu je 100 W
1 Heizofen mit 1500 W
1 Backofen mit 1,2 kW
1 Waschmaschine mit 3,2 kW.
Reicht die Sicherung von 25 A aus, wenn alle Geräte gleichzeitig eingeschaltet sind?

NATURKUNDE / CHEMIE

Vom Bau der Materie

Das Atomium in Brüssel war das Wahrzeichen der Weltausstellung 1958 in Brüssel. Mit solchen Modellen versucht man, sich vom Aufbau der Materie ein Bild zu machen.
Will man die kleinsten Teilchen z. B. eines Eisenstückes finden, so muß man die beim Teilen entstehenden Bruchstücke immer weiter teilen. Zuletzt stößt man auf Teilchen, die sich nicht weiter teilen lassen. Diese „unteilbaren" Teilchen nennt man Eisenatome. Aus einer Vielzahl von ihnen sind alle Eisenstücke aufgebaut.
Heute wissen die Wissenschaftler jedoch, daß der Aufbau der Materie noch viel komplizierter ist. Deshalb die Frage:

Atom – unteilbarer Stoff?

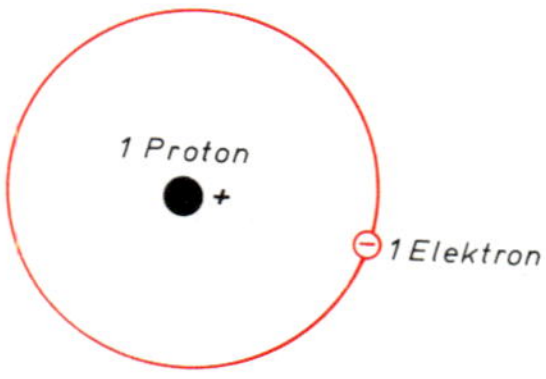

Wasserstoffatom

Das Wort Atom kommt aus dem Griechischen und bedeutet unteilbar. 1913 entwarf der dänische Physiker Niels Bohr ein Modell vom Aufbau der Atome, das heute noch verwendet werden kann.
Nach Niels Bohr besteht jedes Atom aus einem Kern und einer oder mehreren Schalen um diesen Kern.

Der Atomkern besteht aus **Protonen** (elektrisch positiv geladen) und **Neutronen** (elektrisch neutral). Um diesen Kern bewegen sich **Elektronen** (elektrisch negativ geladene Teilchen) auf den Schalen. Die Zahl der Protonen und Elektronen ist jeweils einander gleich.

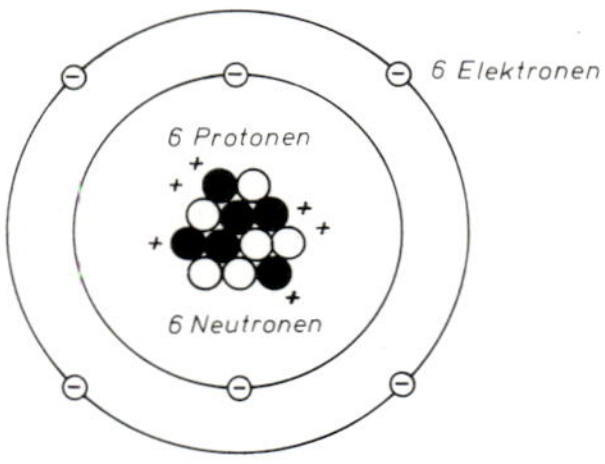

Kohlenstoffatom

Den Chemiker interessiert der Atomaufbau kaum, denn die einzelnen Atome können mit chemischen Mitteln nicht weiter zerlegt werden.

Besteht ein Stoff nur aus einer Art von Atomen, so nennt man ihn **Grundstoff** oder **Element.**

Grundstoffe lassen sich chemisch nicht mehr zerlegen.

Man kennt heute ca. 100 Grundstoffe.

Die wichtigsten Grundstoffe und ihre Abkürzungen:

Aluminium	Al	Kupfer	Cu	Schwefel	S
Blei	Pb	Magnesium	Mg	Silber	Ag
Chrom	Cr	Nickel	Ni	Stickstoff	N
Eisen	Fe	Phosphor	P	Wasserstoff	H
Gold	Au	Quecksilber	Hg	Zink	Zn
Kohlenstoff	C	Sauerstoff	O	Zinn	Sn

Die Atome sind winzig klein. Man müßte etwa 1 Million Wasserstoffatome aneinanderlegen, dann hätte man eine Strecke von 1 mm. Fast die ganze Masse eines Atoms ist im Atomkern vereinigt. Die Elektronen haben dagegen fast keine Masse. Auch der Raum im Atom ist fast leer. Stellt man sich den Atomkern als Murmel mit 2,5 cm Durchmesser vor, so würden die Elektronen in der Größe eines Stecknadelkopfes in ca. 1 km Entfernung den Kern umkreisen.
Für viele andere Stoffe gibt es auch Abkürzungen, z. B. St für Stahl oder Ms für Messing. Es handelt sich bei diesen Stoffen jedoch nicht um Grundstoffe. Wie solche Stoffe zusammengesetzt sind, folgt auf den nächsten Seiten.

Chemische Vorgänge

In der chemischen Industrie werden Düngemittel, Farben und viele andere wichtige Stoffe, wie z. B. Arzneimittel, hergestellt. Dabei handelt es sich meist um chemische Vorgänge. Oft sind diese mit Lärm, Hitze und stinkenden Abgasen verbunden.
Was sind chemische Vorgänge?

Stoffe werden gemischt – Stoffe verbinden sich

Mischt man gelben Schwefel mit grauem Eisenpulver in einer Porzellanschale, so entsteht eine gelb-graue Mischung. Mit Hilfe eines Magneten kann man die Mischung wieder in ihre Bestandteile zerlegen.

> Ein Gemenge oder Mischung hat die Eigenschaften der einzelnen Bestandteile und kann mit einfachen physikalischen Mitteln wieder getrennt werden.

Schwefel und Eisen werden in einer Porzellanschale in einem Mischungsverhältnis 4 Teile Schwefel zu 7 Teilen Eisen gemischt und anschließend erhitzt. Dabei kann man beobachten, daß das Gemisch selbständig durchglüht. Nach dem Erkalten ist eine harte, schwarze Masse entstanden. Sie wird vom Magneten nicht mehr angezogen.
Aus Schwefel und Eisen ist ein neuer Stoff entstanden, der neue Eigenschaften hat.

> Bei einer chemischen Verbindung entsteht ein neuer Stoff mit neuen Eigenschaften.

Die kleinsten Teilchen einer chemischen Verbindung sind die Verbindungen von mindestens zwei Atomen.

> Die kleinsten Teilchen einer chemischen Verbindung nennt man Moleküle.

Lösungen

Gibt man Zucker in Wasser, so ist der Zucker nach kurzer Zeit nicht mehr sichtbar – er ist gelöst, es ist Zuckerwasser entstanden.

> Ist ein Stoff in einer Flüssigkeit (Lösungsmittel) so fein verteilt, daß er nur noch als Einzelmoleküle vorhanden ist, so spricht man von einer Lösung.

Bei Lösungen können gasförmige, flüssige und feste Stoffe in Lösungsmitteln gelöst sein.
Bei Mineralwasser ist Kohlensäure (Gas) in Wasser gelöst.
Beim Grog ist Rum (Flüssigkeit) in Wasser gelöst.
In „hartem" Wasser ist Kalk (fester Stoff) in Wasser gelöst.

Chemische Reaktionen

Sehr selten findet man heute noch eine Schmiedeesse, in der Stahl zum Schmieden erwärmt wird.
Durch das Verbrennen der Schmiedekohle ist es leicht möglich, Temperaturen von 800–900 °C zu erreichen.

Kohlenstoff verbrennt

Schmiedekohle ist fast reiner Kohlenstoff. Verbindet er sich mit dem Sauerstoff der Luft (ca. 21 % der Luft), so wird eine große Wärmemenge frei.

Der Chemiker beschreibt dies so:

$$C + O_2 \longrightarrow CO_2$$

(O_2 bedeutet, daß zwei Atome Sauerstoff zu einem Molekül verbunden sind.)

Die Wasserstoff-Füllung des Zeppelins verbrennt zu Wasser (Brandkatastrophe vom 6. 5. 1937 in Lakehurst, USA)

Aus den beiden Stoffen Kohlenstoff und Sauerstoff wird durch diesen Vorgang ein neuer Stoff – Kohlendioxid. Kohlendioxid ist ein farbloses, geruchloses Gas, das schwerer ist als Luft. Es entsteht bei Verbrennungs- und Gärungsvorgängen.

> Werden zwei Stoffe zu einem neuen Stoff vereinigt, so nennt der Chemiker dies Synthese (Zusammenfügung).

Stoffe werden zerlegt

Oft ist es weit schwieriger, die durch Synthese entstandenen chemischen Verbindungen wieder in ihre Grundstoffe zu zerlegen. Meist wird dazu Wärme als Energie benötigt. So z. B., wenn Quecksilberoxid in Quecksilber und Sauerstoff zerlegt wird.

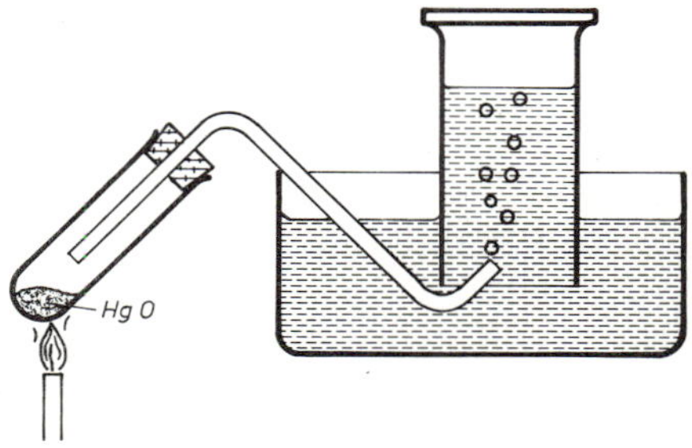

$$2\,HgO \xrightarrow{\text{Wärme}} 2\,Hg + O_2$$

> Wird eine chemische Verbindung in ihre Elemente zerlegt, so nennt der Chemiker dies Analyse (Zerlegung).

Geschieht die Analyse mit Hilfe von elektrischem Strom, so spricht der Chemiker von **Elektrolyse.**
Durch die Elektrolyse von Wasser im Hofmannschen Apparat kann man deutlich erkennen, daß doppelt soviel Wasserstoff entsteht wie Sauerstoff.

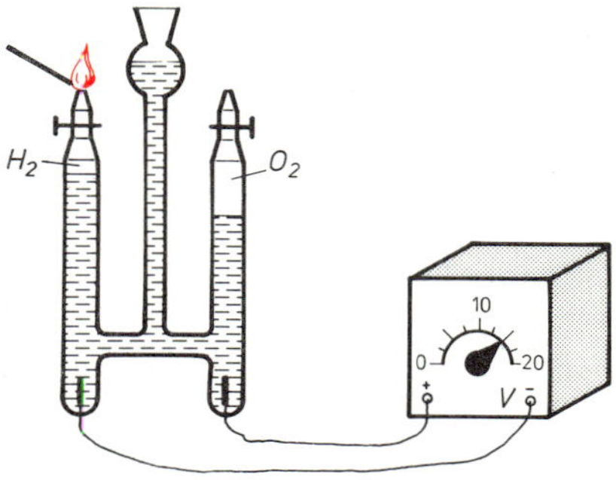

$$2\,H_2O \xrightarrow{\text{elektr. Strom}} 2\,H_2 + O_2$$

Durch Analysen kann der Chemiker die Bestandteile von Stoffen ermitteln.

Säuren, Laugen, Salze

Richtig schmackhaft ist der Salat erst, wenn er mit Essig, Öl und Gewürzen angerichtet ist.
Auch die Brezeln schmecken nur, wenn sie mit Lauge (deshalb Laugenbrezeln) überzogen sind.

Säuren

Gerichte, Früchte und Getränke, die sauer schmecken, enthalten Säuren, so Sauerkraut, Zitronen, Mineralwasser, Rhabarber usw. Dabei handelt es sich meist um stark verdünnte Säuren, wie Zitronensäure, Essigsäure, Kohlensäure.

Wichtige Säuren in der Technik sind:

Salzsäure (HCl)	wird im Haushalt verdünnt zum Auflösen von Kalkablagerungen benötigt
Schwefelsäure (H_2SO_4)	ist in der Autobatterie vorhanden
Kohlensäure (H_2CO_3)	entsteht bei der Verbindung von CO_2-haltigen Abgasen mit Wasser und zerstört Metalle.

1. Säuren greifen Metalle an (deshalb nie in Metallgefäßen aufbewahren).
2. Säuren greifen organische Stoffe an (auch den Menschen).
3. Beim Arbeiten mit Säuren Schutzhandschuhe und Kunststoffschürze tragen.
4. Beim Verdünnen von Säuren stets Säure ins Wasser gießen, nie umgekehrt.

Laugen

Schmutzige, fette Hände reinigt man mit Seife und Wasser (Seifenlauge). Die Wäsche wäscht man in Waschlauge. Alte Farbe wird mit Abbeizmitteln abgebeizt (abgelaugt).
Die Anwendungsgebiete der Laugen sind vielfältig, aber

VORSICHT

1. Laugen ätzen die Haut,
2. zerstören Stoffe,
3. zerstören Farbanstriche,
4. töten Krankheitskeime,
5. lösen Fette und Öle.

Die wichtigsten Laugen sind:

Natronlauge ($NaOH$)
Kalilauge (KOH)
Kalkwasser ($Ca(OH)_2$)

Wasch- und Putzmittel enthalten Laugen

Salze

Werden Laugen und Säuren im richtigen Verhältnis gemischt, so heben sie sich gegenseitig in ihrer Wirkung auf, sie **neutralisieren** sich.

HCl	+	$NaOH$	$\longrightarrow$	$NaCl$	+	H_2O
Salzsäure		Natronlauge		Kochsalz		Wasser
H_2SO_4	+	$Ca(OH)_2$	$\longrightarrow$	$CaSo_4$	+	$2\ H_2O$
Schwefelsäure		Kalkwasser		Calciumsulfat		Wasser

Salze können auch auf andere Weise hergestellt werden.
Salze, z. B. Salpeter, Phosphat und Kali, sind wichtige Düngemittel.

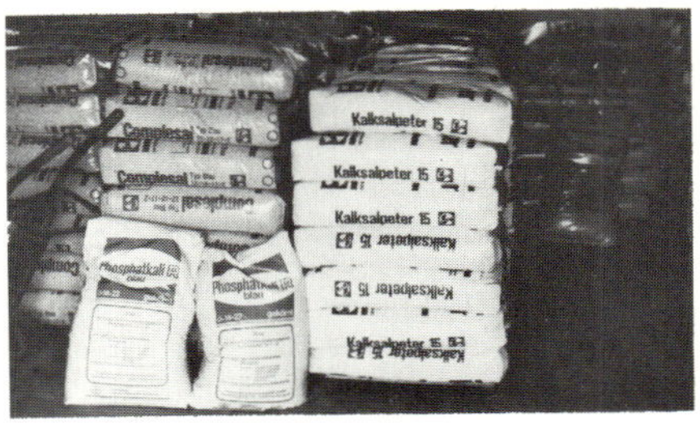

Vom Rost und vom Rosten

Durch Rost werden jährlich Maschinenteile, Fahrzeuge und Bauwerke aus Eisen (bzw. Stahl) im Wert von vielen Millionen DM zerstört.

Was ist Rost, wie entsteht er?
Wie kann Rost verhindert werden?

Sauerstoff und Oxidation

Eisen kann mit dem Sauerstoff der Luft eine chemische Verbindung eingehen. Es entsteht dabei ein neuer Stoff – der **Rost.**

ROST ist eine chemische Verbindung von EISEN und SAUERSTOFF.

Auch andere Stoffe können mit Sauerstoff Verbindungen bilden.
Beispiele sind: Aluminium (Metall); Schwefel (Nichtmetall).

Bildet ein Stoff mit SAUERSTOFF eine Verbindung, so nennt man den Vorgang OXIDATION.
Bei der Oxidation entsteht ein neuer Stoff – das OXID.

Rosten bedeutet also Oxidation von Eisen. Rost ist ein Eisenoxid.

Wodurch das Rosten verstärkt wird

Die Bildung von Rost wird durch Feuchtigkeit, Auto-, Haus- und Industrieabgase verstärkt. Der Rost bildet keine dichte Schicht auf der Oberfläche der Eisenteile. Sauerstoff und Feuchtigkeit können immer tiefer in das Bauteil eindringen. Die Sicherheit von Bauteilen wird so durch Rost zerstört.

Maschinenteile, Fahrzeuge und Bauwerke aus Eisen (bzw. Stahl) müssen vor Rost dauerhaft geschützt werden.

Was beim Eisen gefürchtet ist, die Oxidation, ist beim Aluminium gerade erwünscht. Bei der Oxidation von Aluminium entsteht Aluminiumoxid. Das Aluminiumoxid bildet eine feste und dichte Haut auf der Aluminiumoberfläche. Das darunterliegende Aluminium ist gut geschützt.

Einige Metalle oxidieren gar nicht, sie werden darum auch Edelmetalle genannt: Platin, Gold, Silber.

Die Oberflächen von Metallen können aber nicht nur durch den Sauerstoff der Luft angegriffen werden. Einige Verunreinigungen der Luft oder das im Winter verwendete Streusalz können zusammen mit Luftfeuchtigkeit oder Regen ätzende Säuren oder Laugen bilden. Diese greifen einige Metalle, besonders Eisen, an.

Diesen Vorgang nennt man Korrosion.

Wie Eisen vor dem Rosten geschützt werden kann

Zur Erinnerung:
Einige Metalle können an der Luft oxidieren.

Aluminium bildet durch Oxidation eine natürliche Schutzhaut aus Aluminiumoxid. Das unter der Schutzhaut liegende Aluminium ist geschützt.

Eisen bildet bei der Oxidation dagegen keine natürliche Schutzhaut. Die Oxidation (Rostbildung) kann Eisenteile vollständig zerstören.

Wie kann das Rosten verhindert werden?

Eisenteile, die **nicht** mit Sauerstoff in Berührung kommen, oxidieren (rosten) **nicht.**

Die Bildung von Rost kann dauerhaft verhindert werden, wenn die Eisenteile durch eine dichte Schutzhaut gegen Sauerstoff und Feuchtigkeit geschützt sind.

Vorbehandlung

Bevor Eisenteile mit einer Schutzhaut überzogen werden, müssen alle Spuren von Rost, Feuchtigkeit und Schmutz beseitigt werden.
Dies erfolgt durch: Entrosten mit Drahtbürste, Schleifen und Sandstrahlen oder durch „chemische Entroster",
Entfetten, Abbeizen.

Wenn diese Vorbehandlung der Eisenteile nicht sehr sorgfältig ausgeführt wird, kann sich der Rost unter der Schutzhaut weiter durch das Eisen fressen. Aller Aufwand für Schutzmaßnahmen war dann völlig umsonst.

Schutzhaut (Überzüge)

nichtmetallische Überzüge:

1. säurefreie Fette und Öle für den Schutz von Eisenteilen im Materiallager einer Werkstatt
2. Öl- und Rostschutzfarben für den Schutz von Großbauwerken wie Brücken, Schiffen usw.
3. Emailleglasuren für den Schutz von Töpfen und Badewannen
4. Kunststoffüberzüge für den Schutz von Rohren

Die nichtmetallischen Überzüge werden häufig durch Streichen, Spritzen oder Tauchen aufgebracht.

metallische Überzüge:

bestehen aus Metallen, die nicht oder nur wenig oxidieren.
Beispiele sind Platin, Gold, Silber, Chrom, Nickel, Kupfer, Messing, Zink, Zinn.

Verfahren:
galvanisch (elektrisch/chemisch)
– Chromteile an Fahrzeugen
Tauchen im Schmelzbad
– feuerverzinktes Eisenblech
Plattieren (warm gewalzt)
– Beispiel: 10-Pf-Stück, Messing auf Eisenkern plattiert.

Wasser – eine lebensnotwendige Flüssigkeit

Mehr als die Hälfte der Erde ist mit Wasser bedeckt. Sauberes Wasser ist aber heute schon zu einer Mangelware geworden.

Ohne Wasser kein Leben

Pflanzen bestehen bis zu 95%, der menschliche Körper besteht zu ca. 65% aus Wasser.
Der menschliche Körper benötigt das Wasser als Transportmittel für Nähr- und Abfallstoffe und als Lösungsmittel für viele weitere Stoffe.

Täglich benötigt der menschliche Körper 2,5 bis 3,5 Liter Wasser.

Eine Meldung aus der Tagespresse:
„Mehr als 100 Japaner starben. Sie haben vorher Wasser aus einem Fluß getrunken, in den mit Quecksilber verunreinigte Abwässer eingeleitet wurden."

Jeder kann und **muß** seinen Beitrag zur Reinhaltung des Wassers leisten.

Der Wasserkreislauf

Große Mengen Meerwasser verdunsten durch Sonnenwärme und steigen als Wasserdampf in die Höhe. In den kälteren Höhen bilden sich Wolken, die vom Wind über Land und Meer getrieben werden. Die Wolken können das verdunstete Meerwasser als Niederschlag in Form von Regen, Schnee und Hagel wieder abgeben. Im Erdboden versickert es und kommt als Oberflächenwasser in Quellen zutage. Durch undurchlässige Schichten, z. B. aus Ton, bilden sich unterirdische stehende Gewässer und langsam fließende Flüsse, das Grundwasser. Durch die Filterwirkung des Bodens ist das Grundwasser meist sauber und keimfrei.

Wasserhärte

Wasser, das in den Boden eindringt, löst dort Kalk und Gips.

Hartes Wasser enthält viel gelösten Kalk.

Aus hartem Wasser scheidet sich Kalk- oder Kesselstein aus. Dieser ist als weiße Ablagerung in Kesseln und Wasserleitungen zu finden.

Hartes Wasser hat eine geringere Lösungsfähigkeit. Man benötigt mehr Seife, Waschmittel und Energie.

Wasserbedarf

Pro Kopf der Bevölkerung der Bundesrepublik Deutschland rechnet man mit einem **Wasserverbrauch von ca. 130 Liter pro Tag.**
Oft reicht das vorhandene Grundwasser nicht aus. Es muß dann auf das Oberflächenwasser zurückgegriffen werden. Stark verunreinigtes Wasser wirft bei der Aufbereitung große Probleme auf, denn die Selbstreinigungskraft des Wassers reicht oft nicht mehr aus.

Verunreinigte Gewässer sind eine Gefahr für Pflanzen, Tiere und Menschen.

Wasserverunreinigungen

In Grundwasser, Oberflächenwasser und Meerwasser können sich Salze, Schadstoffe und Verunreinigungen befinden, die bei Genuß im Trinkwasser zu schweren Schädigungen und zum Tode führen können.
Neben Reinigungsmitteln, Düngemitteln und Pflanzenschutzmitteln treten auch Metalle, wie Blei, Cadmium und Quecksilber, und Chemikalien, wie Nitrite, Cyanide und Arsen, sowie Benzin und Mineralöl auf.

Beispiel: Langlebige Schädlingsbekämpfungsmittel (die inzwischen in der Bundesrepublik verboten sind) gelangen unabgebaut ins Meer. Dort werden sie von den Meerestieren aufgenommen und führen zu genetischen (die Vererbung betreffend) Veränderungen. Schließlich werden sie nach dem Verzehr der Fische im menschlichen Fettgewebe gespeichert.

Physikalische Klärung

Hier erfolgt die Grobreinigung des Wassers von mitgeführten Schwimm- und Sinkstoffen durch Rechen und Filter. Holz, Kunststoffe u. a. sowie Sand werden zurückgehalten. Die letzte Stufe der mechanischen Reinigung ist das Schlammabsetzbecken.

Biologische Klärung

Die im Wasser enthaltenen organischen Stoffe werden auf biologischem Wege unschädlich gemacht. Durch Zusatz von bestimmten Bakterien und Luftzufuhr werden die organischen Stoffe zerstört und setzen sich als Schlamm ab. Dieser Schlamm kann getrocknet als Dünger verwendet werden.

Chemische Klärung

Die im Wasser gelösten Stoffe und Bakterien werden durch chemische Prozesse in wasserunlösliche Verbindungen umgewandelt. Diese setzen sich dann ab bzw. werden ausgefiltert.
Besondere Probleme bilden die schwer abbaubaren Industrieabwässer mit ihren Salzen, Schwermetallverbindungen und der mitgeführten Abwärme.
Das in den drei Stufen geklärte Abwasser kann dem Fluß zugeleitet werden. Oft wird es wieder als Brauchwasser entnommen.

Abwasser sollte **nie ungeklärt** in Oberflächengewässer eingeleitet werden.
Verunreinigungen durch **Mineralöl** ist **vorzubeugen.**
Verwende **keine Überdosen** von **Wasch- und Spülmittel.**
Verwende **Dünge- und Pflanzenschutzmittel nicht im Übermaß.**

Werkstoffe in der Technik - Werkstoffeinteilung

Eine Vielzahl von Werkstoffen wird zu Werkstücken und Gebrauchsgegenständen verarbeitet.

Jeder, der diese Werkstoffe bearbeitet, muß Bescheid wissen über:

Herkunft und Herstellung,
Bezeichnungen oder Normen,
wichtigste Verarbeitungs- und Gebrauchseigenschaften,
Kosten und Haltbarkeit
der verschiedenen Werkstoffe.

An einem Auto findet man unter anderem folgende Werkstoffe:

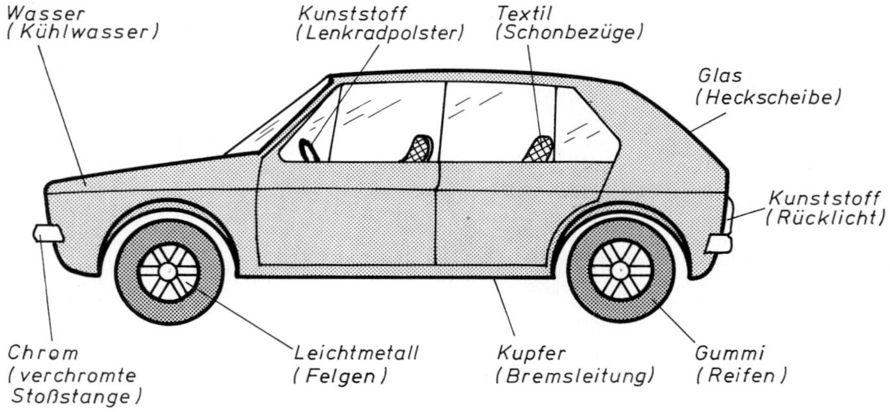

Die Vielzahl der Werkstoffe läßt sich nach unterschiedlichen Gesichtspunkten einteilen.

Einteilung nach der Art:	Metalle und Nichtmetalle
nach der Dichte:	Leicht- und Schwermetalle
nach der Herkunft:	natürliche und künstliche Stoffe
nach dem Zustand:	feste Stoffe, Flüssigkeiten, Gase

Einige Berufe haben ihre typischen Werkstoffe

Holzmechaniker	Holz
Schmied	Stahl und Eisen
Klempner	Stahl-, Kupfer-, Messingrohre
Elektroinstallateur	Kupfer und Kunststoffe
Maurer	Steine und Zement

Ordnen Sie folgende Werkstoffe den Berufen zu

Bronze	Schauwerbegestalter
Farbe	Gießereimechaniker
Papier	Maler
Krepp-Papier	Sekretärin
Stahl	Technischer Zeichner
Tusche	Werkzeugmechaniker

Aufgabe

Ordnen Sie die Werkstoffe folgender Teile den verschiedenen Werkstoffgruppen zu!

Schneiderschere	Riemen zum Antrieb einer Nähmaschine
Glühlampe	Dichtung bei hohen Temperaturen
Reserve-Benzinkanister	Zeitungspapier
Kameragehäuse	Autolack
Lot zum Weichlöten	

WICHTIGE WERKSTOFFE IN DER TECHNIK

Metalle

Leichtmetalle

Aluminium
Magnesium

Schwermetalle

Nichteisen – Schwermetalle

Edelmetalle
Kupfer
Blei
Zinn
Zink

Eisenmetalle

Stahl
Gußeisen
Temperguß

Nichtmetalle

natürliche Stoffe

Holz
Glas
Porzellan
Zement
Gummi
Asbest
Salze

künstliche Stoffe

PVC
Bakelit
Plexiglas
Kunstharzlack
Schaumstoff

Aluminium und Aluminiumlegierungen sind leicht und fest

Schwermetalle sind korrosionsbeständig

Stahl hat hohe Festigkeit

Holz ist unübertroffen in seiner zeitlosen, natürlichen Schönheit

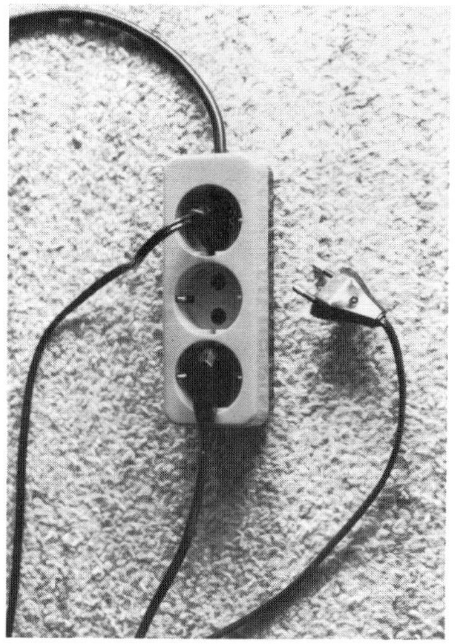

Kunststoffe isolieren gegen elektrischen Strom

Grundeigenschaften der Werkstoffe

Man schwebt über dem Abgrund.
Was kann schon geschehen?
Das Seil wird auch uns noch halten!

Werkstoffe, die solchen hohen Belastungen standhalten sollen, müssen sorgfältig ausgewählt und genau geprüft werden.

Festigkeit

Das Drahtseil kann die Kabinen nur dann tragen und ziehen, wenn es in sich sehr fest ist. Der Werkstoff benötigt hohe Festigkeit.

Festigkeit ist der innere Widerstand eines Werkstoffes gegen Trennung oder Verformung durch äußere Beanspruchung.

Je nach Beanspruchung eines Bauteiles muß es unterschiedliche Festigkeit aufweisen.

Das Abschleppseil wird auf **Zug** beansprucht (Zugfestigkeit).

Die Säulen werden auf **Druck** beansprucht (Druckfestigkeit).

Das Brett wird auf **Biegung** beansprucht (Biegefestigkeit).

Der Stift, der Pedale mit der Nabe verbindet, wird auf **Scherung** beansprucht (Scherfestigkeit).

Werkstoffe mit hoher Festigkeit: Stahl, Perlon, Legierungen von Aluminium und Kupfer, bestimmte Kunststoffe, wie Resitex oder glasfaserverstärkte Kunststoffe.

Härte

Der Stein läßt sich nur dann gut bearbeiten, wenn der Meißel scharf bleibt. Der Meißelwerkstoff muß härter sein als der Stein.

> Härte ist der Widerstand eines Werkstoffes gegen das Eindringen eines anderen Körpers.

Werkstoffe mit hoher Härte: Diamant, Glas, Schmirgel, gehärteter Stahl.

Der Wiener Prof. **Mohs** (1773–1839) hat eine **Härteskala** aufgestellt, indem er untersuchte, welches Gestein von welchem geritzt wird.

Er hat die Härte in zehn Grade eingeteilt:

1. Talk	4. Flußspat	7. Quarz	10. Diamant
2. Gips, Steinsalz	5. Apatit	8. Topas	
3. Kalkspat	6. Feldspat	9. Korund	

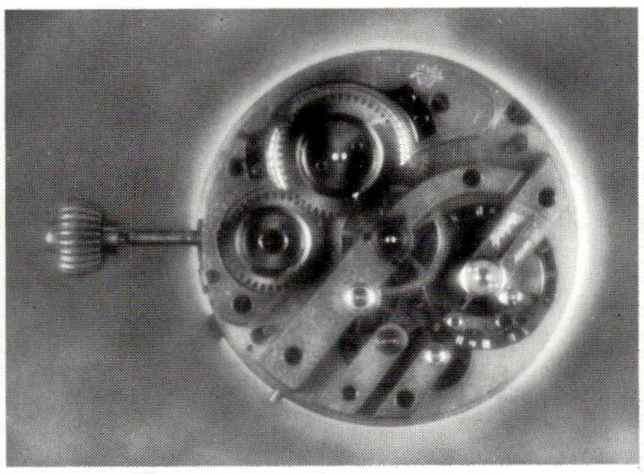

Elastizität

Wenn ein Werkstück belastet wird, kann es seine Form ändern. Beispiel: Eine Uhrfeder wird gespannt. Wenn die Belastung entfernt wird, können elastische Werkstoffe wieder dieselbe Form annehmen. Beispiel: Die Uhrfeder entspannt sich.

> Elastizität ist die Eigenschaft, nach Entlastung die ursprüngliche Form wieder anzunehmen.

Werkstücke mit hoher Elastizität: Gummi, bestimmte Kunststoffe, Federstahl.

Zähigkeit

Rostbraten kann zäh wie Leder sein.

> Zähigkeit hat ein Werkstoff, der fest und dehnbar ist.

Werkstoffe mit hoher Zähigkeit: Leder, bestimmte Stahlsorten.

Weitere wichtige Werkstoffeigenschaften sind:

Sprödigkeit – wenn ein Werkstoff fest ist und sehr geringe Dehnung besitzt, z. B. Glas
Wärmeleitfähigkeit
Elektrische Leitfähigkeit (siehe Seite 119)
Magnetische Eigenschaften (siehe Seite 128)
Schmelztemperatur (siehe Seite 114)
Dichte (siehe Seite 100)

Fragen:
Welche Eigenschaften muß ein Werkstoff haben, der sich gut eignet für: Hammer, Brückenpfeiler, Glasschneider, Gehäuse einer elektrischen Küchenmaschine, Treibriemen, Rahmen für ein Rennfahrrad?
Freileitungen zur Übertragung hoher elektrischer Energie sind oft innen mit einem Stahlkern versehen. Begründung!

Vom Rohstoff zum Werkstoff – am Beispiel des Stahls

Ein sehr wichtiger und vielseitiger Werkstoff ist der Stahl. Durch andere Metalle oder Kunststoffe kann er nur in wenigen Fällen ersetzt werden. Die Bundesrepublik Deutschland muß ca. 80 % des Rohstoffes zur Stahlherstellung einführen. Der Wiederverwendung des Stahlschrotts kommt deshalb eine immer größere Bedeutung zu.

Am Anfang steht das Eisenerz

Eisen kommt in der Natur nicht rein vor, sondern nur in chemischen Verbindungen (Erze), häufig in Gestein eingeschlossen. Die chemischen Verbindungen sind meist Verbindungen des Eisens mit Sauerstoff als Fe_3O_4 (Magneteisenstein), Fe_2O_3 (Roteisenstein) und $FeCO_3$ (Spateisenstein). Die Bundesrepublik erhält den Großteil der Erze aus Schweden, Norwegen, Frankreich, Westafrika und Amerika. Sie werden mit Erzfrachtern angeliefert. Die Eisen- und Stahlwerke sind deshalb meist an Rhein und Ruhr, nahe an Schiffahrtswegen und der heimischen Kohle.

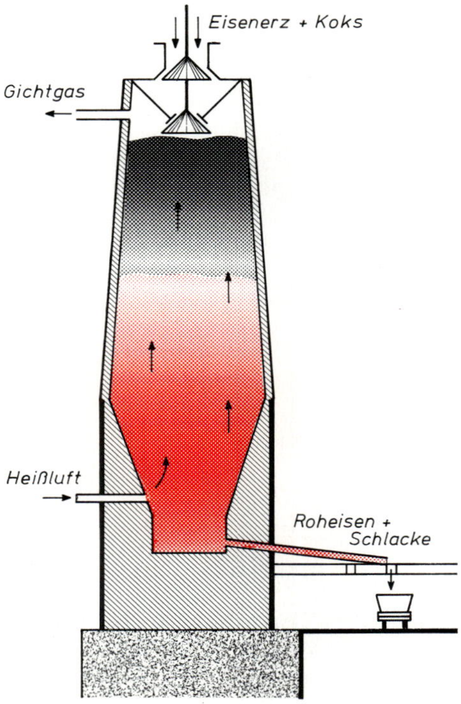

stark vereinfachte Darstellung eines Hochofens

Der Hochofen – eine chemische Fabrik

In bis zu 80 m hohen Öfen – den Hochöfen – werden die Erze aus dem Gestein herausgeschmolzen. Das Gestein schmilzt ebenfalls.
Heizmaterial ist Koks. Es werden im Hochofen Temperaturen bis ca. 1600 °C erreicht. Dazu wird warme Luft (Heißwind mit 800–1200 °C) von der Seite her eingeblasen.
Der im Koks enthaltene Kohlenstoff entzieht den Eisenoxiden den Sauerstoff. Es entsteht Eisen.
Bei 1200–1400 °C schmilzt das Eisen und die auf dem Eisen schwimmende Schlacke. Alle 3–4 Stunden erfolgt der Abstich von Schlacke und Eisen über getrennte Abstichöffnungen. Das so gewonnene **Roheisen** dient als Rohstoff für die Stahlherstellung.

Roheisen

enthält noch Beimengungen (Eisenbegleiter) von Silicium, Schwefel, Phosphor, Mangan und aus dem Koks aufgenommenen Kohlenstoff.

Roheisen ist sehr spröde und muß noch weiterverarbeitet werden.

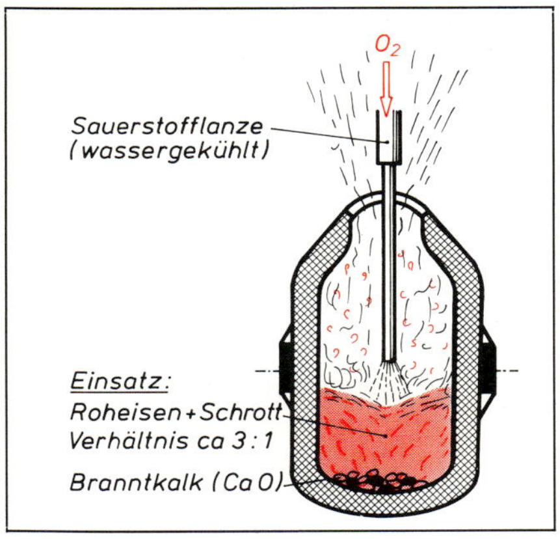

LD-Konverter bis 300 t Inhalt

Vom Roheisen zum Stahl

Bei der Herstellung des Stahls aus Roheisen müssen die Eisenbegleiter entfernt werden. Dazu gibt es mehrere Verfahren. Bei allen Verfahren werden die Eisenbegleiter, jedoch nicht das Eisen, verbrannt.

Eines dieser Verfahren soll hier beschrieben werden.

Beim **LD-**(Linz-Donawitz-)**Verfahren** wird auf das flüssige Roheisen mit einer Lanze reiner Sauerstoff aufgeblasen. Dadurch verbrennen die Eisenbegleiter sehr rasch, und es entstehen Temperaturen bis 2000 °C.

Zur Abkühlung wird Schrott beigegeben.

Der Kohlenstoffanteil darf nicht vollständig verbrennen, z.T. muß Kohlenstoff in Form von Spateisenstein zugegeben werden.

Das Erzeugnis ist hochwertiger Stahl.

Stahl hat einen Kohlenstoffgehalt von 0,05 bis 1,75 %.

Stahl wird geformt

Der flüssige Stahl aus dem Konverter wird in Formen (Kokillen) gegossen und langsam abgekühlt.
Durch Walzen wird er in hellrot glühendem Zustand zu Blechen, Formstählen, Rohren und Drähten geformt.

Formeisenwalzwerk

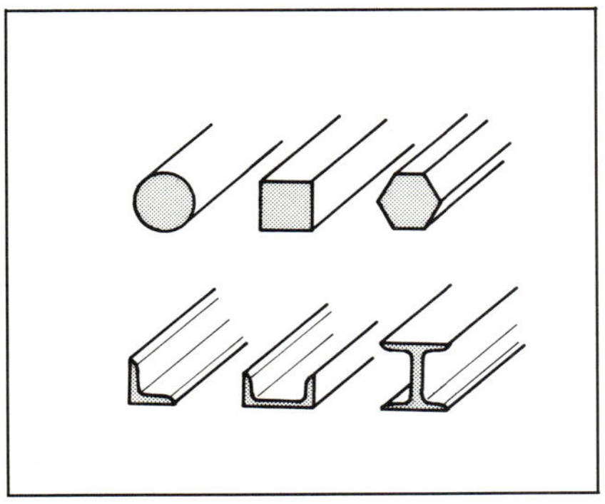

Walzstahlprofile

Stahlarten

Man unterscheidet

Baustahl mit 0,05–0,5 % Kohlenstoff.
Er ist gut verformbar, schmied- und schweißbar und hat hohe Festigkeit.

Werkzeugstahl mit über 0,5 % Kohlenstoff.
Er hat hohe Festigkeit, jedoch geringere Dehnbarkeit und ist härtbar.

Legierter Stahl mit Beimengungen anderer Metalle in geschmolzenem Zustand (z.B. Chrom, Wolfram, Vanadium, Nickel, Kobalt, Molybdän). Bei Stahl können dadurch viele weitere Eigenschaften verbessert werden. Stahl ist deshalb so vielfältig einsetzbar.
Folgende Eigenschaften des Stahls können durch Legieren verbessert werden: höhere Festigkeit, höhere Härte, Korrosionsbeständigkeit, Warmfestigkeit, Verschleißfestigkeit, geringere Wärmedehnung und magnetische Eigenschaften.

NATURKUNDE / BIOLOGIE

1. Bau und Funktion des menschlichen Körpers

Der Mensch – eine komplizierte Maschine?

Der menschliche Körper und seine Wirkungsweise

Im menschlichen Körper laufen vielfältige Vorgänge ab.
Was wissen Sie über Ihren Körper?

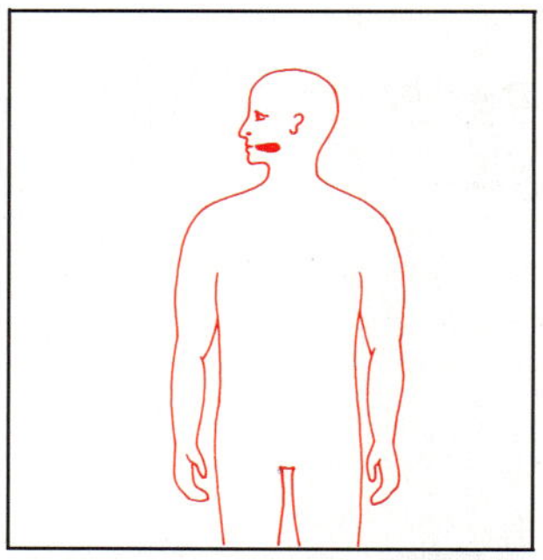

Der Mensch nimmt seine Umwelt wahr

Er sieht, hört, riecht, schmeckt, fühlt.
Seine **Sinnesorgane** (Augen, Ohren, Nase, Zunge und Haut) ermöglichen dies.

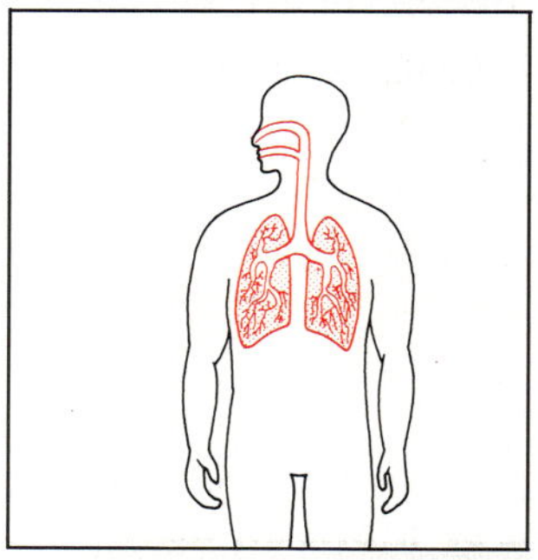

Der Mensch atmet

Er atmet die umgebende Luft mit dem lebenswichtigen Sauerstoff ein.
In der **Lunge** wird Sauerstoff vom Körper aufgenommen.
Kohlendioxid wird abgegeben und ausgeatmet.

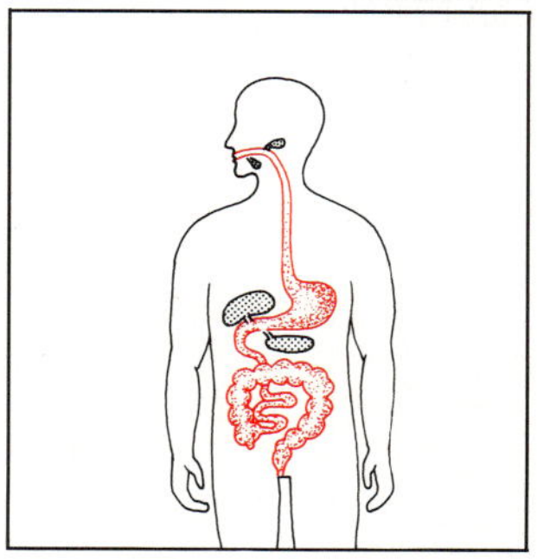

Der Mensch ißt und trinkt

Der Speisebrei wird in den **Verdauungsorganen** verdaut.
Die verwertbaren Anteile werden vom Blut aufgenommen.
Ein Teil der aufgenommenen Stoffe wird in der **Leber** umgebaut. Die nicht verwertbaren Anteile werden als Kot ausgeschieden.

Der Mensch scheidet Harn aus

In den **Nieren** werden dem Blut überflüssiges Wasser und Abfallstoffe entzogen. Diese werden als Harn ausgeschieden.

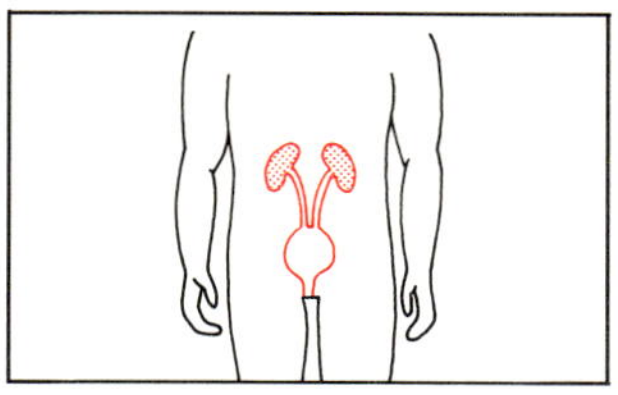

Der Mensch blutet, wenn er sich verletzt

Blutgefäße durchziehen den menschlichen Körper. Das **Herz** pumpt das Blut in alle Teile des Körpers. Das **Blut** transportiert die lebensnotwendigen Stoffe in alle Zellen. Es nimmt die nicht mehr gebrauchten Stoffe wieder mit.

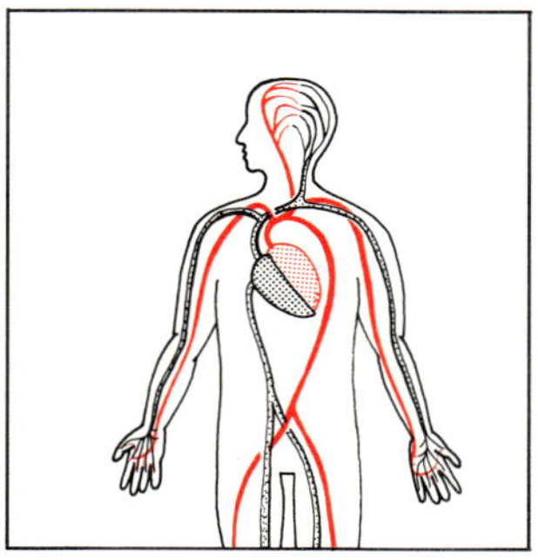

Der Mensch kann sich bewegen

Die **Knochen** geben ihm genügend Standfähigkeit.

Die **Muskeln** ermöglichen die Bewegung.

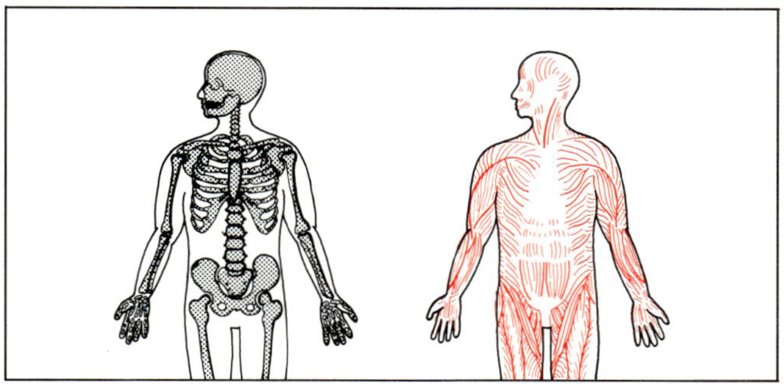

Der Mensch kann sich fortpflanzen

Er hat spezielle weibliche oder männliche **Geschlechtsorgane.**

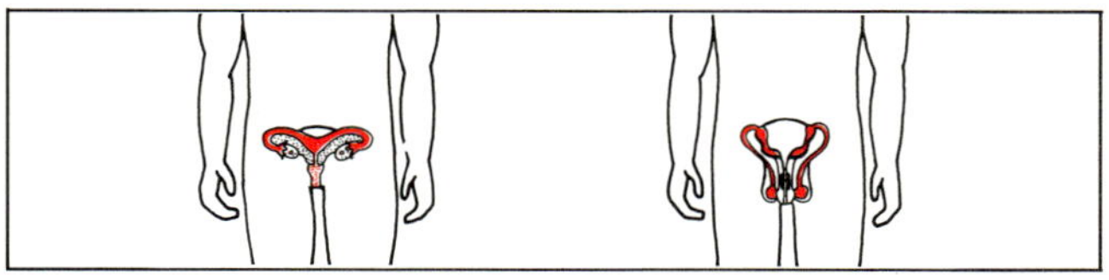

Hormone regulieren die inneren Tätigkeiten des Körpers

Verschiedene **Hormondrüsen,** wie Schilddrüse, Bauchspeicheldrüse, Hirnanhangdrüse, Nebennieren und Keimdrüsen produzieren Hormone. Sie gelangen durch das Blut in alle Bereiche des Körpers.

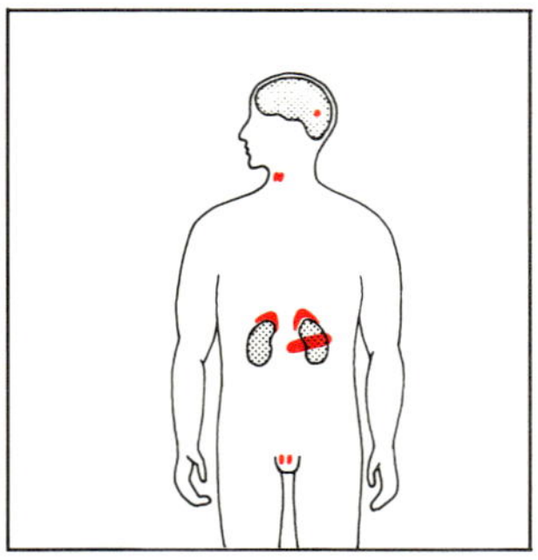

Der Mensch kann denken,

seine Gefühle ausdrücken und Schmerzen empfinden. **Nerven** durchziehen den Körper. Sie leiten Reize zum **Gehirn.** Das Gehirn gibt dem Menschen die Möglichkeit, freie Entscheidungen zu treffen.

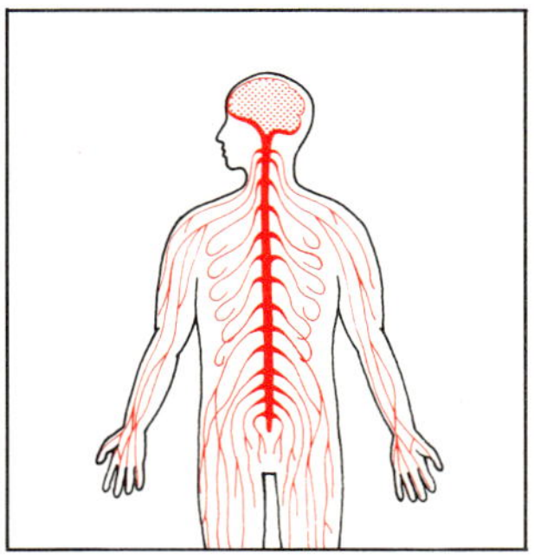

Erst das ungestörte Zusammenwirken aller Organe ermöglicht ein gesundes Leben. Treten Störungen auf, wird der Mensch krank.

ZUSAMMENFASSUNG:

Wichtige Organe des Körpers:

Gehirn

Sinnesorgane

Lunge

Herz

Magen

Darm

Leber

Nieren

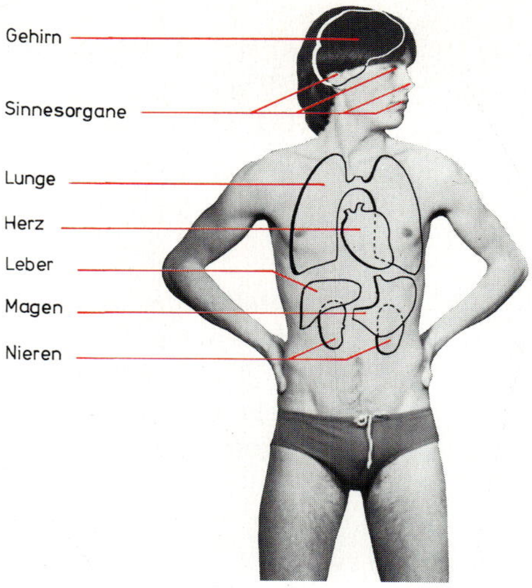

Alle Organe erfüllen bestimmte Aufgaben im Körper. Sie arbeiten „Hand in Hand". Dabei entstehen verschiedene übergeordnete Systeme (Gefüge).

Das **Gehirn** ist ein Organ des **Nervensystems.** Es arbeitet als Steuerzentrale.

Die **Sinnesorgane** sind Organe des **Wahrnehmungssystems.** Sie liefern ein Bild der Umwelt.

Die **Lunge** ist ein Organ des **Atmungssystems.** Sie ermöglicht den Gasaustausch.

Das **Herz** ist ein Organ des **Herz-Kreislaufsystems.** Es wirkt als Pumpe.

Der **Magen** und der **Darm** sind Organe des **Verdauungssystems.** In ihnen finden Verdauungsvorgänge statt.

Die **Leber** ist ein Organ des **Verdauungssystems.**

Sie ist eine „chemische Fabrik". Sie erfüllt vielfältige Aufgaben:
Sie bildet eine Vielzahl von Stoffen, z. B. Galle.
Sie entgiftet schädliche Stoffe.
Sie hilft beim Umbau und Abbau der Nährstoffe.
Sie speichert Nährstoffe.

Die beiden **Nieren** sind Organe des **Harnsystems.**

Sie filtern Abfallstoffe und überschüssiges Wasser aus dem Blut heraus.

Aufgaben

1. *Sehen Sie sich ein Modell eines menschlichen Körpers an. Suchen Sie die oben angesprochenen Organe.*
2. *Wo liegen die genannten Organe in Ihrem Körper? Zeigen Sie die entsprechenden Stellen.*
3. *Vielleicht zeigt Ihnen Ihr Lehrer Teile tierischer Organe. Sehen und fühlen Sie die Unterschiede zwischen den einzelnen Organen. Der unterschiedliche Aufbau deutet auf die verschiedenen Aufgaben hin.*
4. *Sehen Sie sich nochmals das Bild des arbeitenden Menschen von S. 146 an. Welche Vorgänge im menschlichen Körper ermöglichen das Arbeiten?*

Sehen – Riechen – Schmecken – Fühlen – Hören

Die 5 Sinne

Sie essen einen Apfel!

Mit welchen Sinnen nimmt man einen Apfel beim Essen wahr?

Sehen

Die Augen nehmen die Lichtstrahlen wahr.

Wie bei einem Fotoapparat wird das Licht durch eine **Linse** gebündelt. Im hinteren Auge entsteht eine verkleinerte, umgekehrte Abbildung. An dieser Stelle ist beim Fotoapparat der Film eingelegt. Im Auge befinden sich hier **Sinneszellen.** Sie erfassen die einfallenden Lichtreize. Sie geben die Signale über den Sehnerv an das Gehirn weiter. Das Gehirn wertet das Gesehene aus.

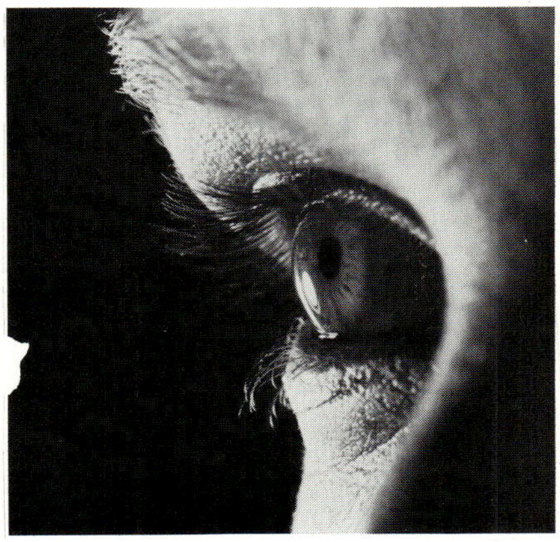

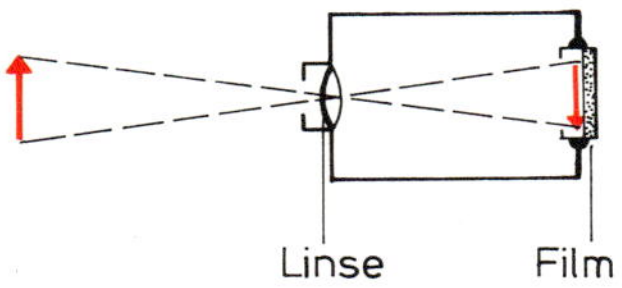

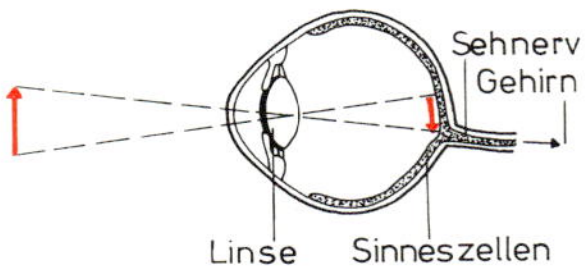

Bei der Arbeit sind die Augen zu schützen. Entsteht grelles Licht, kommt es zu Funkenflug, sind andere Gefahren für die Augen zu erwarten, ist unbedingt eine **Schutzbrille** zu tragen (z. B. beim Schweißen).

Riechen

Die Nase nimmt die Geruchstoffe wahr.

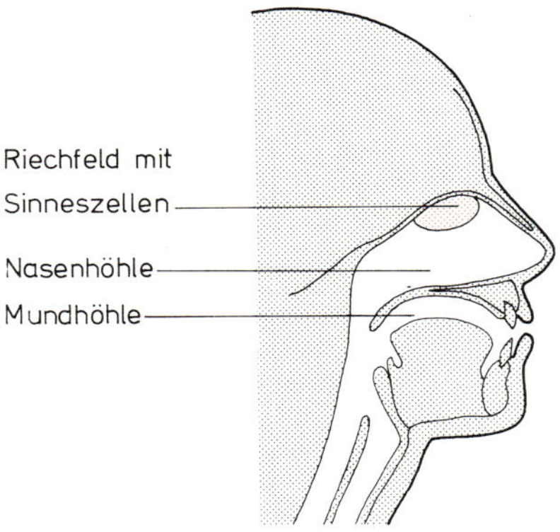

Im oberen Teil der Nasenhöhle ist das **Riechfeld.** Die Geruchstoffe regen die **Sinneszellen** an. Diese leiten die Signale über den Geruchsnerv zum Gehirn. Das Gehirn wertet das Wahrgenommene aus.

Entsteht bei der Arbeit giftiger Staub oder Dampf, wie beim Spritzlackieren, muß unbedingt eine **Atemmaske** getragen werden.

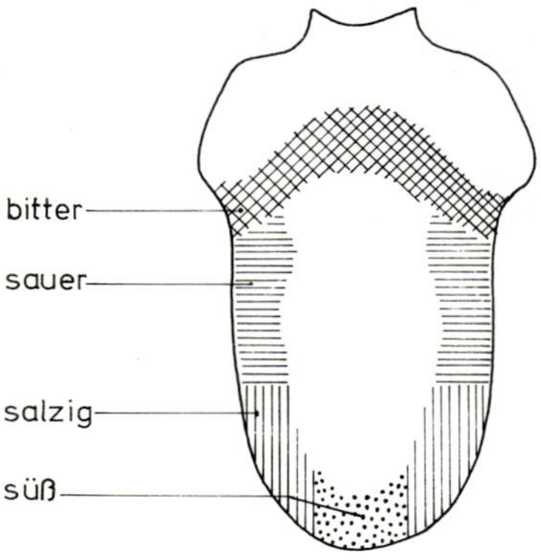

Zunge mit Geschmackszonen

Schmecken

Die Zunge nimmt Geschmackstoffe wahr.

An den **Zungenwärzchen** befinden sich die **Sinneszellen.** Sie nehmen Geschmackstoffe wahr. Die verschiedenen Geschmackrichtungen werden an unterschiedlichen Stellen der Zunge empfunden. Die Sinnesorgane leiten die Signale über Nerven an das Gehirn weiter. Das Gehirn wertet das Wahrgenommene aus.

Für den Koch ist das Schmecken besonders wichtig.

Fühlen

Die Haut fühlt, empfindet Schmerzen und nimmt Wärme und Kälte wahr.

Entsprechende **Sinneszellen** in der Haut nehmen die Reize der Umwelt wahr. Sie leiten die Signale über Nerven an das Gehirn weiter. Das Gehirn wertet das Wahrgenommene aus.

Bei Montagearbeiten muß man gut fühlen können.

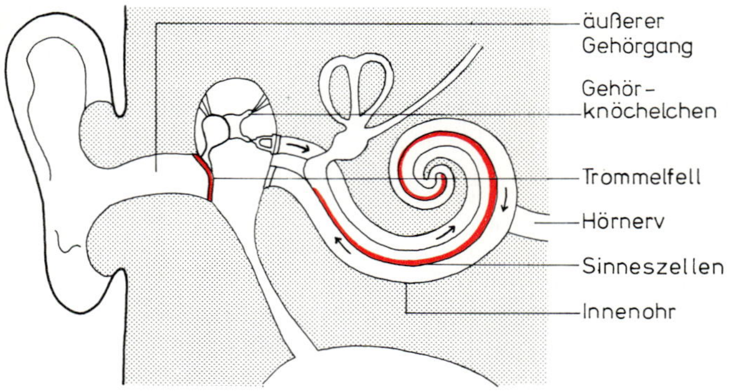

Hören

Die Ohren nehmen die Schallwellen wahr.

Die Schallwellen gelangen über den **äußeren Gehörgang** zum **Trommelfell.** Das schwingende Trommelfell regt die **Gehörknöchelchen** zum Schwingen an. Diese übertragen die Schwingungen auf das **Innenohr.** **Sinneszellen** nehmen dort die Reize wahr. Sie leiten die Signale über den Hörnerv an das Gehirn weiter. Das Gehirn wertet das Gehörte aus.

Entsteht bei der Arbeit starker Lärm (z. B. beim Straßenbau, auf dem Flugplatz), müssen die **Ohren geschützt** werden.

Mit Hilfe der Sinnesorgane nehmen wir unsere Umwelt und uns selbst wahr.

1. Schütze Deine Augen bei gefährlichen Arbeiten!
2. Schütze Deine Ohren bei Lärm!
3. Jedes „Zuviel" schadet dem Körper!

Aufgaben

1. Machen Sie einen Versuch:
   Essen Sie ein Stück Obst. *Welche Sinne werden angesprochen? Erklären Sie, wie die Sinnesorgane arbeiten.*
2. Ein Friseur schneidet die Haare.
   Welche Sinne benötigt er bei der Arbeit?
3. *Nennen Sie verschiedene Berufe, und führen Sie auf, welche Sinne besonders wichtig sind.*
4. *Welche Vorkehrungen werden getroffen, um Augen und Ohren bei der Berufsarbeit zu schützen?*

Wir essen, um zu leben

Der Verlauf der Verdauung

Wir Menschen brauchen etwas zum Essen und Trinken, um leben zu können.

Das Mädchen ißt Brot. Was passiert damit im Magen?

Die Verdauung erfolgt im Verdauungskanal:
Mund – Speiseröhre – Magen – Dünndarm – Dickdarm

Die einzelnen Speisen werden unterschiedlich lange im Magen gespeichert: Leichtverdauliche Speisen, wie Weißbrot, etwa 2 Stunden, schwerverdauliche, fettreiche Speisen, wie Ölsardinen, etwa 8 Stunden.

Die Lebensmittel werden bei der Verdauung in ihre Bestandteile zerlegt. Sie werden chemisch verändert.

Die Verdauungssäfte wirken wie „Brechstangen". Sie spalten die Nährstoffe.

Die Nährstoffe sind im Dünndarm in lösliche Bestandteile zerlegt. Sie gelangen durch die Darmwand in das Blut.

Das Blut transportiert die aufgenommenen Stoffe in alle Teile des Körpers. Sie werden umgebaut, verbraucht und ausgeschieden oder gespeichert.

Die unverdaulichen Stoffe werden ausgeschieden.

Der Verdauungsvorgang beträgt im allgemeinen einen Tag.

Der Körper gewinnt durch die Verdauung lebensnotwendige Stoffe.

Verdauungsorgane	Wirkungsweise

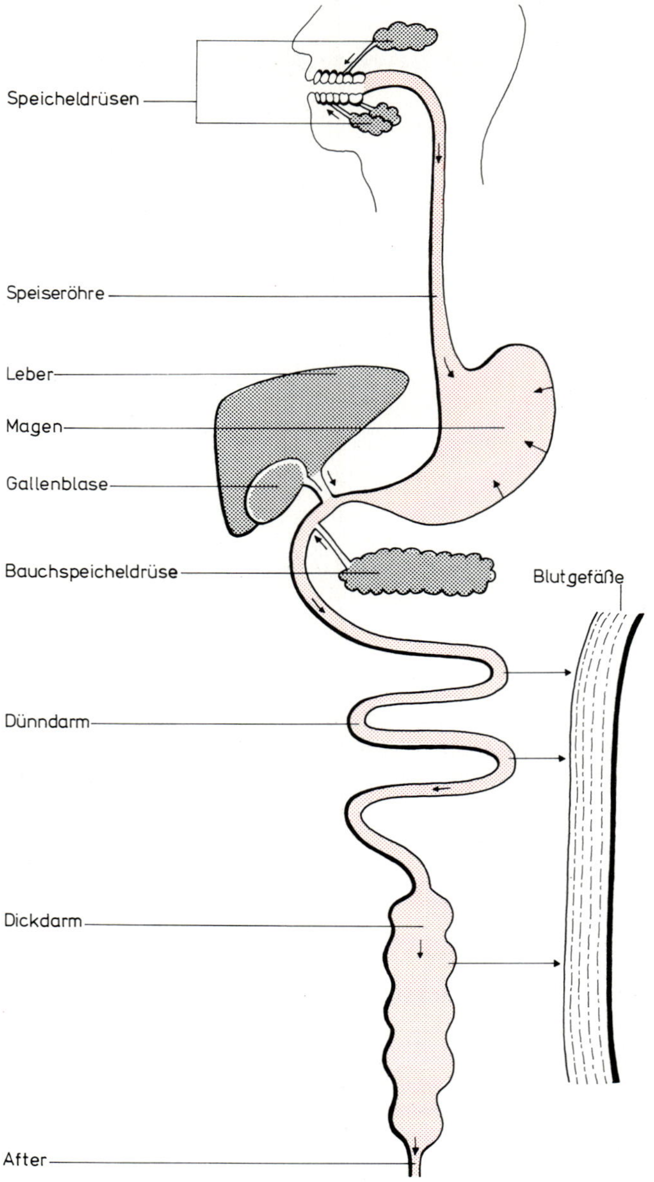

Zerkleinern, Mischen mit Speichel
↓
Weiterleiten
↓
Mischen mit Magensaft, Speichern
← Gallensaft zuführen
← Bauchspeichel zuführen
↓
Mischen mit Darmsaft
→ Blut nimmt gelöste Stoffe auf
→ Blut nimmt Wasser auf
↓
Ausscheiden der unverdaulichen Stoffe

Nährstoffe (schematisch dargestellt)

Die kleinsten Bausteine, aus denen Brot und alle anderen Lebensmittel aufgebaut sind, sind die **Nährstoffe.**

Es sind dies Zuckerstoffe (Kohlenhydrate), Fette, Eiweißstoffe (Proteine), Wasser, Vitamine, Mineralstoffe und andere Stoffe. Sie sind in den einzelnen Lebensmitteln in unterschiedlicher Menge und Art enthalten. Sie sind so klein, daß man sie nicht sehen kann.

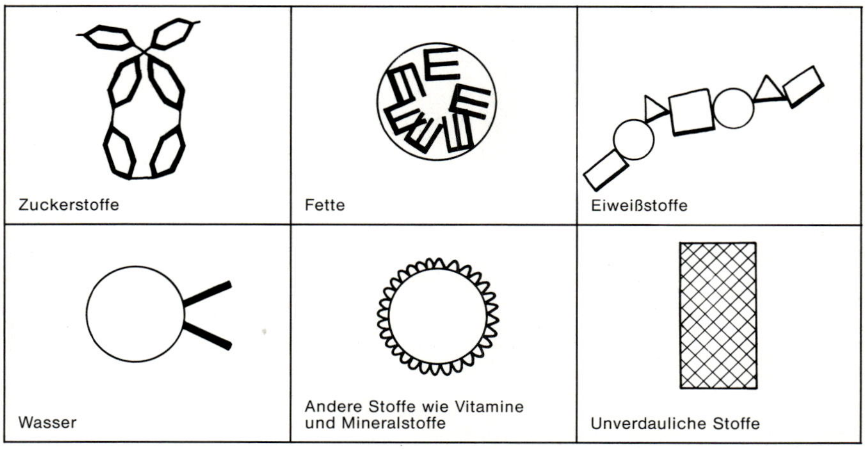

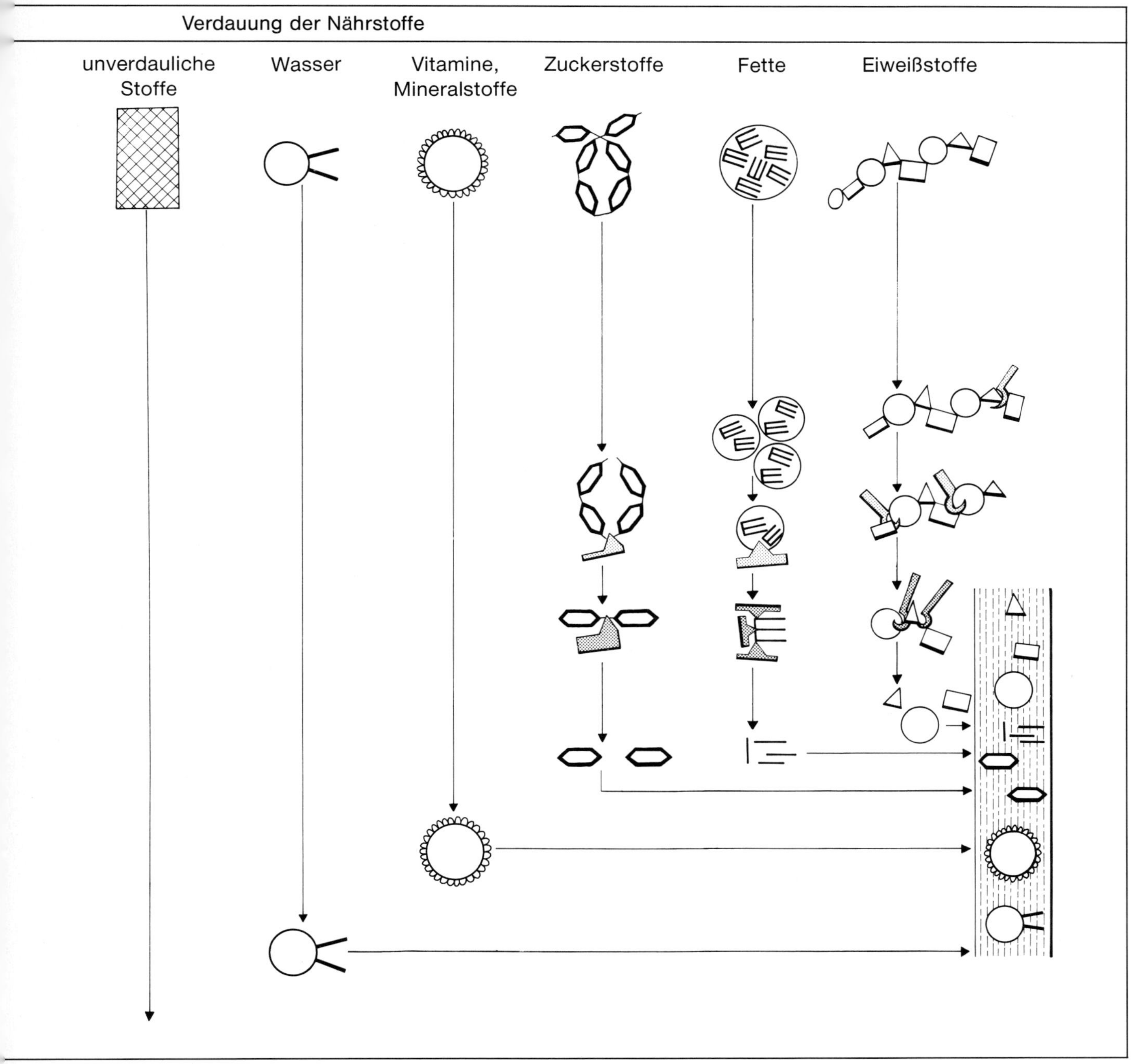

Inhaltsstoffe der Verdauungssäfte (Enzyme). Sie spalten die Nährstoffe.

Aufgabe

Sie essen ein Brot und trinken ein Glas Saft.

Beschreiben Sie den genauen Weg der Nahrung in Ihrem Körper.

Ernähre Dich gesund

Hinweise für eine gesunde Ernährung

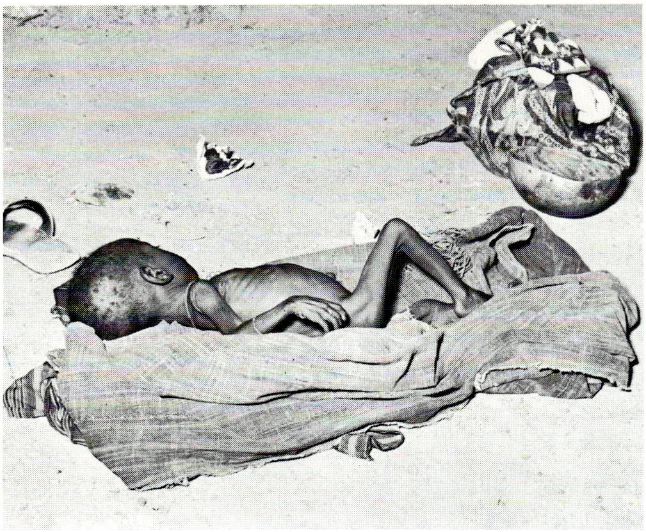

Ein verhungertes Kind. Es hatte nicht genug zu essen. Es wurde krank und starb.

Der Junge ißt zu viel. Er wird deshalb wahrscheinlich auch krank.

Wie sollte man sich ernähren, um Krankheiten zu vermeiden?

Eine gesunde Ernährung ist Voraussetzung für einen gesunden Körper!
Wer zu wenig, zu viel oder das falsche ißt, schadet seinem Körper!

1. Iß mäßig, aber regelmäßig!
2. Iß häufig kleinere Mahlzeiten!
3. Iß abwechslungsreich!
4. Iß nicht so viele Süßigkeiten!
5. Iß nicht zu fettreich!
6. Trinke nicht soviel Alkohol!

Aufgaben

1. *Was haben Sie gestern gegessen? Stellen Sie fest, ob Sie sich gesund ernährt haben.*
2. *Wie können Sie sich ab heute gesünder ernähren?*

Zähne sind zum Kauen da

Arbeitsweise, Aufbau, Entwicklung des Gebisses

Sie beißen in einen Apfel!

Versuchen Sie herauszufinden, wie Ihr eigenes Gebiß arbeitet.

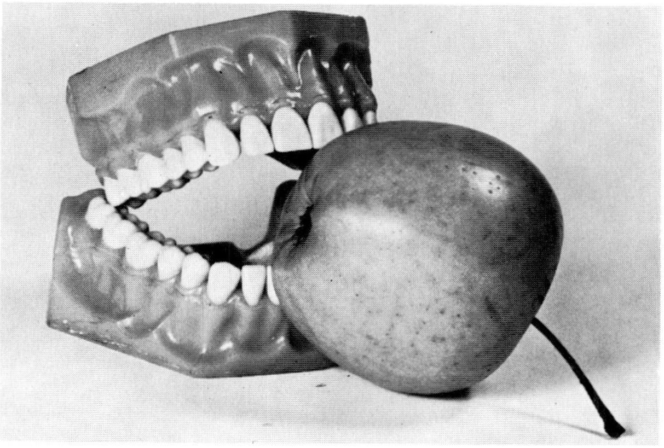

Abbeißen und Kauen!

Mit den **Schneidezähnen** und **Eckzähnen** wird die Nahrung abgebissen.

Die **Mahlzähne** zermahlen, zerreiben und zerquetschen die Nahrung.

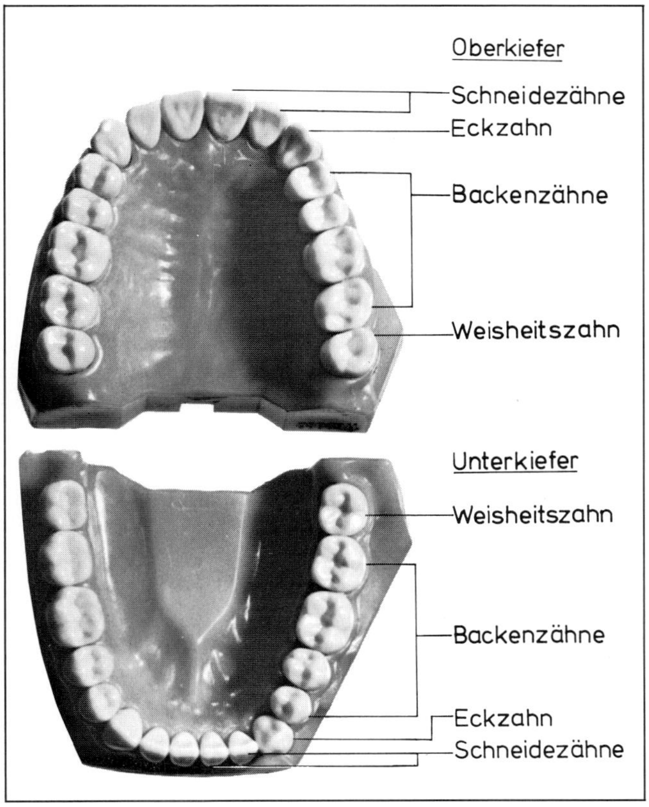

Das Gebiß des Erwachsenen besteht aus 32 Zähnen.

8 Schneidezähne,	je 4 im Ober- und Unterkiefer
4 Eckzähne,	je 2 im Ober- und Unterkiefer
8 Vormahlzähne,	je 4 im Ober-und Unterkiefer
8 Mahlzähne,	je 4 im Ober- und Unterkiefer
4 Weisheitszähne,	je 2 im Ober- und Unterkiefer

Die Weisheitszähne brechen im allgemeinen erst nach dem 18. Lebensjahr durch.

Ein Zahn – ein kleines Kunstwerk

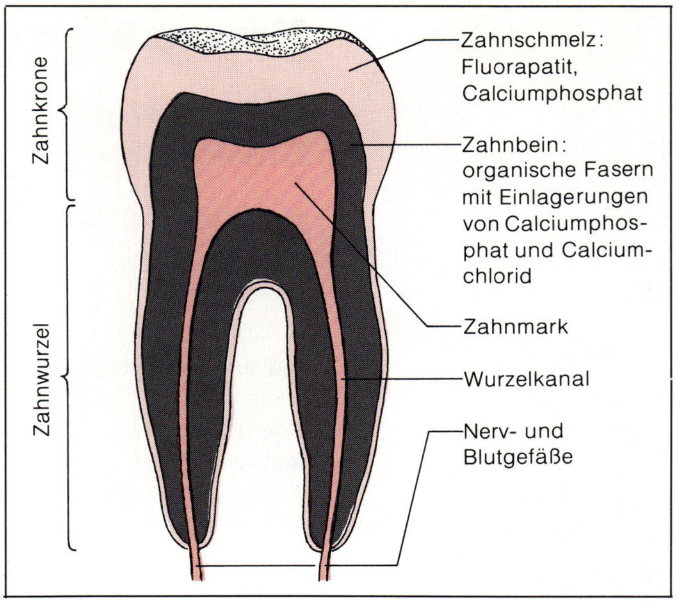

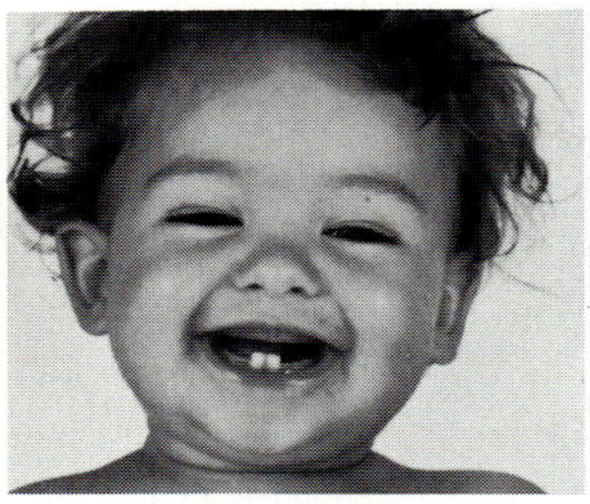

Er kann noch keinen Apfel essen!

Etwa ab dem 6. Lebensmonat brechen allmählich die Zähne durch. Im 3. Lebensjahr ist dann das **Milchgebiß** ausgebildet.

Ab dem 6. Lebensjahr fallen die Zähne des Milchgebisses wieder aus. Neue Zähne wachsen nach. Das Milchgebiß wird durch das Dauergebiß ersetzt.

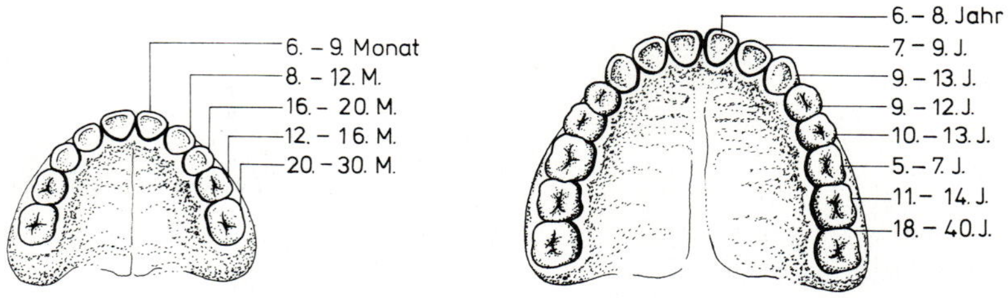

Durchbruchzeiten der Milchzähne

Durchbruchzeiten der Zähne des Erwachsenengebisses

Durch das Kauen wird die Nahrung zerkleinert und mit Speichel vermischt.

Zähne brauchen Pflege!

Aufgaben

1. *Welche Zahnarten haben Sie in Ihrem Gebiß?*
   Zählen Sie Ihre Zähne. Sehen Sie sie sich genau an.
2. *Erinnern Sie sich, wann Ihnen die ersten Zähne ausgefallen sind?*

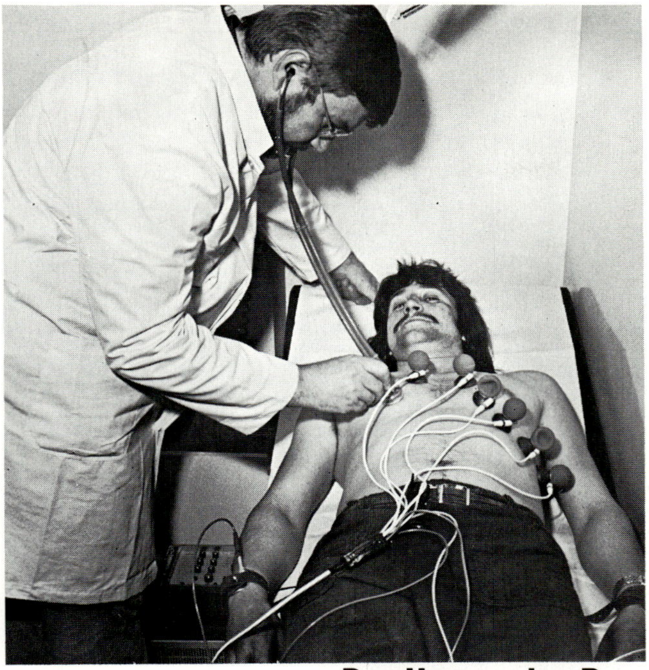

Nur gut, daß mein Herz schlägt

Aufbau und Funktion von Herz und Kreislauf

Der Arzt kontrolliert den Herzschlag eines Patienten.

Was wissen Sie über das Herz und seine Wirkungsweise?

Das Herz – eine Pumpe

Das Herz eines Erwachsenen ist etwa faustgroß. Es ist ein hohler Muskel. Das Herz zieht sich etwa 60 bis 80 mal pro Minute zusammen. Man sagt, das Herz schlägt. Dabei pumpt es etwa 5 l **Blut** pro Minute in alle Teile des Körpers.

Zunächst füllen sich die Vorkammern mit Blut, dann die Herzkammern. Von hier aus wird das Blut herausgepumpt. Nach einer kurzen Schlagpause füllen sich die Vorkammern wieder.

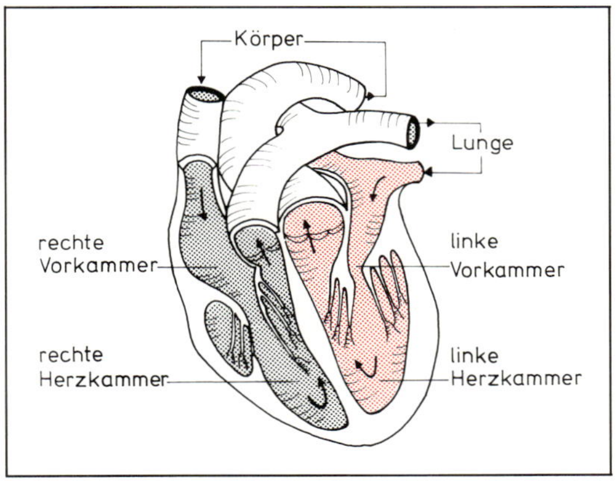

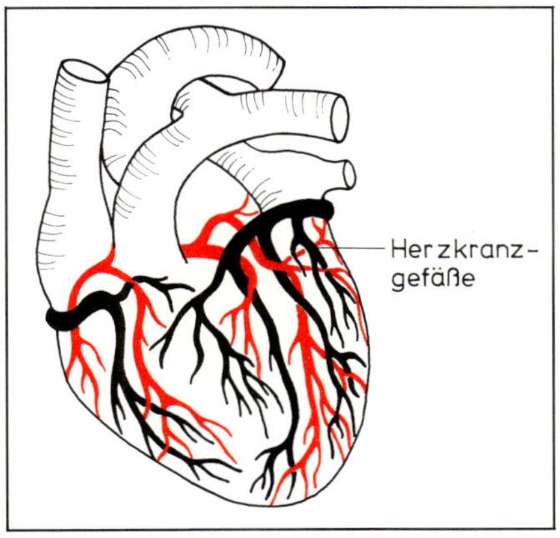

Das Herz selbst wird auch durchblutet.

Die **Herzkranzgefäße** versorgen das Herz mit Blut. Denn im Blut sind die lebenswichtigen Stoffe gelöst, die das Herz für seine Arbeit benötigt.

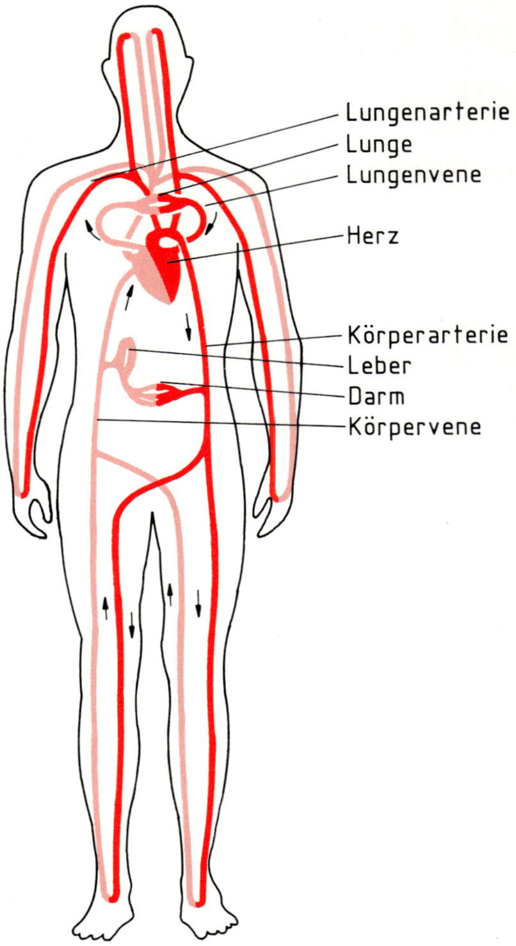

Das Blut strömt in einem Kreislauf durch den Körper.

Das Blut wird durch die Adern gepumpt. Die Wand der Adern ist elastisch und für bestimmte Stoffe durchlässig. Die Adern, die zum Herzen führen, nennt man **Venen**. Die Adern, die vom Herzen wegführen, nennt man **Arterien**. Sie verästeln sich im Körper in viele kleine Gefäße und sammeln sich wieder zu Venen. Diese führen das Blut zum Herzen zurück.

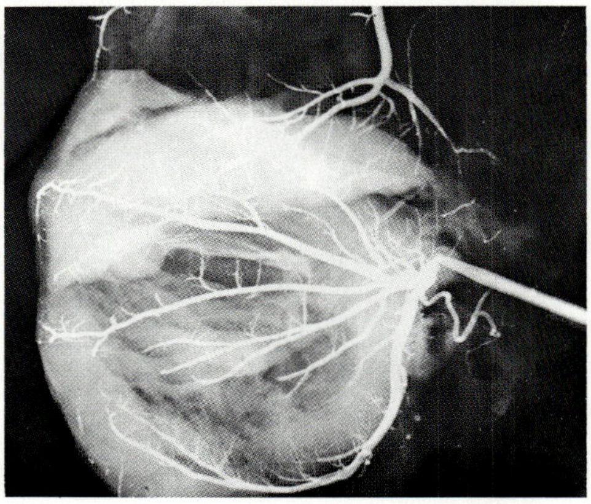

Wie stark sich die Blutgefäße im Körper verzweigen, läßt ein Ausgußpräparat einiger Arterien erahnen, die das Herz selbst mit Blut versorgen.

Wird das Blut vom Herzen in die Arterien gepumpt, entsteht eine **Druckwelle** in den großen Arterien (Schlagadern). Man kann diese Druckwelle als **Pulsschlag** fühlen. Der Arzt mißt an ihr auch den **Blutdruck**. Das ist der Druck, mit dem das Blut durch die Arterien gepumpt wird.

Das Blut – ein Transportsystem

Das Kreislaufsystem ist vergleichbar mit einem dichten Verkehrsnetz. Alle wichtigen Stoffe werden im Blut dorthin gebracht, wo sie gebraucht werden. Solche lebenswichtigen Stoffe sind z. B. der Sauerstoff, der in der Lunge in das Blut gelangt. Außerdem werden die Nährstoffe vom Darm aufgenommen.
Das verbrauchte Blut wird mit Abfallstoffen beladen und fließt wieder zurück. Die Abfallstoffe werden in verschiedenen Organen (Lunge, Leber und Nieren) dem Blut entnommen.

Bei schwerer körperlicher Arbeit hat das Herz viel zu transportieren. **Arbeitspausen** sind besonders wichtig, damit sich der Körper wieder erholt. Selbst kurze Pausen entlasten den Kreislauf merklich.

Das Blut versorgt alle Bereiche des Körpers mit lebenswichtigen Stoffen und transportiert Abfallstoffe ab. Das Herz pumpt das Blut in einem Kreislauf durch den Körper.

Wer arbeitet, benötigt Pausen!

Aufgaben

Beobachten Sie sich selbst:

1. *Sehen Sie sich die blauen Adern an Ihrem Handgelenk an.*
2. *Fühlen Sie am Handgelenk Ihren Pulsschlag.*
3. *Machen Sie 20 Kniebeugen. Beobachten Sie Ihre Atmung und Ihren Pulsschlag.*
4. *Wie reagiert Ihr Herz, wenn Sie Angst haben?*

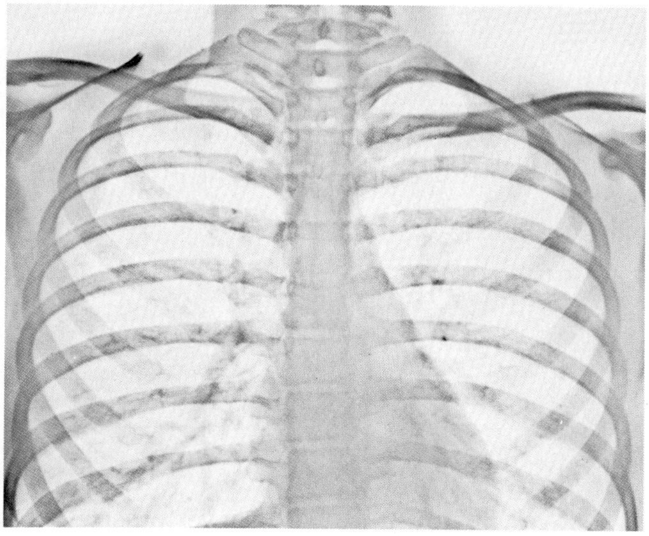

Was die Knochen alles können

Das Knochengerüst

Ein Röntgenbild!
Die Knochen des untersuchten Körpers sind deutlich zu erkennen.

Was wissen Sie über die Knochen in Ihrem Körper?

Das Knochengerüst (Skelett)

Es besteht aus über 200 Knochen.

Das Knochengerüst wird durch Gelenke beweglich.

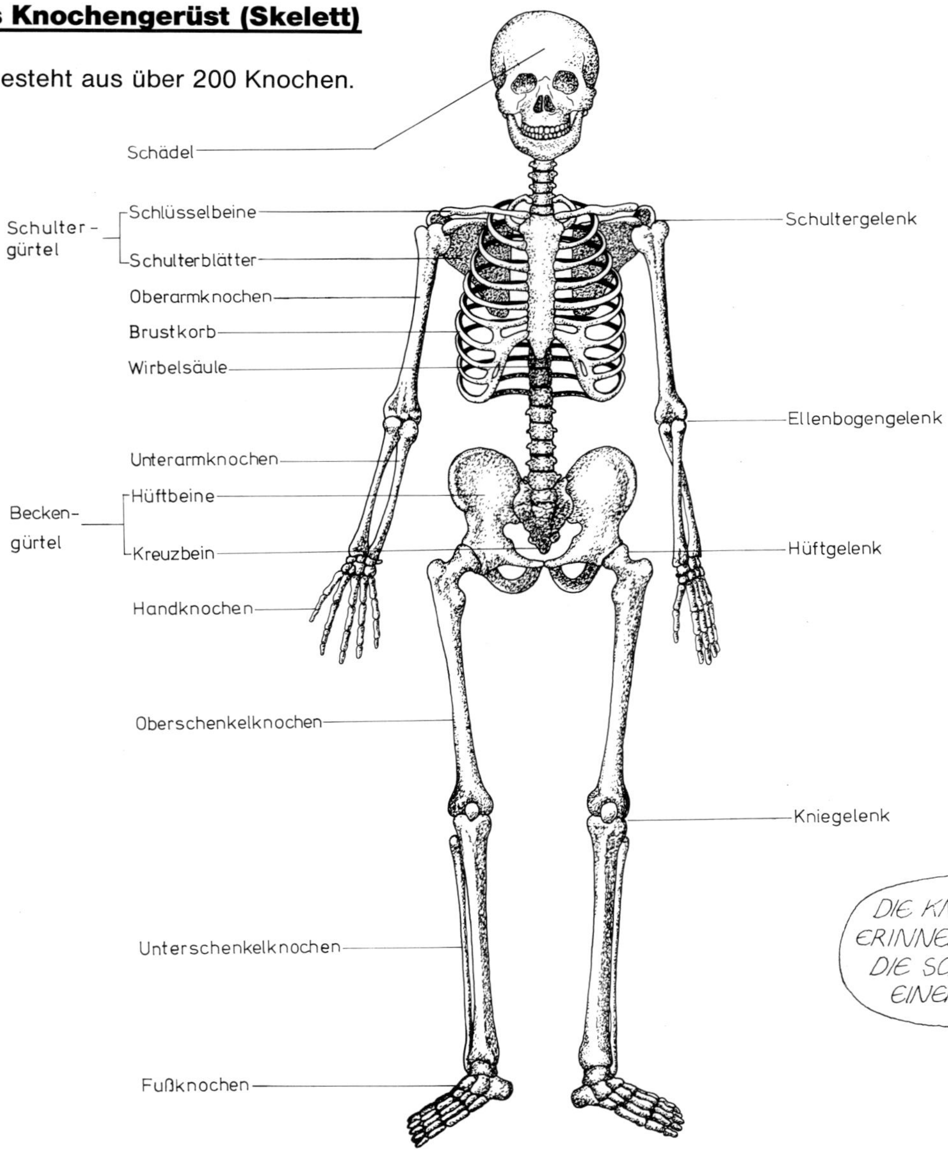

Weibliches Skelett: Ansicht von vorne

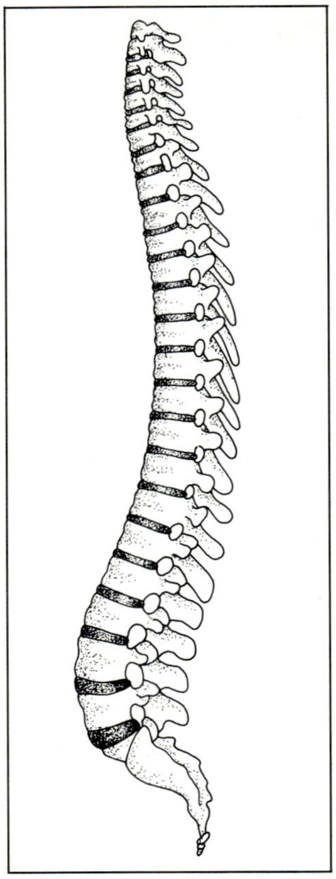

Die Knochen können wachsen.

Das Knochengerüst schützt.

Der **Schädel** schützt das Gehirn und einen Teil der Sinnesorgane.
Der **Brustkorb** schützt die Lunge und das Herz.
Das **Becken** trägt und schützt die inneren Organe.

Das Knochengerüst stützt.

Es erlaubt die aufrechte Haltung.
Besondere Bedeutung kommt der Wirbelsäule zu. Sie ist beweglich und federt.

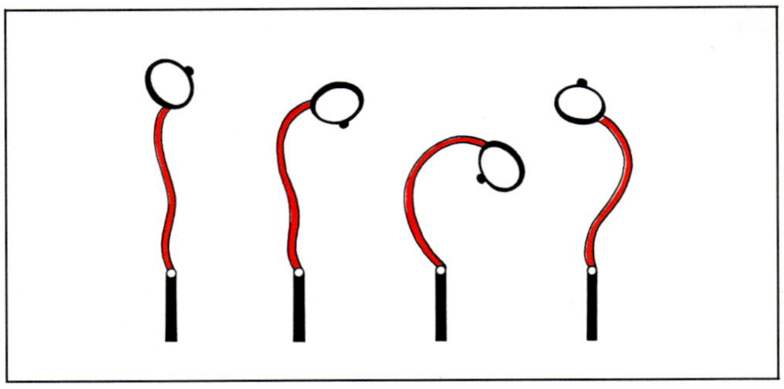

Die Wirbelsäule ist jedoch nur begrenzt haltbar. Bei fortwährend falscher Haltung kommt es zu **Haltungsschäden.** Besonders bei der Berufstätigkeit ist eine ungünstige Körperhaltung zu vermeiden.

Der **Arbeitsplatz** muß entsprechend eingerichtet sein. Die Arbeitshöhe ist auf die Erfordernisse des einzelnen einzustellen.

Ohne Skelett (Knochengerüst) würde der Mensch zu einem Fleischkloß zusammenfallen.

Achte auf eine wenig belastende Körperhaltung – besonders beim Arbeiten!

Aufgaben

1. *Sehen Sie sich ein Modell eines Knochengerüstes genau an. Welche Knochen erkennen Sie wieder? Wo liegen die entsprechenden Knochen in Ihrem Körper?*

2. *In manchen Berufen werden besondere Anforderungen an das Knochengerüst gestellt. Man muß viel stehen. Nennen Sie solche Berufe.*

3. *Sehen Sie sich einen tierischen Knochen genau an. Fühlen Sie seinen harten Aufbau. Dennoch ist er leicht.*

4. *Was wird im Berufsleben getan, um Haltungsschäden zu vermeiden?*

Keine Bewegung ohne Muskeln

Die Muskulatur

Die Fußballspieler haben kräftige Muskeln!

Wie kommt es, daß wir uns bewegen und arbeiten können?

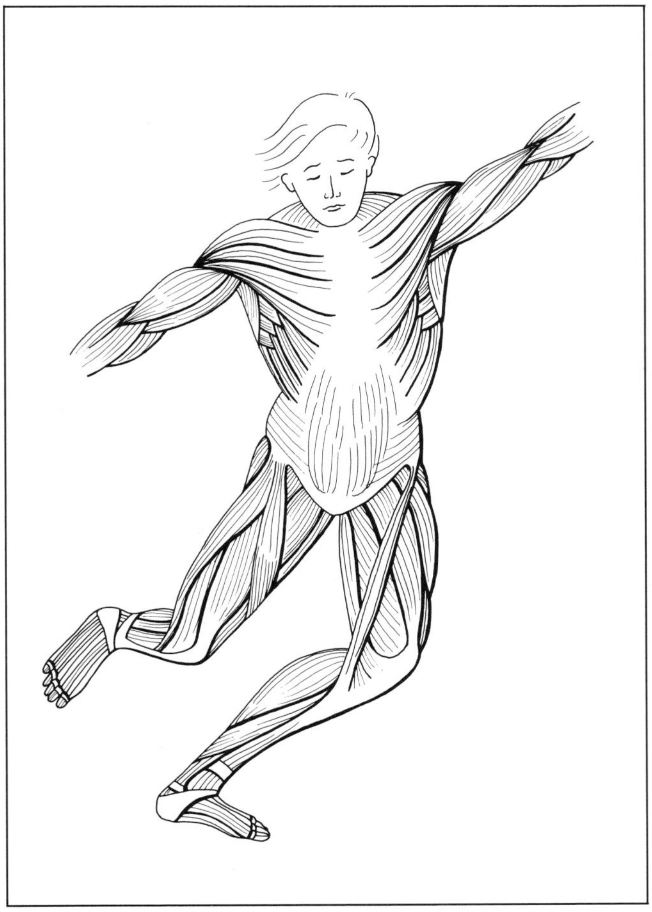

Die Muskeln umhüllen das Knochengerüst.

Über 600 Muskeln bilden das Fleisch des menschlichen Körpers (Skelettmuskulatur). Alle zusammen bezeichnet man als **Muskulatur**.

Die Muskeln können Arbeit leisten.

Sie können sich zusammenziehen. Sie arbeiten wie Spiralfedern. Die Gliedmaßen bewegen sich dann wie Hebel.[1]

Die Muskeln bestehen aus Muskelfasern und Sehnen.

Die Muskeln sind aus einer Vielzahl gebündelter Muskelfasern aufgebaut. Sie gehen am Ende in Sehnen über. Diese sind am Knochen befestigt und arbeiten wie Zugseile.

[1] vgl. Mechanik S. 102

Jeder Muskel hat einen Gegenspieler.

Die Muskeln können sich nach dem Zusammenziehen nicht wieder von allein strecken. Ein entgegengesetzt wirkender Muskel übernimmt diese Arbeit.

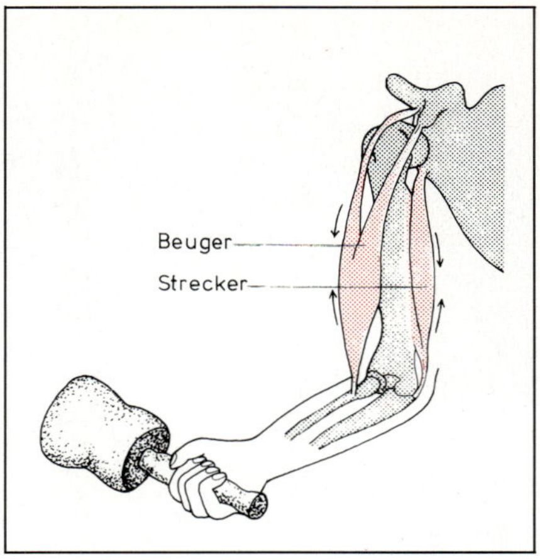

In jeder Körperhaltung sind Muskeln angespannt.

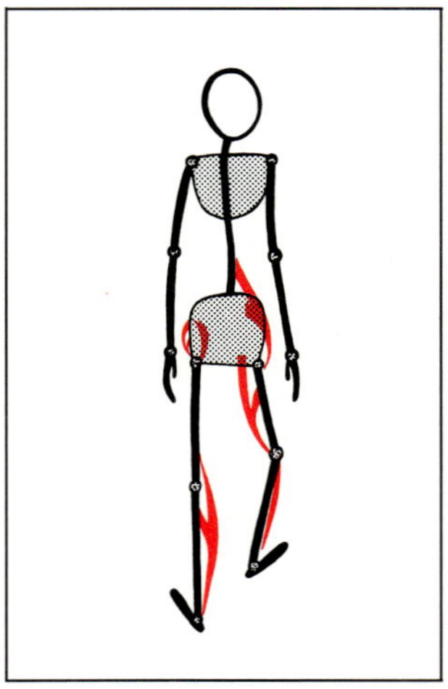

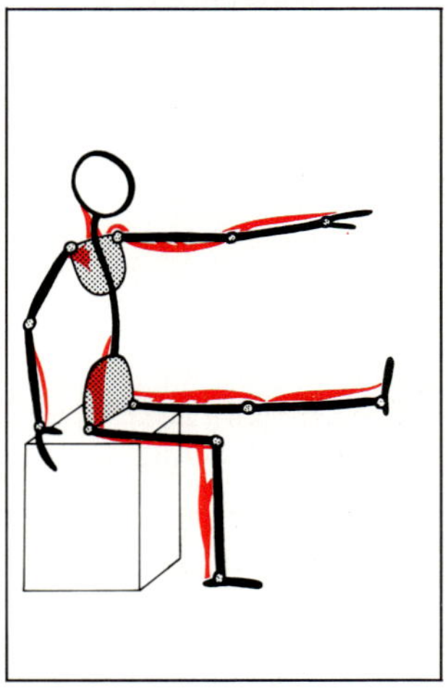

Das Nervensystem steuert die Muskeln

Einige Muskeln, wie die Skelettmuskeln, sind unserem Willen unterworfen.
Sie arbeiten kraftvoll und schnell.

Andere Muskeln sind nicht dem Willen unterworfen.
Sie arbeiten ohne bewußten Einfluß.
Ein Beispiel ist der Herzmuskel.

Die Muskelarbeit erfordert Kraft.

Das Blut versorgt die Muskeln mit lebenswichtigen Stoffen.
Wenn man viel arbeitet, benötigen die Muskeln mehr lebensnotwendige Stoffe. Man atmet schneller. Man hat mehr Hunger. Überfordert man seine Muskeln, bekommt man **Muskelkater.** Anhaltende gleichförmige Muskelanspannung wirkt ermüdend. Sie führt zu Muskelverspannungen.
Der Betrieb versucht, die **Arbeitsplätze** kraftschonend einzurichten. Pausen erleichtern die Arbeitsbelastung.

Die Muskeln und das Skelett (Knochengerüst) ermöglichen die Bewegungsabläufe

1. Vermeide andauernde einseitige Bewegungsabläufe!
2. Setze Dich zum Arbeiten, wann immer Du kannst.

Aufgaben

1. *Welche Muskeln beugen oder strecken sich beim Gehen? Beobachten Sie sich selbst.*
2. *Sehen Sie sich ein Stück rohes, sehnenhaltiges tierisches Muskelfleisch genau an. Fühlen Sie seine Beschaffenheit.*
3. *In welchen Berufen benötigt man starke Muskeln?*
4. *Was kann am Arbeitsplatz getan werden, um einseitige Muskelanspannung zu vermeiden?*

Ohne Nerven geht nichts

Das Nervensystem

Ein Kraftwagenfahrer muß unzählige Eindrücke gleichzeitig aufnehmen, verarbeiten und schnell darauf reagieren. Er braucht gute Nerven.

Was wissen Sie über die Nerven in Ihrem Körper?

Der Körper hat eine „Steuerzentrale“ mit einem verzweigten „Leitungsnetz“.

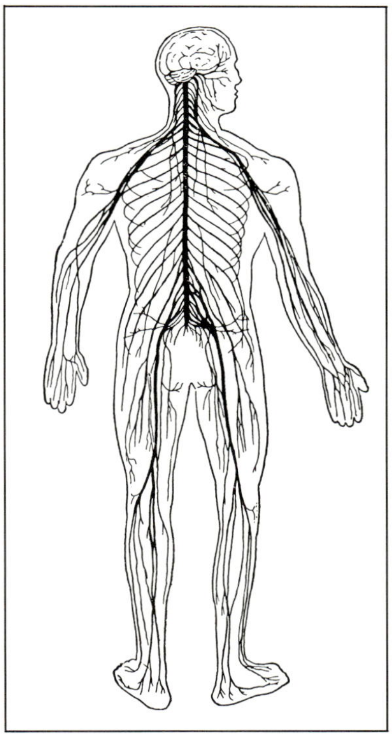

Die Nerven – das „Leitungsnetz“

Die Augen, Ohren, Nase, Zunge und Haut nehmen die Umwelt wahr.
Wenn der Körper sich z. B. verletzt hat, empfindet er Schmerzen. Das Erfahrene wird durch die Nerven dem Gehirn gemeldet. Auch Nachrichten über die Tätigkeiten der anderen Organe werden dem Gehirn weitergeleitet.

Das Gehirn – die „Steuerzentrale“

Im Gehirn werden die Signale empfangen. Jede Steueraufgabe wird von einem bestimmten Feld im Gehirn wahrgenommen. Beispielsweise gibt es im Gehirn besondere Felder für das Sehen, das Sprechen und für die Bewegungsabläufe. Mit Hilfe des Gedächtnisses werden die Signale verarbeitet.

Die Nerven – das „Leitungsnetz“

Die Nerven leiten dann die Anweisungen des Gehirns in die entsprechenden Bereiche des Körpers.
Hier kommt es zu der von Gehirn vorbestimmten Reaktion. Zum Beispiel:
Der Kraftwagenfahrer kommt an ein Stoppschild.
Er nimmt das Verkehrsschild wahr. Sein Gehirn sagt ihm: Anhalten! Vorfahrt achten! Gleichzeitig bremst er sein Fahrzeug ab.

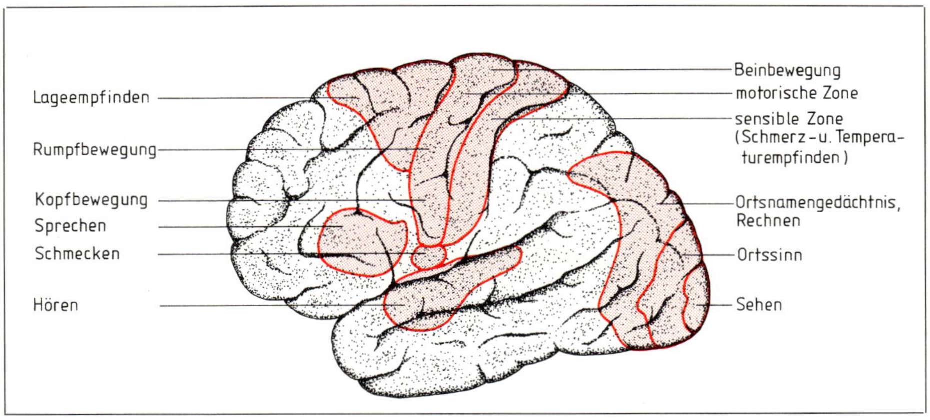

Aufgabe *Ihnen fällt ein Stein auf den Fuß. Wie reagiert Ihr Nervensystem?*

Das Nervensystem steuert die Tätigkeiten des Menschen und die Vorgänge im Körper.

Der Mensch lebt nicht allein

Gefahren der Massengesellschaft

Das Zusammensein mit vielen Menschen kann die Gesundheit gefährden!

Es gibt eine Reihe von Krankheiten, die von einem Menschen auf andere übertragbar sind. Leben viele Menschen auf engem Raum, breiten sich die ansteckenden Krankheiten schnell aus.

Zum Beispiel:
Elmar hat Grippe. Wolfgang und Holger erkranken auch.
Stefani steckt sich auch an.
Fast die Hälfte der Klasse erkrankt.

Chemische Stoffe können für die menschliche Gesundheit gefährlich werden.

Wir haben uns an den Umgang mit chemischen Stoffen gewöhnt: Bei der Arbeit, im Haushalt und in der Freizeit benötigen wir chemische Stoffe. Sie gelangen dabei in sehr geringen Mengen unabsichtlich in unseren Körper. Wir atmen sie ein. Wir essen sie unwissentlich mit. Sie haften auf der Haut. In großen Mengen wären diese Stoffe starke Gifte.
Bereits kleine Mengen können allmählich die Gesundheit gefährden. Häufig entstehen Allergien. Das sind Überempfindlichkeitsreaktionen des Körpers. Bei einigen Berufen treten gehäuft Berufsallergien auf.

Zum Beispiel:
Iris hat die Ausbildung als Friseurin begonnen. Der Umgang mit den chemischen Stoffen führt zu einer Allergie an den Händen. Sie muß den Beruf wechseln.

Seelische Belastungen (Streß) können Krankheiten begünstigen.

Anhaltende Überforderung, seelische Belastungen sowie Ärger mit den Mitmenschen wirken sich auf die Gesundheit des Menschen aus. Herz- und Kreislauferkrankungen sind häufig die Folge.

Zum Beispiel:
Jens ärgert sich im Betrieb. Auch zu Hause fühlt er sich nicht mehr wohl. Er ist überfordert. Er wird krank.

Ersticken wir im Unrat?

Umweltprobleme und Umweltschutz

Altöl fließt auf den Boden!

Weshalb darf man Altöl nicht einfach so weglaufen lassen?

Der Boden wird häufig durch Müll verschmutzt.

Müll fällt bergeweise an: Hausmüll, Industriemüll, Altöl, Altreifen, Bauschutt, landwirtschaftliche Abfälle, Klärschlamm, radioaktive Abfälle u. a.

Zum Beispiel:
Würde man den Müll der Bundesrepublik Deutschland, der in einem Jahr anfällt, in einen Güterzug verladen, ergäbe sich eine Zuglänge von etwa $^1/_5$ des Erdumfangs.

Ein Teil des Mülls fällt bei der Berufsarbeit an. Altöl und andere **giftige Abfälle** dürfen nicht einfach weggeworfen werden. Es würden Gesundheitsgefahren für die Allgemeinheit entstehen. Der Boden würde verseucht werden. Das Trinkwasser würde ungenießbar.

Der Staat hat in Gesetzen geregelt, daß schädliche Stoffe gesondert aufbereitet oder gelagert werden.

Vergifteter Boden macht krank!

Im Müll sind auch **wertvolle Abfälle.** So können z. B. Papier, Glas und Metalle gesondert gesammelt und weiterverarbeitet werden.

Jeder kann mithelfen, daß wir nicht im Unrat ersticken:

1. Wirf nichts achtlos weg!

2. Vermeide unnötiges Verpackungsmaterial!

3. Sammle Altstoffe, die man noch verwerten kann, wie Kupfer, Glas, Papier!

„Papa, warum schwimmen denn die Fische alle tot auf dem Wasser?"
„Weil sie nicht lesen können."

Wasser wird häufig verschmutzt.

Das Wasser der Flüsse, Seen und Meere ist häufig stark verschmutzt. Auch das Grundwasser ist gefährdet.
Wohin mit dem Abwasser der Haushalte und der Industrie, dem erwärmten Kühlwasser der Kraftwerke?
Abfallstoffe, Mineralöl, andere Giftstoffe, aber auch Krankheitserreger gelangen in das Wasser.

Zum Beispiel:
1 l Mineralöl macht 1 000 000 l (1 Million l) Trinkwasser für mehrere Jahre ungenießbar.

Unsauberes Wasser macht krank!

Wir sind auf das Wasser der Flüsse als Trinkwasser angewiesen. Es ist häufig schwierig, verschmutztes Wasser wieder aufzubereiten.

Wasser ist kostbar! Jeder kann mithelfen, es zu schützen:

1. Verschwende kein Wasser.
2. Verwende chemische Stoffe, wie Wasch- und Spülmittel, aber auch Düngemittel und Pflanzenschutzmittel nicht unnötig!

Die Luft wird häufig verschmutzt.

Der Straßenverkehr, Industriebetriebe und Kraftwerke geben giftige Stoffe an die Atemluft ab.
Auch die Haushalte belasten die Luft z. B. durch die Heizungen oder Öfen.
Der Staat versucht durch Gesetze, hohe Luftverschmutzung zu verbieten.

Unsaubere Luft macht krank!

Jeder kann mithelfen, daß wir die Atemluft nicht zu sehr verschmutzen:

1. Vermeide Luftverschmutzung durch falsch eingestellte Heizungen!
2. Vermeide unnötiges Heizen!
3. Laß Motoren nicht unnötig laufen, auch nicht Dein Mofa!
4. Benutze Spraydosen sparsam!

Aufgaben

1. *Überdenken Sie, welche Abfälle von Ihnen im Laufe eines Tages weggeworfen werden.*
2. *Lesen Sie bewußt Pressemitteilungen, in denen auf Umweltschädigungen und Umweltgefahren hingewiesen wird.*

Stecke mich nicht an

Infektionskrankheiten

Er hat Schnupfen!

Erinnern Sie sich daran, als Sie das letzte Mal Schnupfen hatten. Wie verlief die Krankheit?

Es gibt Krankheiten, die ansteckend sind. Sie können von einem Menschen auf andere übertragen werden. Diese Arten von Krankheiten nennt man **Infektionskrankheiten.**

Krankheitserreger übertragen die Infektionskrankheiten.

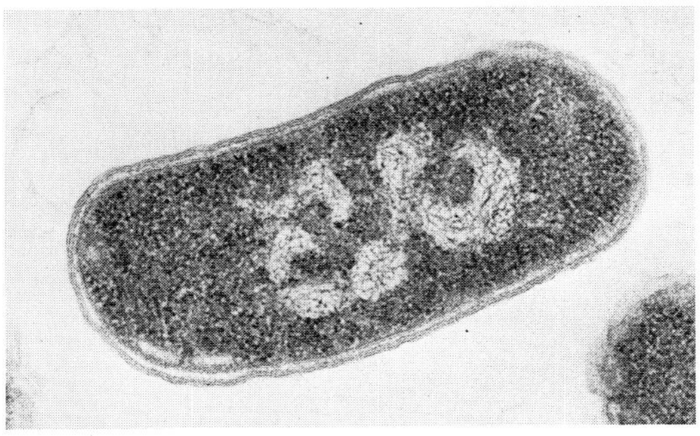

Bakterien:
Sie sind sehr klein. Etwa 1000 Bakterien, dicht nebeneinandergelegt, ergäben eine Länge von 1 mm.

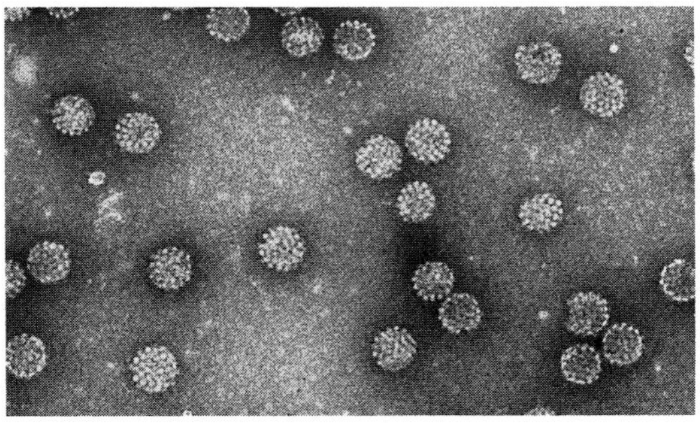

Viren:
Sie sind noch kleiner als Bakterien. Sie sind deshalb schwer zu finden und zu bestimmen.

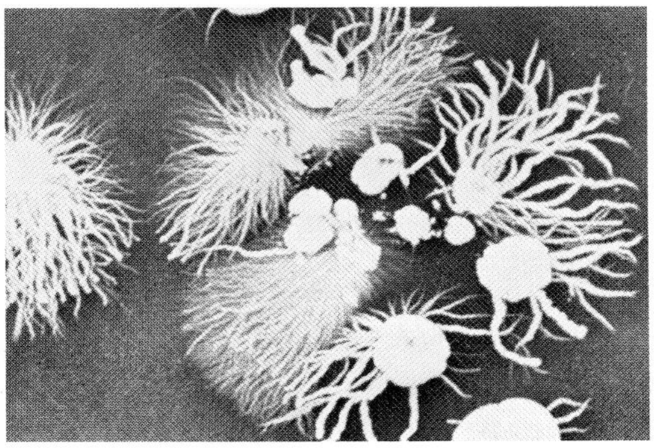

Hautpilze:
Sie können sich in der Haut fadenförmig ausbreiten.

Krankheiten und ihre Krankheitserreger (Auswahl)

Bakterien	Viren	Hautpilze
Tuberkulose	Grippe	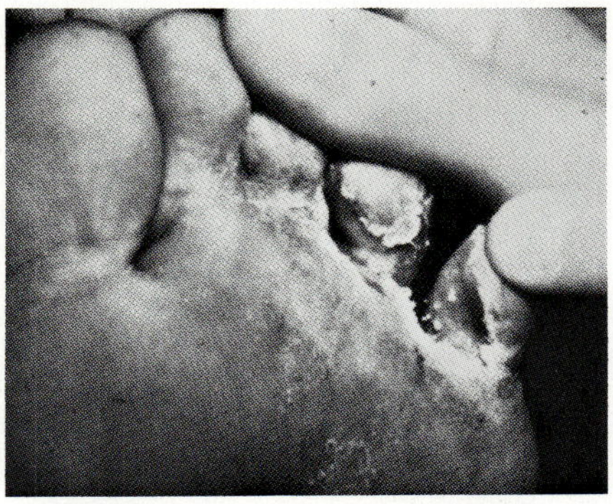
Keuchhusten	Schnupfen	
Lungenentzündung	Kinderlähmung	
Pest	Röteln	
Diphtherie	Mumps	
Tetanus (Wundstarrkrampf)	Tollwut	
Geschlechtskrankheiten	Masern	

Wie gelangen die Krankheitserreger in den Körper?

- Eindringen in den Körper beim Einatmen
- Eindringen in den Körper durch den Verdauungskanal: durch unsaubere Lebensmittel
- durch schmutzige Hände

- Eindringen in den Körper durch Wunden
- Eindringen in die Haut

Krankheitserreger dringen in den Körper ein und lösen eine Infektionskrankheit aus.

Krank werden oder gesund bleiben?

Die eingeatmeten Krankheitserreger vermehren sich in Pfiff's Körper. Er fühlt sich vorerst noch nicht krank. Diese Zeit nennt man **Inkubationszeit** (das Sichfestsetzen von Krankheitserregern im Körper). Sie ist bei den verschiedenen Krankheiten unterschiedlich lang.

Plötzlich bricht die **Krankheit** aus. Schnupfen, Hautausschlag, Fieber. Der Körper ist mit Krankheitserregern überschwemmt. Der Körper bildet allmählich **Abwehrkörper.**

Pfiff besucht jetzt seinen an Masern erkrankten Freund. Er wird sich nun nicht mehr anstecken und erkranken. Sein Körper hat während der Krankheit Abwehrkörper gebildet. Die schützen ihn vor einer erneuten Erkrankung. Er ist **immun** (für die Krankheit unempfänglich).
Bei einigen Krankheiten hält der Immunschutz nicht für das ganze Leben vor. An Schnupfen kann man beispielsweise immer wieder erkranken.

Pfiff besucht einen an Mumps erkrankten Freund. Er wird sich nicht anstecken, da er als Kind gegen Mumps geimpft worden ist. Bei der Impfung wurden ihm Krankheitserreger in abgeschwächter Form eingeimpft. Sein Körper bildete Abwehrkörper, ohne zu erkranken. Diesen Vorgang bezeichnet man als **aktive Immunisierung.** Er hat jetzt die entsprechenden Abwehrkörper und wird nicht mehr an Mumps erkranken.

Pfiff hat sich am Arbeitsplatz bei Erdarbeiten eine größere Schürfwunde zugezogen. Der Arzt impft ihn sofort gegen Wundstarrkrampf. Die Wundstarrkrampfbakterien gelangen über die Erde in die Wunde. Mit der Impfung wird Pfiff mit entsprechenden Abwehrkörpern versorgt, die eine Erkrankung verhindern. Diesen Vorgang bezeichnet man als **passive Immunisierung.** Der Impfschutz hält nur kurzzeitig vor.

Infektionskrankheiten werden durch Krankheitserreger übertragen. Wenn man sich entsprechend verhält, kann man Krankwerden vermeiden.

1. Meide den Kontakt mit Infektionskranken!
2. Achte auf persönliche Sauberkeit, wie häufiges Händewaschen!
3. Halte Infektionsherde sauber, wie Badezimmer, Toilette, Kleidung!
4. Achte auf saubere Nahrungszubereitung!
5. Vermeide Barfußlaufen an dicht bevölkerten Stellen, wie Schwimmbäder, Sporthallen!
6. Achte auf ausreichenden Impfschutz!
7. Laß die Impfungen in einen Impfpaß eintragen! Bewahre diesen sorgfältig und griffbereit auf!

Aufgaben

1. *An welchen ansteckenden Krankheiten sind Sie bereits einmal erkrankt? Erinnern Sie sich an den Krankheitsverlauf? Verdeutlichen Sie sich, was sich in Ihrem Körper abspielte.*
2. *Gegen welche Krankheiten sind Sie geimpft? Fragen Sie einen Arzt, ob Ihr Impfschutz ausreicht.*
3. *Wie können Sie sich vor Infektionskrankheiten schützen? Erläutern Sie die Hinweise 1 bis 7.*
4. *Bei welchen Berufen ist besonders auf Sauberkeit zu achten?*

Aua, mein Zahn

Zahnerkrankungen und Vorbeugemaßnahmen

Diese Zähne haben Zahnfäule!

Sehen Sie sich Ihre eigenen Zähne mit einem Spiegel an. Sind Ihre Zähne gesund?

Zahnfäule (Karies) – Der Zahn hat ein Loch

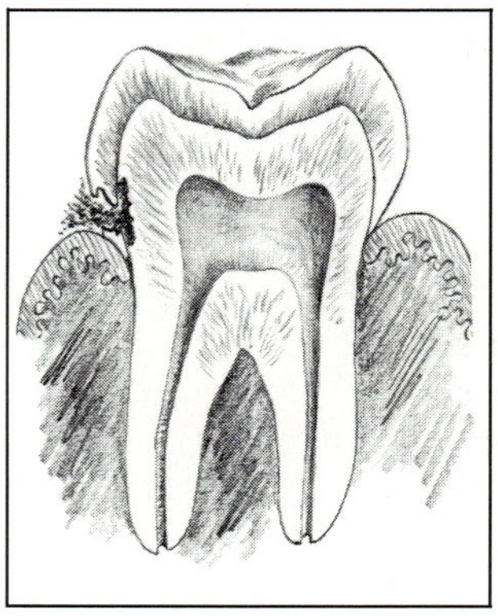

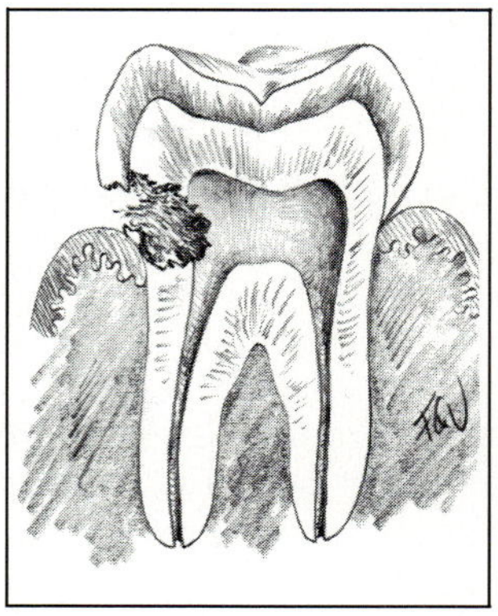

Der harte Zahnschmelz hat sich an einer Stelle zerstört.
Heftige Zahnschmerzen entstehen.

Wenn die Zähne nicht gründlich geputzt werden ...

. . . haften **Speisereste** an den Zähnen (Zahnbelag).
▼
. . . zersetzen **Bakterien** die Speisereste.
▼
. . . greifen **Säuren** den Zahnschmelz an.

Zahnbetterkrankung (Parodontose)

Das Zahnfleisch zieht sich mehr und mehr zurück. Die Zähne werden locker.
Eine Ursache: Mangelhafte Zahnpflege!

Ein sauberer Zahn wird nicht krank!

1. Iß weniger Süßigkeiten!
2. Putze nach jedem Essen gründlich die Zähne (mindestens 2mal täglich)!
3. Zerbeiße keine zu harten Gegenstände!
4. Bringe keine zu heißen oder zu kalten Speisen an die Zähne!
5. Iß viele Lebensmittel, die kräftig gekaut werden müssen!
6. Geh' 2mal jährlich zum Zahnarzt!

Aufgaben

1. *Beurteilen Sie selbst, ob Sie Ihre Zähne ausreichend pflegen.*
2. *Begründen Sie, wie Sie Zahnerkrankungen vermeiden können.*

Ach, mein Kreislauf

Herz- und Kreislaufkrankheiten

Ein Wartezimmer beim Arzt!
Viele Menschen leiden an Herz- und Kreislaufkrankheiten.

Kennen Sie ähnliche Fälle in Ihrem Bekanntenkreis?

Fortgeschrittene Krankheiten sind z. B. Durchblutungsstörungen und Herzinfarkt. Die Hälfte aller Todesfälle in der Bundesrepublik Deutschland wird durch ein Versagen von Herz und Kreislauf verursacht.

Durchblutungsstörungen – das Gewebe wird nicht mehr genügend durchblutet.

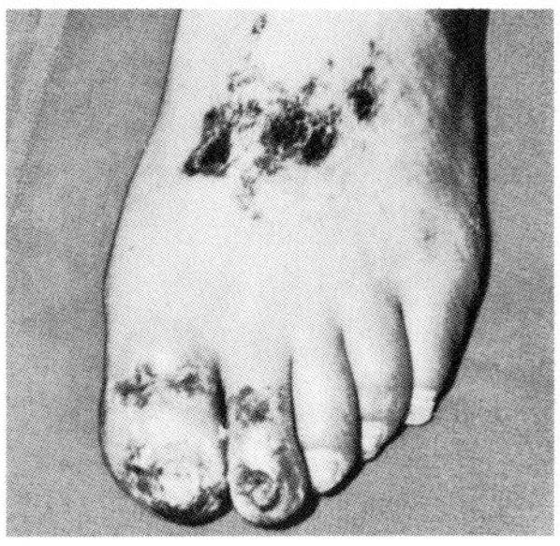

Zum Beispiel Raucherbein:
Ein Fuß wird nicht mehr richtig durchblutet. Er verfärbt sich. Das Gewebe stirbt allmählich ab. Der Fuß muß amputiert werden.

Herzinfarkt – das Herz schlägt nicht mehr richtig!

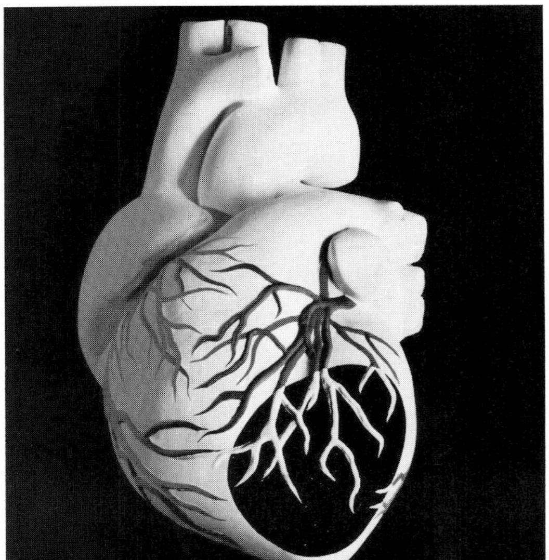

Die Herzkranzgefäße haben sich im Laufe der Jahre verändert. Sie sind entweder verengt oder spröde geworden. Man vermutet, daß zum Beispiel ein plötzlicher Verschluß einer Arterie Herzinfarkt auslöst. Teile des Herzens werden dann nicht mehr genügend mit lebenswichtigen Stoffen versorgt. Das Herz ist in den betreffenden Bereichen nicht mehr arbeitsfähig. Wenn wichtige Teile des Herzens ausfallen, verläuft ein Herzinfarkt tödlich.

Aufgabe *Kennen Sie in Ihrem Bekanntenkreis Personen, die einen Herzinfarkt erlitten?*
Vergegenwärtigen Sie sich deren Lebensführung.

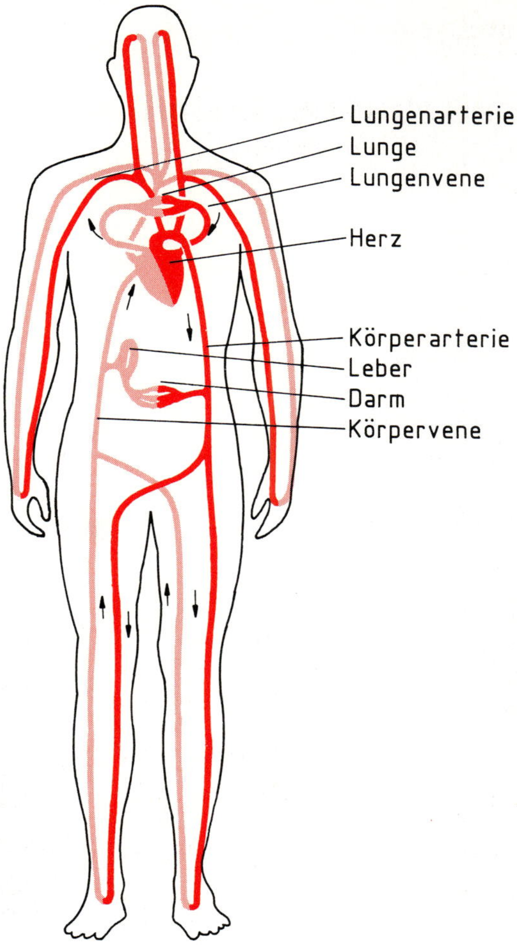

Beispiel:

Das Herz-Kreislaufsystem ist vergleichbar mit einer empfindlichen Pumpe und einem sehr fein verzweigten, elastischen Schlauchnetz. Verschiedene Ursachen können die Anlage schädigen.
Stoffe, die in den Schläuchen transportiert werden, können die Schlauchwandungen verändern. Steht die Anlage unter erhöhtem Druck, ist sie ebenfalls störanfälliger. Die Pumpe kann kaputtgehen, oder auch das Schlauchsystem weist Schäden auf.

„Wer bereits in jüngeren Jahren zu viel und zu gut ißt, übergewichtig wird, raucht, trinkt, sich nicht bewegt, sich täglich ärgert und selten ausspannt, hat eigentlich keine Chancen verpaßt, an einem Herzinfarkt zu sterben.“*)

Wodurch werden Herz-Kreislaufkrankheiten verursacht?

- zu einseitige Ernährung (z. B. zu zuckerreich)
- Übergewicht
- Rauchen
- zu wenig Bewegung
- seelische Belastungen (Streß)

Herz-Kreislaufkrankheiten entstehen nicht von heute auf morgen. Sie werden durch Fehlverhalten über längere Zeit hin ausgelöst.

1. Ernähre Dich gesund!
2. Meide Übergewicht!
3. Rauche nicht!
4. Bewege Dich ausreichend!
5. Vermeide Streß!
6. Entspanne Dich in der Freizeit!
7. Geh' rechtzeitig zum Arzt, wenn Du krank bist!

Aufgaben

1. *Beurteilen Sie selbst, ob Sie sich gesund verhalten. Was können Sie besser machen?*
2. *Überlegen Sie, wie Sie am sinnvollsten Ihre Freizeit gestalten können.*

*) Holtmeier: Diät bei Übergewicht und gesunde Ernährung, Georg Thieme Verlag Stuttgart, 1972, S. 17.

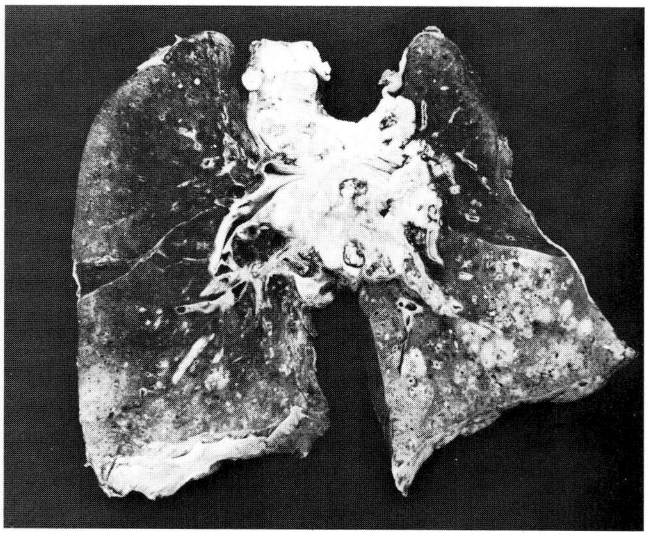

Krebs?

Krebserkrankung, Risikofaktoren, Früherkennung

Lungenkrebs

In der Bundesrepublik Deutschland erkrankt jeder 4. an Krebs. Kennen Sie Fälle von Krebserkrankungen in Ihrem Bekanntenkreis?

Was ist Krebs?

Die kleinsten Bausteine des menschlichen Körpers sind die **Zellen.** Sie teilen sich im Laufe des Lebens vielmals. Allerdings kann die Zelle die Kontrolle über das Wachstum verlieren. Sie teilt sich fortlaufend und unkontrolliert. Es bildet sich eine Geschwulst (Krebs, Tumor).

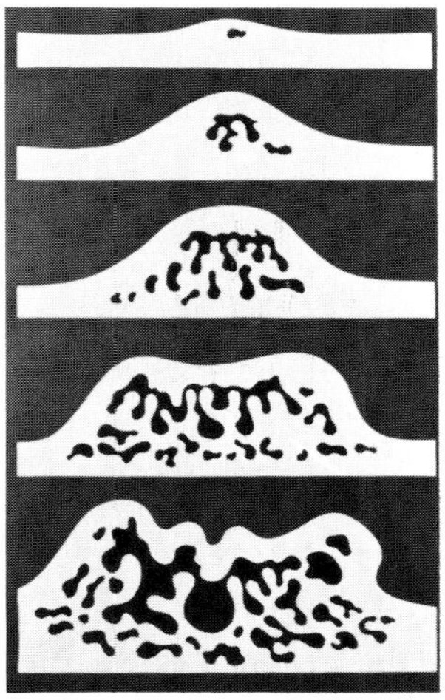

Teilen sich Körperzellen fortlaufend und unkontrolliert, entsteht eine Krebsgeschwulst.

Wodurch wird Krebs ausgelöst?

Risikofaktoren

Physikalische Reize:

- Strahlen
- Temperatureinflüsse

Chemische Reize:

Chemische Stoffe z. B. in

- Abgasen
- Dämpfen
- Stäuben
- Tabakrauch
- Lebensmitteln

Persönliche Faktoren:

- Anfälligkeit
- Alter
- Belastung

Krebs entwickelt sich über einen längeren Zeitraum, häufig über Jahre.

gesunde Körperzelle → Zelle teilt sich fort- lau- fend → Krebs → das umliegende Gewebe wird zerstört

↑ ein oder mehrere auslösende Faktoren

Warnzeichen kündigen die Krankheit an: müssen erkannt werden

↓ führt häufig zum Tod

7 Zeichen warnen vor Krebs

1. jede nicht heilende Wunde
2. Knoten in oder unter der Haut
3. jede Veränderung an einer Warze oder einem Muttermal
4. anhaltende Magenbeschwerden
5. Dauerhusten
6. ungewöhnliche Absonderungen
7. unregelmäßige Monatsblutungen

Jeder sollte sich selbst beobachten. Tritt eines der Warnzeichen auf, ist sofort ein Arzt aufzusuchen. Auch wenn kein direktes Warnzeichen vorliegt, hat jeder das Recht auf Früherkennungsuntersuchung.

Krebsgefährdete Organe

Beim Mann überwiegen Geschwülste der Lunge, des Magens, des Darms, der Leber, der Nieren und Blase.

Bei der Frau sind insbesondere die Geschlechtsorgane betroffen.

> Krebs ist eine Krankheit!
> Wenn sie früh genug erkannt und behandelt wird, ist sie heilbar.

1. Vermeide es, krebsfördernde Stoffe einzuatmen!
2. Vermeide es, fremde Stoffe mit der Nahrung aufzunehmen!
3. Vermeide extreme Strahlen- und Temperatureinflüsse!
4. Beobachte Deinen Körper, ob Warnzeichen auftreten!
5. Geh' regelmäßig zu Früherkennungsuntersuchungen!

Aufgabe *Besorgen Sie sich Informationshefte über Krebsfrüherkennung. Vielleicht kann Ihnen eine der folgenden Stellen behilflich sein: Ihr Arzt, Ihre Apotheke, Ihre Krankenkasse oder die Bundeszentrale für gesundheitliche Aufklärung in Köln.*

> Bundeszentrale für gesundheitliche Aufklärung, Ostmerheimer Str. 200, 51109 Köln

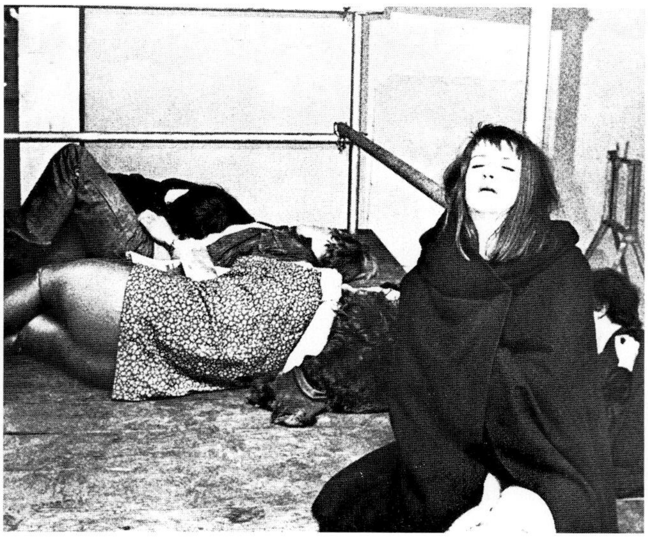

Drogen? Nein danke!

Drogenmißbrauch

Diese Jugendlichen haben Rauschmittel genommen.

Was wissen Sie bereits über Rauschmittel und andere Drogen?

Drogen sind suchterregende Mittel, wie Rauschmittel, Alkohol, Nikotin (im Tabakrauch) und Arzneimittel.

Kein Mißbrauch ohne Folgen

Schädigung der Gesundheit:

- Durchblutungsstörungen
- Entzündungserscheinungen
- Schädigung von Gehirn und Nervensystem
- Krebsgefährdung
- Schädigung des ungeborenen Kindes
- Abhängigkeit
- Siechtum (Tod)

Gefahr für die Mitmenschen:

- leichtsinniges Verhalten
- Gewalttätigkeit
- falsches Verhalten im Straßenverkehr

Beispiel eines Krankheitsbildes:

Durchblutungsstörungen im Bein
→ unheilbarer Gewebszerfall

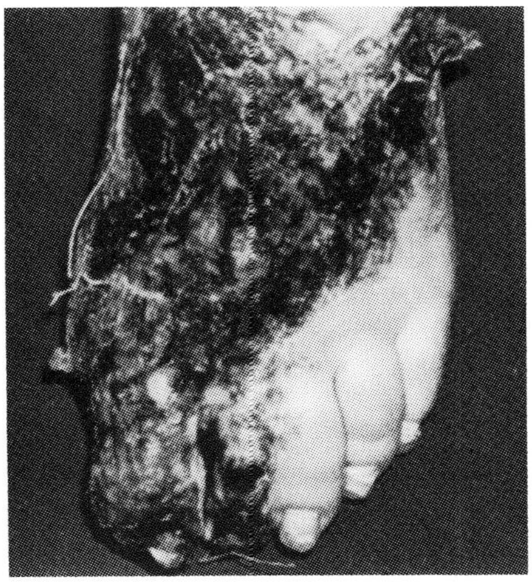

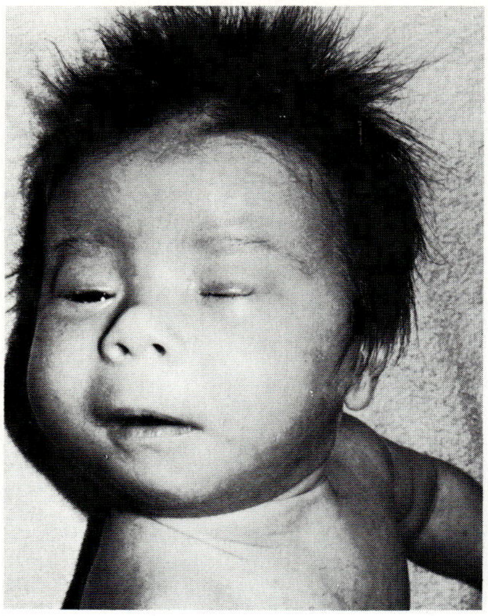

Was Mißbrauch noch bewirken kann:

Ein geschädigtes Kind –
Seine Mutter hatte während der Schwangerschaft viel Alkohol getrunken.

Schon etwa drei Flaschen Bier pro Tag zu Beginn der Schwangerschaft können zu Mißbildungen führen.
Die Leidtragenden sind jährlich etwa 6000 Kinder allein in der Bundesrepublik Deutschland!

Schritt für Schritt in die Abhängigkeit

Neugier
Nachahmung
Verführung
ungelöste Konflikte

→ ersten Gebrauch
↓
gelegentlichen Gebrauch
↓
Gewohnheitsgebrauch
↓
Abhängigkeit

Wer raucht oder Alkohol trinkt, Rauschmittel oder unverordnet Arzneimittel einnimmt, schädigt seine Gesundheit. Er kann abhängig (süchtig) werden. Immer größere Mengen sind notwendig, um „sich wohl zu fühlen". Das Ende: körperlicher und seelischer Verfall, Tod!

1. Vermeide jeglichen Mißbrauch!
2. Finger weg von allen Rauschmitteln!
3. Während der Schwangerschaft: Kein Alkohol! Nicht Rauchen! Keine unverordneten Arzneimittel!
4. Vorsicht bei Alkohol und chemischen Dämpfen oder Arzneimitteln!
5. Beratungsstellen helfen bei Problemen![1)]

Aufgaben

1. *Betrachten Sie Ihre Gewohnheiten kritisch. Haben Sie schon geraucht oder Alkohol getrunken? Erläutern Sie, warum Sie es taten.*
2. *Weshalb sollten Sie unbedingt vermeiden zu rauchen, Alkohol zu trinken, unverordnet Arzneimittel zu verwenden? Erklären Sie es sich zunächst selbst, dann Ihren Freunden.*

[1)] Die für Sie nächste Stelle erfahren Sie u. a. von Ihrem zuständigen Gesundheitsamt oder über die Deutsche Hauptstelle gegen Suchtgefahren, Hamm, Bahnhofstraße 2. Eine Liste mit Anschriften über Einrichtungen der Beratung, Behandlung und Wiedereingliederung für Drogen-, Alkohol- und Arzneimittelgefährdete und -abhängige wurde auch vom Bundesministerium für Jugend, Familie und Gesundheit herausgegeben.

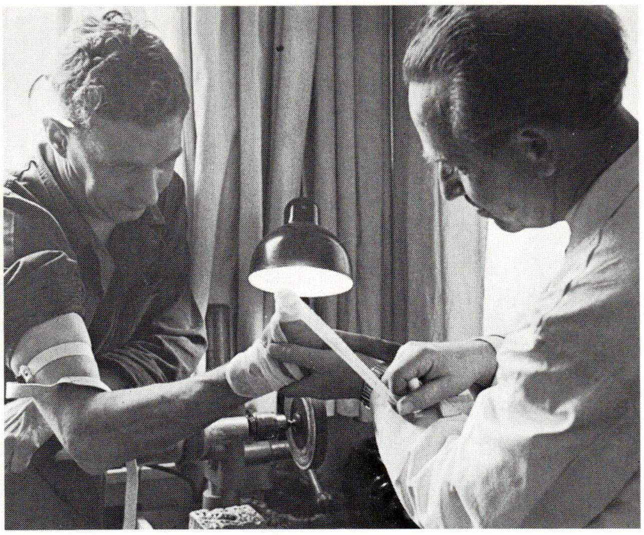

Gesund bleiben! Aber wie?

Hinweise zur Gesunderhaltung des Körpers

Ein Arbeitsunfall!
Er hatte für kurze Zeit nicht aufgepaßt.

Kennen Sie ähnliche Fälle?

1. Unfälle sind keine Zufälle!
   Die meisten Unfälle geschehen durch Unachtsamkeit.
2. Pflege muß sein!
   Körperpflege (auch Zahnpflege) ist Voraussetzung für das Gesundbleiben.
3. Sauberkeit schützt vor Krankheiten!
   Infektionskrankheiten sind durch Sauberkeit vermeidbar.
4. Haltungsfehler müssen nicht sein!
   Das Knochengerüst trägt uns ein Leben lang. Haltungsfehler führen zu frühzeitiger Abnutzung.
5. Der Mensch braucht Bewegung!
   Bewegung stärkt den Kreislauf.
6. Jedes „Zuviel" schädigt den Körper!
   Z. B. Sportschäden oder Hörschäden – das Ergebnis übertriebener Verhaltensweisen.
7. Gesunde Ernährung hält Leib und Seele zusammen!
   Gesunde Ernährung gibt dem Körper, was er braucht: nicht zu viel – nicht zu wenig, von allem etwas.
8. Drogen? Nein danke!
   Drogenmißbrauch ist Selbstmord auf Raten.
9. Atme nicht alles ein!
   Z. B. Abgase und Stäube am Arbeitsplatz sind ungesund. Wenn notwendig, sind Schutzmaßnahmen zu treffen – Atemmaske.
10. Rege Dich nicht auf!
    Ärger schädigt die Gesundheit.
11. Erholung gehört dazu!
    Nach jeder Anstrengung braucht der Körper eine Erholung, um neue Kräfte zu sammeln.
12. Beobachte Dich selbst!
    Jeder Verdacht einer Erkrankung sollte ernstgenommen werden. Ärztliche Versorgung kann Schlimmes verhüten helfen.

Wer gesund bleiben will, muß sich bereits in der Jugend vorsehen!

WIRTSCHAFTSKUNDE

Der private Haushalt

Die meisten Menschen leben in einer Gemeinschaft mit anderen Menschen. Die häufigste Gemeinschaft ist die Familie.
Die Familienmitglieder reden, streiten, lachen, leiden und freuen sich miteinander. Die Familie nimmt Anteil am Leben ihrer Mitglieder.

Die Familie ist eine Lebensgemeinschaft.

Sie fragen sich vielleicht, was hat dies mit dem Fach Wirtschaftslehre oder Wirtschaftskunde zu tun? Überlegen wir aber einmal weiter.
Meist wohnen die Familienmitglieder in einer gemeinsamen Wohnung.

Die Familie ist Wohngemeinschaft.

Die Familie muß wirtschaften

Die Familie ist noch mehr.
Jedes Familienmitglied muß essen und trinken, braucht Kleidung und hat sonst noch viele Wünsche.
In der Familie wird jeder einzelne mit Nahrung, Kleidung, Wohnung, Informationen durch Radio und Fernseher usw. versorgt.

Die Familie ist eine Versorgungsgemeinschaft.

Nahrung, Kleidung, Wohnung usw. werden nicht geschenkt. Für alles muß die Familie bezahlen. Die Familie braucht deshalb **regelmäßiges Einkommen.** Durch ihre Arbeitsleistung schaffen ein oder mehrere Familienmitglieder ein regelmäßiges Einkommen.

Oft stehen dem Einkommen zu viele Bedürfnisse und Wünsche gegenüber, die nicht oder nur zum Teil erfüllbar sind.

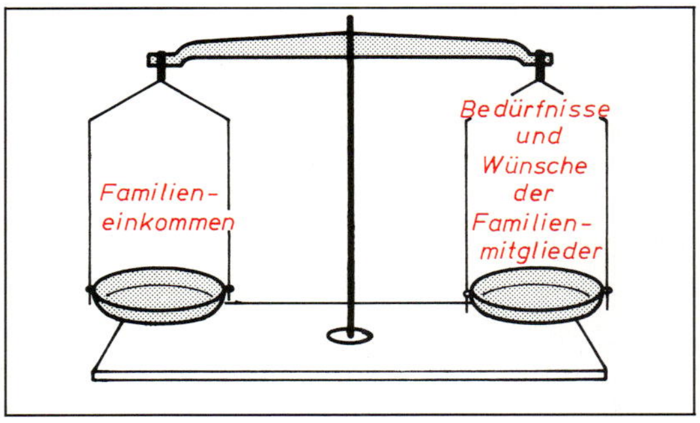

Zwischen diesen beiden Seiten muß Gleichgewicht herrschen. Wird z. B. zu Monatsbeginn zuviel ausgegeben, so muß am Monatsende gespart werden. Die Familie muß planen.

Das planvolle Umgehen mit dem Einkommen zur Befriedigung der Bedürfnisse und Wünsche der Familienmitglieder nennt man **haushalten** oder **wirtschaften.**

Die Familie ist eine Wirtschaftsgemeinschaft.

Die Familie und die Wirtschaft

Früher, vor Jahrhunderten, war die Familie noch in der Lage, die Bedürfnisse der Familienmitglieder selbst zu erfüllen. Der Bau der Hütte, die Suche nach Nahrung und die Herstellung der Kleidung wurden selbst vorgenommen. Für die Information genügte ein Schwatz an der Wasserstelle.
Inzwischen haben sich die Bedürfnisse des Menschen so entwickelt, daß die Familie nicht mehr in der Lage ist, alle Bedürfnisse selbst zu erfüllen.
Die Familie muß:

- Nahrung einkaufen,
- Kleidung einkaufen,
- Wohnung mieten oder Haus bauen lassen,
- benötigt Zeitungen, Rundfunk und Fernsehen zur Information.

Die Wirtschaftsgemeinschaft Familie ist eng mit der Gesamtwirtschaft verbunden.

Der private Haushalt als Teil der Gesamtwirtschaft

Die Familie kann nicht für sich allein wirtschaften. Nahrung, Kleidung und viele andere Güter stellt die Familie nicht selbst her. Dies besorgen kleine und große Fabriken und Handwerksbetriebe.
Das Familienauto wird in einem großen Industrieunternehmen hergestellt. Ist es defekt, wird es in einer kleinen Werkstatt, einem Handwerksbetrieb, repariert.

Die Industrie und das Handwerk sind Teile der Wirtschaft.

Die Familienmitglieder haben jedoch auch Wünsche, die nicht durch Güter befriedigt werden können.
Zur Beförderung eines Briefes benötigt man die Dienste der Post.
Bei Zahnschmerzen braucht man die Dienste des Zahnarztes. Ärzte, Post, Bahn, Bank, Polizei, Feuerwehr und viele andere mehr produzieren keine Güter, sondern bieten bestimmte **Dienstleistungen** an.

Die Dienstleistungen sind ein Teil der Wirtschaft.

Kein Teil der Wirtschaft kann für sich allein leben, alle hängen voneinander ab.

Private Haushalte + Industrie und Handwerk + Dienstleistungen zusammen bilden die Gesamtwirtschaft eines Landes.

Verflechtungen

Der private Haushalt ist eng mit der Gesamtwirtschaft verflochten. Schwankungen in der gesamtwirtschaftlichen Lage und Entwicklung eines Landes können großen Einfluß auf die Wirtschaftseinheit Haushalt haben. An einigen Beispielen soll dies verdeutlicht werden:

Preise steigen → Die Familie erhält weniger Ware für gleich viel Geld und kann sich weniger leisten. Mancher Kauf wird aufgeschoben.

Löhne steigen → Das Familieneinkommen steigt. Die Familie kann sich mehr leisten und tätigt manchen Kauf früher als geplant.

Vollbeschäftigung → Alle finden Arbeit, kein Familienmitglied muß sich um den Arbeitsplatz Sorgen machen. Das sichere Einkommen erlaubt auch einen Kauf auf Kredit.

Unterbeschäftigung → Es gibt Arbeitslose. Vielleicht wird auch ein Familienmitglied arbeitslos. Dann heißt es sparen, denn das Familieneinkommen ist geringer.

Aber auch andere Geschehnisse in der Gesamtwirtschaft können den privaten Haushalt stark beeinflussen. Überlegen Sie, welche Auswirkungen folgende Vorgänge für die wirtschaftliche Lage Ihrer Familie haben können:

1. *Im Betrieb Ihres Vaters oder Ihrer Mutter muß kurzgearbeitet werden, das heißt es gibt so wenig Arbeit, daß nur noch 20 Stunden in der Woche gearbeitet werden und bezahlt werden können.*
2. *Der Betrieb Ihres Vaters oder Ihrer Mutter wird an einen ca. 80 km weit entfernten Ort verlegt.*
3. *Ihr Vater oder Ihre Mutter erhalten von der Firma einige Tausend DM Erfolgsbeteiligung.*
   Sprechen Sie mit Ihrer Familie einmal diese Probleme durch.

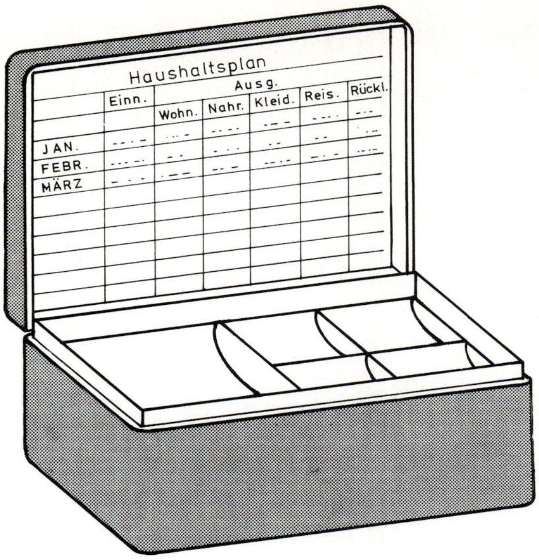

Wirtschaften als Existenzgrundlage

Wie teilen Sie Ihr Taschengeld ein?
Ist es Ihnen auch schon passiert, daß am 20. der Letzte war?
Wie sorgt Ihre Familie vor, daß auch am Monatsletzten noch Essen auf den Tisch kommt?

Ihre Familie muß wirtschaften.
Ihre Familie muß Einnahmen und Ausgaben, am besten für die Dauer eines Monats im voraus, gegenüberstellen.
Zuerst muß das Familieneinkommen festgestellt werden. Dies ist rasch geschehen.
Bei den Ausgaben wird es schwieriger, denn nicht alle Ausgaben fallen regelmäßig an.
Die Miete muß monatlich bezahlt werden, die Kraftfahrzeugsteuer jährlich, Wasser, Gas und Strom oft zweimonatlich.

Hier hilft nur eines: **Regelmäßig alle Ausgaben aufschreiben.**

Dann hat man eine Planungsunterlage für den monatlichen Haushaltsplan.

Haushaltsplan für einen Monat

Einnahmen in DM		Ausgaben in DM	
Vater (netto)	2200,–	Miete	850,–
Mutter (netto)	840,–	Wasser, Gas, Strom	160,–
		Heizung	180,–
		Versicherungen, Steuern	90,–
		Lebensmittel	530,–
		Wasch- und Pflegemittel	120,–
		Auto	180,–
		Unterhaltung, Kunst	228,–
		Sonstiges	210,–
		Sparen	492,–
	3040,–		3040,–

Der Haushaltsplan muß ausgeglichen sein.
Niemand kann auf Dauer mehr ausgeben, als er einnimmt.

Zum Nachdenken

Wo kann die Familie Ausgaben streichen, wenn die Mutter ihre Teilzeitarbeit nicht mehr ausführen kann?

Steigender Wohlstand – steigender Komfort.
Betrachten Sie das Schaubild genau. Viele technische Geräte bringen Erleichterung der Hausarbeit und Bequemlichkeit.

Welcher Preis muß dafür vielleicht bezahlt werden?

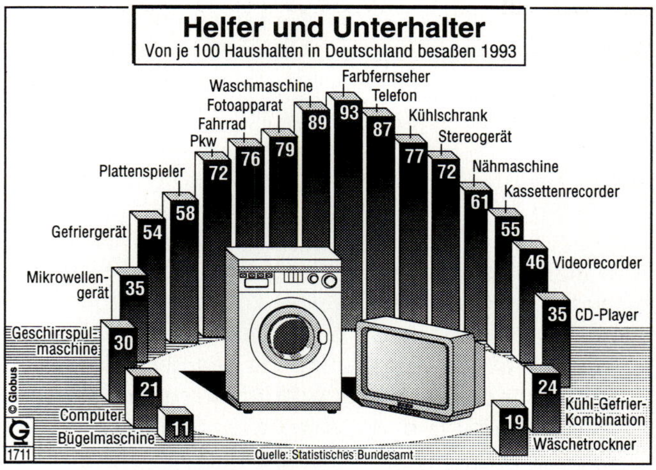

Der Mensch lebt nicht vom Brot allein

Ein Sprichwort sagt:
Essen und Trinken halten Leib und Seele zusammen.

Aber nicht für alle Familienmitglieder ist Essen und Trinken das Wichtigste. Die Wünsche und Bedürfnisse sind vielseitig, nicht alle sind gleich wichtig und gleich dringlich.

Grundbedürfnisse

Ohne ● Nahrung ● Kleidung ● Wohnung

kann der Mensch auf Dauer nicht existieren. Diese Grundbedürfnisse haben alle Familienmitglieder. Dann gehen aber die Bedürfnisse auseinander.

Für den Vater ist die Weiterbildung in seinem Beruf das Wichtigste.
Die Mutter schätzt mehr ein gutes Buch oder Theaterbesuche.
Beim Sohn steht der Sport über allem.
Die Tochter geht lieber tanzen.
Diese unterschiedlichen Bedürfnisse kann man ordnen.

Kulturbedürfnisse sind: Bildung, Körperpflege, Kunst.

Luxusbedürfnisse sind: Schmuck, Vergnügen, Genußmittel.

Es wird heute meist als selbstverständlich genommen, daß die Familie die Grundbedürfnisse befriedigen kann. Das Bild der Käuferschlange vor einem Laden zeigt, daß dies nicht immer der Fall war. Aber auch in schlechten Zeiten hatten die Menschen neben den Grundbedürfnissen noch Bedürfnisse nach Kunst und Vergnügen. In den Jahren nach dem 2. Weltkrieg waren die wenigen Kinos überfüllt, Autos oder Telefonanschlüsse waren dagegen ein ungeheurer Luxus. Wie ist das heute?

Bedürfnisse sind wandelbar

Was vor 60 Jahren noch als Luxus galt, z. B. Urlaubsreise, Kühlschrank, Auto, ist heute eine Selbstverständlichkeit für viele Haushalte.

Betrachten Sie dazu das Schaubild „Haushaltskassen – damals und heute“.
Für die Grundbedürfnisse wurden 1927 über 80 % des verfügbaren Einkommens ausgegeben, 1989 war dafür etwa die Hälfte des Einkommens notwendig.

Betrachten Sie nochmals das Schaubild „Helfer und Unterhalter“ auf Seite 180. Ist es heute noch ein Luxus, wenn fast alle Haushalte mit einem Kühlschrank, Fernsehapparat oder einem Fotoapparat ausgestattet sind?

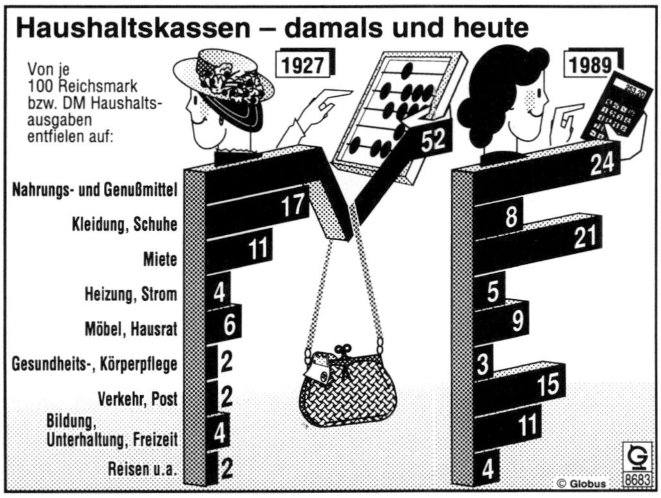

Was wir von der Wirtschaft erwarten können

Hier kann man kaum vorbeigehen.
Mit dem Anschauen kommt der Appetit.
Vielfach werden wir heute verlockt, Dinge zu kaufen, die wir nicht unbedingt benötigen.

Unsere Wirtschaft ist jedoch heute in der Lage, all das anzubieten, das wir zur Erfüllung unserer Bedürfnisse und Wünsche benötigen.

Alle Dinge, die der Mensch zur Befriedigung seiner Bedürfnisse und Wünsche benötigt, sind Güter.

Sachgüter

Das Schaubild „Deutsche Haushaltskassen" zeigt, mit welchen Gütern ein Durchschnittshaushalt die Bedürfnisse seiner Mitglieder befriedigt.

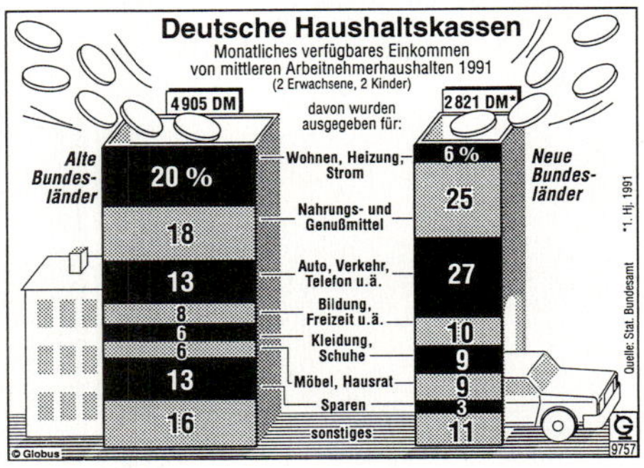

Konsumgüter dienen unmittelbar dem Menschen zum Verbrauch.

Man unterscheidet dabei Verbrauchs- und Gebrauchsgüter.
Verbrauchsgüter sind meist Güter mit einmaligem Nutzen, z. B. Lebensmittel, Heizöl, Seife.
Gebrauchsgüter werden über einen längeren Zeitraum genutzt, z. B. Kleidung, Kühlschrank, Möbel.
Gebrauchsgüter stellen über längere Zeit einen Wert dar und können umgetauscht, verkauft, beliehen werden.

Produktionsgüter dienen der Herstellung und Verteilung von Konsumgütern. Man bezeichnet sie auch als **Investitionsgüter,** z. B. Maschinen, Transportfahrzeuge, Werkzeuge, Gebäude.

Dienstleistungen

Der Mensch hat Bedürfnisse, die sich nicht durch Konsum- oder Produktionsgüter befriedigen lassen. Für Gesundheit, Bildung, Erholung, Reisen und vieles andere mehr benötigt der Mensch die Dienste anderer.

Dienstleistungsbetriebe

Verkehrsbetriebe	Bahn, Post, Schiffahrt, Flugzeuge, Speditionen sorgen für Beförderung der Güter, Personen und Nachrichten.
Banken, Sparkassen	sorgen für einen reibungslosen Ablauf des Zahlungsverkehrs.
Handel	Groß- und Einzelhandel sorgen für die Verteilung der Güter bis zum Verbraucher.
Versicherungen	schützen vor Verlusten durch Diebstahl und Naturgewalten.
Rechtsanwälte	beraten in Rechtsangelegenheiten und vertreten vor Gerichten.
Öffentlicher Dienst	sind alle Behörden und Ämter, die dem Bürger dienen.

Weitere Dienstleistungsbetriebe sind Gaststätten, Frisöre, Ärzte, Schulen, Reparaturdienste und viele andere, die dem Menschen das Leben erleichtern.

Viele Bereiche des Dienstleistungsgewerbes lassen sich nicht so automatisieren wie Bereiche der Produktion. Heute schon sind über 40% der Beschäftigten in Dienstleistungsberufen.
Vielleicht liegt dort auch Ihre berufliche Zukunft?

Wo man kauft und verkauft

Es gibt nur noch wenige Wochenmärkte, auf denen man unmittelbar vom Erzeuger den Bedarf decken kann. Das Wort Markt bedeutet heute in der Wirtschaft weit mehr als der Betrieb eines Wochenmarktes.

Markt – Mittelpunkt des Gütertausches

Überall, wo Anbieter und Nachfragende sich treffen, wo Güter getauscht werden, bildet sich ein Markt.

Warenmärkte

Auf dem Vieh-, Fisch- oder Gemüsemarkt wird noch unmittelbar die Ware gegen Geld getauscht.
Für andere Waren, wie Zucker, Kaffee, Kupfer oder Gold, bilden sich Märkte weitab von der Ware. Hier werden die Waren nur noch auf dem Papier angeboten, gekauft und oft sofort wieder verkauft.

Märkte sind alle Orte des Zusammentreffens von Angebot und Nachfrage.

Kapitalmarkt

Hier wird mit Wertpapieren wie Aktien, Pfandbriefen gehandelt, ebenso mit langfristigen Krediten und Kapitalanlagen.

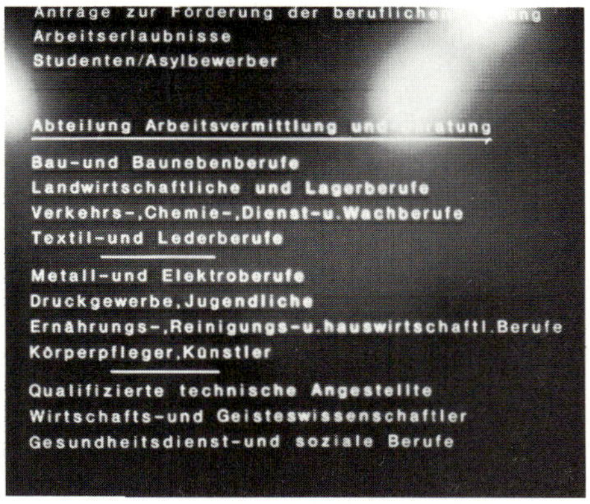

Arbeitsmarkt

Die Arbeitnehmer bieten ihre Arbeitsleistung an, die Unternehmer treten als Nachfrager auf.
Die Arbeitsämter vermitteln zwischen den Arbeitssuchenden und dem Arbeitgeber.
Aber auch aus den Stellenanzeigen der Tageszeitungen kann man ablesen, für welche Berufe eine Nachfrage besteht. Ist Ihr gewünschter Beruf dabei?

Zusammenfassung

Überall, wo Angebot und Nachfrage sich treffen, bildet sich ein Markt. Kann sich ein „freies Spiel von Angebot und Nachfrage“ vollziehen, so spricht man von freiem Wettbewerb in einer freien Marktwirtschaft.

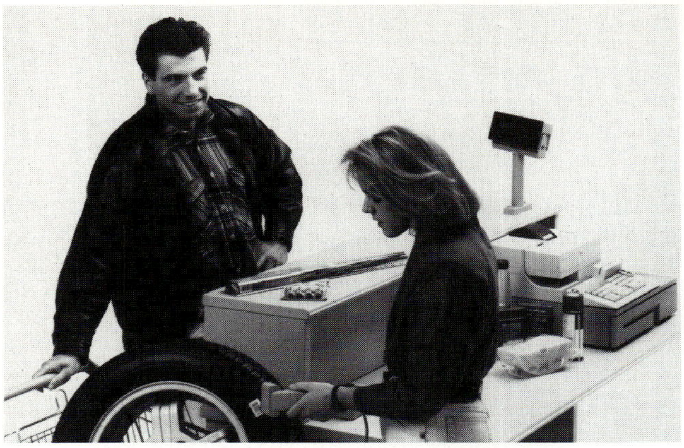

Wie sich Preise bilden

Der Händler rechnet aus, zu welchem Preis er eine Ware verkaufen kann. Selbstverständlich möchte er aber auch an der Ware verdienen.

Wovon würde er sonst leben? Schließlich hat auch er Bedürfnisse, die er sich gern erfüllen will.

Zuerst muß er seine Kosten erfassen. Ein Händler für Zweiräder kalkuliert die Kosten für ein Kleinmotorrad.

Kostenarten

Aus der Rechnung des Herstellerwerkes entnimmt er den
sowie die Kosten für Fracht, Verpackung, Versicherung, also
Damit kennt er seine
Daneben muß er anteilsmäßig seine Kosten für Löhne der Verkäufer, Raumpflegerinnen usw., Mieten für die Lager- und Verkaufsräume, Werbung mit Prospekten und Zeitungsanzeigen, Gas, Strom, Wasser und Heizung, Abnützung der Verkaufs- und Ausstellungseinrichtung berücksichtigen.

Alle Kosten, die allgemein anfallen, nennt man Gemeinkosten.

Aus Erfahrung weiß der Händler, daß in seinem Betrieb die
mit ca. 20% der Einstandskosten anzusetzen sind
Jetzt erhofft er sich einen Gewinn von 10% der Selbstkosten

Einkaufspreis	DM 2355,–
Versand- und Verpackungskosten	DM 69,–
Einstandskosten	DM 2424,–
Gemeinkosten	DM 484,80
Selbstkosten	DM 2908,80
Gewinn	DM 290,88
Verkaufspreis	DM 3199,68

Ein anderer Händler hat einen größeren Posten des Kleinmotorrades auf Lager und will diese rasch verkaufen, weil ein neues Modell angekündigt wurde. Er kalkuliert knapper und gibt sich mit einem geringeren Gewinn zufrieden.

Sein Verkaufspreis DM 2999,90

Angebot und Nachfrage

Das Angebot an Kleinmotorrädern ist somit groß. Die Nachfrage hängt von vielen Bedingungen ab. Im Frühjahr werden mehr junge Leute ein Kleinmotorrad kaufen als im Herbst. Bei einem günstigen Preis wird sich aber doch der eine oder andere im Herbst zu einem Kauf entschließen.

Die Preise bilden sich aus Angebot und Nachfrage.

Vereinfacht kann dies wie folgt ausgedrückt werden:

Großes Angebot – Preis fällt	Große Nachfrage – Preis steigt
Kleines Angebot – Preis steigt	Kleine Nachfrage – Preis fällt

Jedoch nicht alle Preise bilden sich allein durch Angebot und Nachfrage. Hier einige Beispiele:
Preise für landwirtschaftliche Erzeugnisse werden durch Zuschüsse des Staates (Subventionen) an die Landwirte erniedrigt. – Die Preise für Heizöl und Benzin wurden – trotz z. T. geringerer Nachfrage – durch die Ölförderländer erhöht.

Hier werden Sie umworben

Nicht immer ist das billigste Angebot das günstigste. Oft ist es schwierig zu erkennen, ob ein Preis wirklich günstig ist oder ob hinter dem Preis nicht schlechte Qualität verborgen ist.

Nutzen der Werbung

Durch Werbung macht der Anbieter auf seine Ware aufmerksam, besonders auf Preis, Qualität und sonstige Vorzüge. Der Verbraucher erhält durch die Werbung der verschiedenen Firmen eine gewisse Übersicht über das Angebot, kann Preise vergleichen und sich über die Qualität informieren.

> Werbung soll den Umsatz fördern und Bedürfnisse wecken.

Methoden der Werbung

Inserate in Tageszeitungen, Spots im Fernsehen, Kino, Werbeplakate und Wurfsendungen fallen sofort ins Auge. Durch diese direkten Werbemethoden wurden bestimmt auch Sie schon zu Käufen veranlaßt.
Weniger direkte Werbemethoden sprechen weniger Ihr Auge, sondern mehr Ihre Gefühle an: so die Gestaltung eines Schaufensters mit Bildern aus den Urlaubsparadiesen, das geschickte Verkaufsgespräch des Verkäufers oder die Anordnung der Ware in den Regalen oder im Verkaufsraum.
Gehen Sie einmal mit offenen Augen durch einen Supermarkt, und achten Sie auf die verschiedenen Methoden, wie direkt und indirekt für die Waren geworben wird.

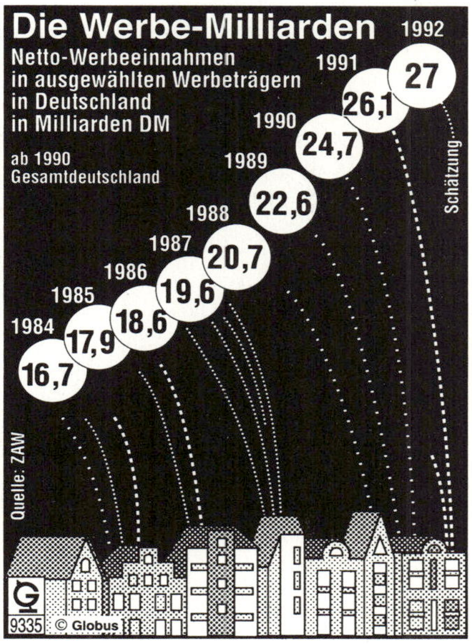

Gefahren der Werbung

Durch die Werbung soll Bedarf geweckt und Umsatz gesteigert werden. Dies ist in einer auf Wachstum ausgerichteten Wirtschaft notwendig.

Überlegen Sie jedoch einmal:
Haben Sie nicht schon öfters sich durch Werbung verführen lassen, Dinge zu kaufen, die Sie nicht benötigen?
Haben Sie sich bei einem Kauf nicht schon öfters durch die lustigen Fernsehspots für den Kauf eines Gerätes entschieden, ohne auf die Qualität zu achten?

Deshalb:

> Planen Sie jeden Kauf.
> Lassen Sie sich durch Werbung beraten, aber nicht beirren.
> Verhalten Sie sich verbraucherbewußt.

Aufgabe

Nehmen Sie sich einen Werbeprospekt einer Firma vor, und untersuchen Sie, ob dort etwas ausgesagt wird über: Preis, Qualität, Material, Größe, Farbe, Verarbeitung, Nutzwert.

Wie? Das erfahren Sie auf der nächsten Seite.

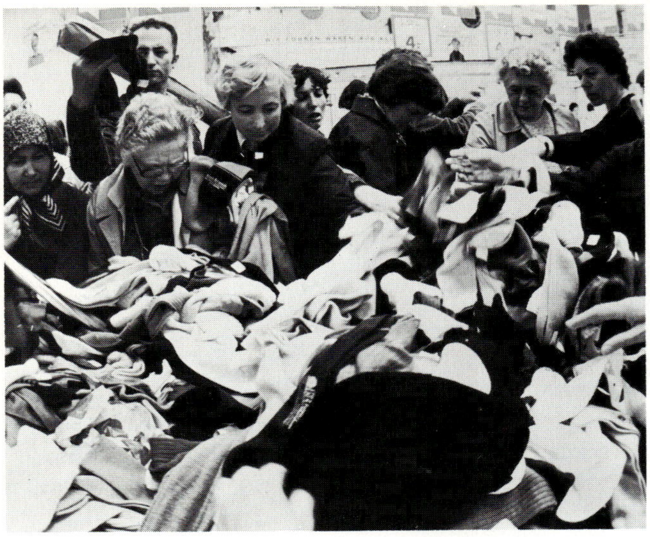

So verhalten Sie sich verbraucherbewußt

Zweimal im Jahr, beim Sommer- und beim Winterschlußverkauf, haben Sie als Verbraucher Gelegenheit, günstig einzukaufen.

Aber auch sonst können Sie viel Geld sparen, wenn Sie verbraucherbewußt einkaufen.

Wie verhalte ich mich verbraucherbewußt?

Das beginnt bei den Preisen. **Vergleichen Sie Preise.** Jeder Händler hat die Möglichkeit, die Preise selbst festzusetzen. Preisunterschiede bis zu 20% sind keine Seltenheit.
Will man mehrere Angebote vergleichen, so braucht man **Zeit zum Einkaufen.**
Zeit sparen können Sie, wenn Sie zu Hause einen **Einkaufszettel schreiben** und so gezielt in den Geschäften suchen können.

Deshalb: Kauf geplant – Geld gespart

Die Aufmachung einer Ware kann täuschen. Der Inhalt macht's. Vergleichen Sie deshalb vor dem Kauf Inhalt und **Verpackungsgröße.**
Zum **Sommer- und Winterschlußverkauf** sowie zu anderen Gelegenheiten, z. B. bei **Eröffnungs- oder Räumungsverkäufen,** gibt es Sonderangebote und Preisnachlässe. Es lohnt sich, mit manchem Kauf bis zu diesen Gelegenheiten zu warten und dabei auch **auf Vorrat einzukaufen.** Lassen Sie sich nicht durch einen geschickten Verkäufer zu einem Kauf überreden. Stimmen Preis oder Qualität nicht mit Ihren Wünschen überein, **verlassen Sie auch einmal ein Geschäft ohne einen Kauf.**

Verbraucherinformation

Es gibt viele Stellen in der Bundesrepublik Deutschland, die die Verbraucher objektiv beraten. Hier seien einige genannt.
Verbraucherzentralen gibt es in allen Bundesländern. Büros werden in allen größeren Städten unterhalten. Schauen Sie im Telefonbuch nach!
Die **Stiftung Warentest** testet in Vergleichstests die Erzeugnisse verschiedener Anbieter und gibt Empfehlungen. In einer Monatszeitschrift und in Jahrbüchern werden die Erzeugnisse und Empfehlungen veröffentlicht. Daneben gibt es Beratungen von **weiteren Organisationen:** Deutsche Gesellschaft für Ernährung, Deutsche Gesellschaft für Hauswirtschaft, Beratungsstellen der Technischen Werke u.v.m.

Verbraucherschutz

Durch Gesetze und Kontrollen schützt der Staat die Verbraucher.
Im Gesetz gegen Wettbewerbsbeschränkungen wird der Zusammenschluß zu „marktbeherrschenden Unternehmen" verboten. Darüber wacht das Bundeskartellamt.
Gewerbeaufsichtsamt, Gewerbepolizei, chemische und andere Untersuchungsämter schützen den Verbraucher vor unlauterem Wettbewerb und sorgen durch Kontrollen und Probenuntersuchungen dafür, daß z. B. den Lebensmitteln keine gesundheitsschädlichen Stoffe zugesetzt werden. – Besonderen Schutz genießt der Verbraucher beim Abschluß von Verträgen, besonders bei Ratenverträgen. Auf Seite 190 mehr darüber.

Ab wann man Geschäfte abschließen darf

Pfiff ist 15 Jahre alt und möchte sich ein Mofa kaufen.

Geht das so einfach?

Geschäftsfähigkeit

Will man Geschäfte, z. B. einen Kaufvertrag abschließen, so muß man damit Rechte und Pflichten übernehmen. Man muß überblicken können, was man tut und sich über die Folgen für sich und andere im klaren sein.
Nicht verwechseln darf man Rechts- und Geschäftsfähigkeit. Rechtsfähig ist der Mensch von Geburt an. Geschäfte abschließen darf man jedoch erst nach einigen Lebensjahren.

Geschäftsfähigkeit ist die Fähigkeit, Verträge abzuschließen.

Was ist in den Gesetzen festgelegt?

Im BGB (Bürgerliches Gesetzbuch) sind die **Stufen** der **Geschäftsfähigkeit** festgelegt.

	ab Vollendung des 18. Lebensjahres	voll geschäftsfähig	Abschluß aller Rechtsgeschäfte
vom 7. bis 18. Lebensjahr	beschränkt geschäftsfähig	freies Verfügungsrecht über „Taschengeld“ sonstige Rechtsgeschäfte nur mit Zustimmung der Erziehungsberechtigten	
bis 7. Lebensjahr	geschäftsunfähig	Es dürfen keine Rechtsgeschäfte abgeschlossen werden. Abgeschlossene Rechtsgeschäfte sind ungültig. Vertretung: Eltern oder Vormund	

Beispiele

Ein Zwölfjähriger kauft von seinem Taschengeld eine Lokomotive für seine elektrische Eisenbahn. Der Vater verlangt, daß er sie zurückgibt. Ist der Sohn dazu verpflichtet? Muß der Verkäufer die Lokomotive zurücknehmen?

Ein siebzehnjähriger Auszubildender kauft sich von seinem selbstverdienten Geld eine Stereoanlage um 3500,– DM auf Raten. Anhand seines Ausbildungsvertrages weist er dem Verkäufer nach, daß er zur Zahlung der Raten in der Lage ist. Trotzdem verlangt der Verkäufer die Unterschrift des Vaters. Ist er dazu berechtigt?

Vertrag kommt von „vertragen“

Unzählige Male spielt sich dieser Vorgang täglich ab. Man sucht die Ware aus, geht an die Kasse und bezahlt.

Jeder Kauf ist ein Vertrag zwischen Käufer und Verkäufer.

Vertrag

Zum Abschluß eines Vertrages gehören mindestens zwei Parteien, die sich vertragen, das heißt, die ihre gegenseitige Verpflichtung anerkennen.

Ein Vertrag ist eine übereinstimmende Willenserklärung.

Abschluß eines Kaufvertrages

Kaufverträge können formlos abgeschlossen werden (Ausnahme: Grundstückskäufe).
Der Käufer richtet eine **Anfrage** an den Käufer.
Der Verkäufer unterbreitet ein **Angebot.**
Der Käufer nimmt das Angebot an und gibt eine **Bestellung** auf.
Der Verkäufer **bestätigt** die Bestellung und **liefert** die Ware.
Der Käufer **nimmt** die Ware **an** und **bezahlt** die Rechnung.

Rechte und Pflichten

Käufer und Verkäufer übernehmen mit dem Abschluß eines Kaufvertrages Rechte und Pflichten.
Der Verkäufer verpflichtet sich zur fristgerechten Lieferung einwandfreier Ware.
Der Käufer verpflichtet sich zur Abnahme der Ware und fristgerechten Bezahlung.

Wenn Käufer und Verkäufer sich streiten

Werden die Pflichten aus dem Kaufvertrag nicht eingehalten, so gibt es Störungen im Ablauf des Kaufvertrages. Im BGB (Bürgerliches Gesetzbuch) gibt es Regelungen, wenn Verträge nicht erfüllt werden: Lieferung schlechter Ware, verspätete Lieferung, Nichtabnahme der Ware, verspätete Zahlung.
Bei Nichteinigung entscheidet das Gericht.

Störung	**Abhilfe**
Lieferung mangelhafter Ware	Umtausch, Preisnachlaß, Rücktritt vom Kauf, Schadensersatz
Verspätete Lieferung	Gewährung einer Nachfrist, Mahnung, Rücktritt vom Vertrag, Schadensersatz
Verspätete Zahlung	Außergerichtliches Mahnverfahren: Mahnung mit Berechnung der Mahnkosten und Verzugszinsen Gerichtliches Mahnverfahren: Zahlungsbefehl, Zwangsvollstreckung, Übernahme aller Kosten und Verzugszinsen

Arten von Verträgen

Bei vielen Rechtsgeschäften handelt es sich um Verträge.

Kaufvertrag	Kauf einer Zeitung, eines Fahrrades, Werkzeuges, einer Fabrikanlage
Mietvertrag	Mieten einer Wohnung, eines PKW
Berufsausbildungsvertrag	Vertrag zwischen Auszubildenden und Ausbildungsbetrieb
Arbeitsvertrag	Vertrag zwischen Arbeitnehmer und Arbeitgeber
Werkvertrag	Reparatur eines Autos, einer Uhr

Wie man Rechnungen bezahlt

Geldbriefträger! Ist das nicht ein schöner Beruf? Überall gibt es nur fröhliche Gesichter, wo er auftaucht.

Doch Post, Sparkassen und Banken bieten heute eine Reihe anderer Möglichkeiten im Zahlungsverkehr, bei denen man mit dem Geld gar nicht mehr in Berührung kommt.

Überblick über den Zahlungsverkehr

Zahler (Schuldner)	**Formular**	**Zahlungsempfänger** (Gläubiger)
Zahlt bar beim Postamt ein	Postanweisung	→ Erhält vom Geldbriefträger Bargeld
Zahlt bar beim Postamt ein	Zahlkarte	→ Erhält Gutschrift auf sein Postscheckkonto
Zahlt bar bei der Sparkasse ein	Zahlschein	→ Erhält Gutschrift auf sein Konto
Beauftragt das Postscheckamt, den Betrag zu überweisen	Postüberweisung	→ Erhält Gutschrift auf sein Konto
Beauftragt die Sparkasse, den Betrag zu überweisen	Überweisungsauftrag	→ Erhält Gutschrift auf sein Konto

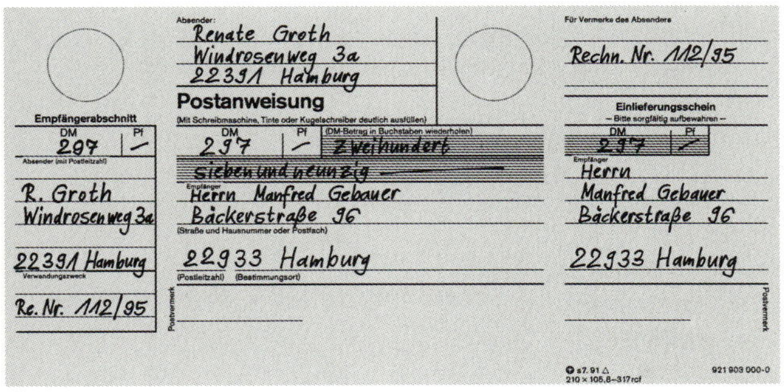

Absender: Renate Groth, Windrosenweg 3a, 22391 Hamburg

Für Vermerke des Absenders: Rechn. Nr. 112/95

Postanweisung
(Mit Schreibmaschine, Tinte oder Kugelschreiber deutlich ausfüllen)

Empfängerabschnitt: DM 297 Pf –; Absender (mit Postleitzahl): R. Groth, Windrosenweg 3a, 22391 Hamburg; Verwendungszweck: Re. Nr. 112/95

DM 297 Pf – (DM-Betrag in Buchstaben wiederholen) Zweihundert siebenundneunzig

Empfänger: Herrn Manfred Gebauer, Bäckerstraße 96 (Straße und Hausnummer oder Postfach), 22933 Hamburg (Postleitzahl) (Bestimmungsort)

Postvermerk

Einlieferungsschein – Bitte sorgfältig aufbewahren –: DM 297 Pf –; Empfänger: Herrn Manfred Gebauer, Bäckerstraße 96, 22933 Hamburg

Postvermerk

s7.91 210 × 105,8–317rcf 921 903 000-0

Postanweisung

Besitzen Zahler und Zahlungsempfänger keinerlei Konto, so wird der Betrag mittels Postanweisung beim Postamt einbezahlt. Der Zahlungsempfänger erhält den Betrag in bar ausbezahlt. Je einen Abschnitt der Postanweisung erhalten der Zahler als Beleg, der Zahlungsempfänger und die Post.

Schreiben Sie gut lesbar – möglichst Blockschrift.
Füllen Sie alle drei Teile vollständig aus.
Vergessen Sie auf dem linken Abschnitt (für den Zahlungsempfänger) weder Absender noch Verwendungszweck.

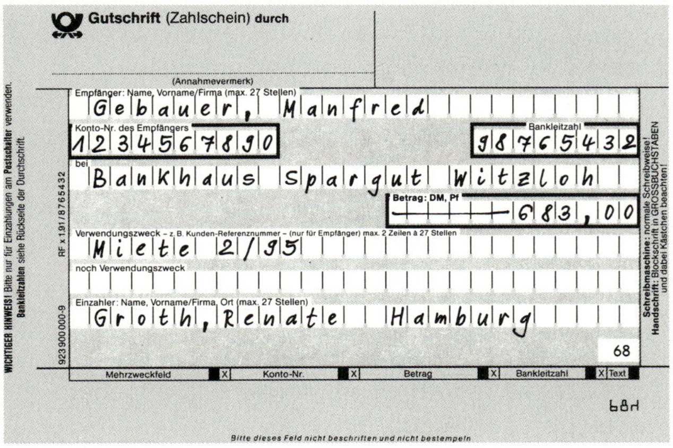

Gutschrift (Zahlschein) **durch**

(Annahmevermerk)

Empfänger: Name, Vorname/Firma (max. 27 Stellen): Gebauer, Manfred

Konto-Nr. des Empfängers: 1234567890 — Bankleitzahl: 98765432

bei: Bankhaus Spargut Witzloh

Betrag: DM, Pf: 683,00

Verwendungszweck – z. B. Kunden-Referenznummer – (nur für Empfänger) max. 2 Zeilen à 27 Stellen: Miete 2/95

noch Verwendungszweck

Einzahler: Name, Vorname/Firma, Ort (max. 27 Stellen): Groth, Renate Hamburg

68

Mehrzweckfeld X Konto-Nr. X Betrag X Bankleitzahl X Text

WICHTIGER HINWEIS! Bitte nur für Einzahlungen am Postschalter verwenden. Bankleitzahlen siehe Rückseite der Durchschrift.

923 900 000-9 RF x 1.91/8765432

Schreibmaschine: normale Schreibweise! Handschrift: Blockschrift in GROSSBUCHSTABEN und dabei Kästchen beachten!

Bitte dieses Feld nicht beschriften und nicht bestempeln

Zahlkarte, Zahlschein

Viele Firmen und Privatleute besitzen ein Postgiro- oder ein Bankkonto. Mit einer Zahlkarte (beim Postgirokonto) oder einem Zahlschein wird der Betrag beim Postamt oder einer Bank in bar einbezahlt. Der Zahlungsempfänger erhält den Betrag seinem Konto gutgeschrieben und erhält vom Postgiroamt oder Sparkasse eine Nachricht über die Gutschrift.

Zahlkarte und Zahlschein zählen zum halbbaren Zahlungsverkehr.

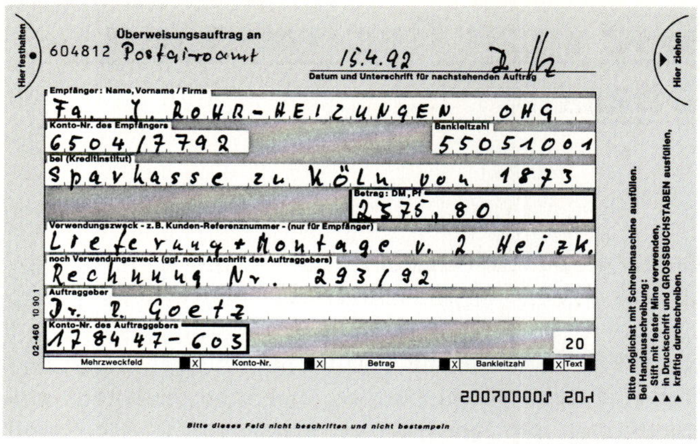
Hier festhalten

Überweisungsauftrag an
604812 Postgiroamt

15.4.92 [signature]
Datum und Unterschrift für nachstehenden Auftrag

Hier ziehen

Empfänger: Name, Vorname / Firma
Fa. J. ROHR-HEIZUNGEN OHG

Konto-Nr. des Empfängers
65041779 2

Bankleitzahl
55051001

bei (Kreditinstitut)
Sparkasse zu Köln von 1873

Betrag: DM, Pf
2375,80

Verwendungszweck - z.B. Kunden-Referenznummer - (nur für Empfänger)
Lieferung + Montage v. 2 Heizk.

noch Verwendungszweck (ggf. noch Anschrift des Auftraggebers)
Rechnung Nr. 293/92

Auftraggeber
Dr. R. Goetz

Konto-Nr. des Auftraggebers
178447-603

20

Mehrzweckfeld	X	Konto-Nr.	X	Betrag	X	Bankleitzahl	X	Text

02-460 10 90 1

20070000 20

Bitte möglichst mit Schreibmaschine ausfüllen.
Bei Handausschreibung:
Stift mit fester Mine verwenden,
in Druckschrift und GROSSBUCHSTABEN ausfüllen,
kräftig durchschreiben.

Bitte dieses Feld nicht beschriften und nicht bestempeln

Postüberweisung, Überweisungsauftrag

Nur wenn Zahler und Zahlungsempfänger beim Postgiroamt oder einer Bank ein Konto besitzen, ist ein bargeldloser Zahlungsverkehr möglich. Meist werden im Durchschreibeverfahren die dreiteiligen Formulare ausgefüllt. Je einen Teil erhalten Zahler, Zahlungsempfänger und Postgiroamt oder Bank.

Der Betrag wird vom Konto des Zahlers auf das Konto des Zahlungsempfängers überwiesen, der wiederum eine Benachrichtigung über die Gutschrift erhält.

> Postüberweisung und Überweisungsauftrag müssen unterschrieben sein.
> Der zu überweisende Betrag muß auf dem Konto als Guthaben vorhanden sein.
> Vergessen Sie nicht den Verwendungszweck (z. B. Rechnungsnummer und -datum).

Regelmäßige Zahlungen

Bei regelmäßigen Zahlungen (Miete, Versicherungsbeiträgen, Zeitungsgeld) ist die Gefahr des Vergessens groß. Bei einem **Dauerauftrag** übernehmen das Postscheckamt oder die Bank den Auftrag, monatlich, vierteljährlich oder jährlich den angegebenen Betrag zu überweisen.
Bei unterschiedlich hohen Beträgen (z. B. Telefonkosten) kann man den **Zahlungsempfänger** ermächtigen, den Betrag einzuziehen. Beim **Einziehungsauftrag** darf also der Zahlungsempfänger den Betrag vom fremden Konto abbuchen lassen.

Wenn man die Rechnung nicht sofort bezahlen kann

Vor jedem Kauf muß man sich Gedanken über die Bezahlung machen. **Barzahlung ist am billigsten.** Es werden keine Gebühren und Zinsen berechnet, oft kann man auch einen Nachlaß (Skonto) von 2–3% des Kaufpreises erhalten. Jedoch nicht immer kann man mit einem Kauf warten, bis der Kaufpreis angespart ist. Nur wer kreditwürdig ist, kann einen Kredit aufnehmen oder einen Ratenkauf tätigen.

Ratenkauf

Hier gelten besondere gesetzliche Bestimmungen. Zum Abschluß eines Ratenvertrages (Abzahlungsvertrages) muß man volljährig sein. Ohne Angabe von Gründen kann ein Abzahlungsgeschäft innerhalb einer Woche widerrufen werden.

> Ratenkäufe sind teuer!
>
> Neben einer Bearbeitungsgebühr sind Zinsen von 15% und mehr pro Jahr zu zahlen.

Kredit

Meist billiger sind Kredite bei einem Geldinstitut. Aber auch dabei sind Bearbeitungsgebühren und Zinsen zu zahlen.
Ein Vergleich der Kreditangebote mehrerer Geldinstitute lohnt sich!

Der Arbeitnehmer in der Wirtschaft

Wie viele Personen waren wohl an der Herstellung des Mokicks beteiligt?
Eine Vielzahl von Firmen mit ihren Arbeitern und Angestellten haben daran mitgewirkt.
Am Anfang war die Idee. Der Konstrukteur brachte sie zu Papier. Das Stahlwerk erschmolz den Stahl. Ein Kunststoffwerk fertigte das Rücklicht. An einer Presse wurde das Schutzblech tiefgezogen.
Unzählige Tätigkeiten könnten aufgezählt werden, die zur Herstellung des Mokicks notwendig sind.

Arbeitsteilung

Früher fertigte der Wagner noch Wagen, der Uhrmacher noch Uhren. Unsere komplizierte Technik erfordert den Spezialisten für jedes einzelne Teil, oft für jeden Handgriff.

> Die Aufteilung der Arbeit auf verschiedene Teilbereiche nennt man Arbeitsteilung.

Am Beispiel der Herstellung des Rahmens für das Mokick kann man die Arbeitsteilung auf verschiedene Bereiche erkennen.

Rohstofferzeugung oder	Urproduktion	Erzabbau ↓ Stahlgewinnung ↓ Rohrherstellung ↓
Weiterverarbeitung oder	Produktion	Biegen zum Fertigteil ↓ Hartlöten ↓ Lackieren

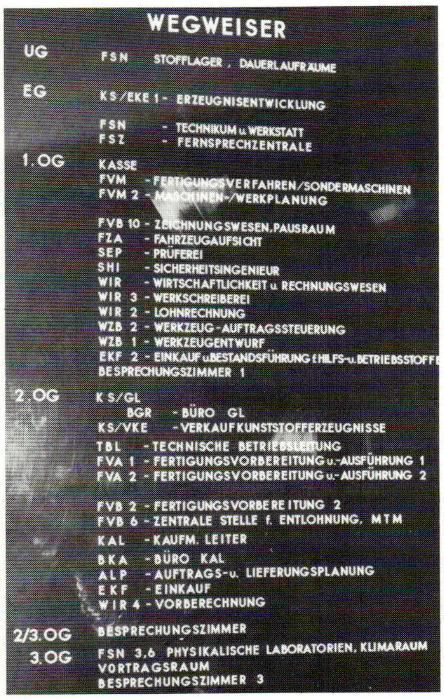

Auch innerhalb eines Betriebes wird die gesamte Arbeit in verschiedene Teilbereiche – Abteilungen – aufgeteilt.
Bevor die Rohre gebogen und zum Rahmen verbunden werden, sind viele Abteilungen damit beschäftigt:

Planung des Herstellungsprogramms, der Fertigung

Konstruktion der Vorrichtungen, der Einzelteile

Einkauf des notwendigen Materials, der Hilfs- und Betriebsstoffe

Lager der Werk-, Hilfs- und Betriebsstoffe, der Halbfertigteile und Fertigteile

Kontrolle der Fertigung

Fertigungsabteilungen für die Fertigung der Werkzeuge, der Einzelteile

Kalkulation der Kosten

Werbung für das Mokick

Buchhaltung für Rechnung, Löhne, Ein- und Ausgaben

Verkauf der Erzeugnisse

Direktion, Geschäftsführer, Prokurist

Was zur Produktion notwendig ist

Die wenigsten Güter zur Befriedigung der menschlichen Bedürfnisse liefert uns unmittelbar die Natur.

Sie müssen produziert werden.

Am Beispiel eines Schrankes sollen die zur Herstellung notwendigen Zweige der Wirtschaft aufgezeigt werden.

Holz und Energie liefert die	Transport und Verarbeitung erfordern	mit Maschinen, Fahrzeugen und Gebäuden geht die Arbeit leichter. Sie bilden das
Natur	Arbeit	Kapital

Auf die drei Produktionsfaktoren ● Natur ● Arbeit ● Kapital

kann alles zurückgeführt werden, was zur Produktion notwendig ist.

Die **Natur** oder der **Boden** liefern uns nicht nur die Bodenschätze und Rohstoffe. Immer bedeutender, weil nicht vermehrbar, ist Grund und Boden, auf dem die Betriebe gebaut werden.

Die **Arbeit** des Menschen wird immer wichtiger für unsere Wirtschaft. Dazu gehören alle Formen der Arbeit, die des Hilfsarbeiters genauso wie die des Generaldirektors.

Arbeitskräfte gibt es in vielen Ländern, z. B. in allen Entwicklungsländern, im Überfluß.

Die Arbeitsteilung und die Erleichterungen der Schwerarbeit und der gleichförmigen Arbeit erfordern immer mehr **Kapital.** Dazu gehören **Geldkapital** ebenso wie das **Sachkapital** in Form von Produktionsmitteln, wie Gebäude, Maschinen, Einrichtungen, Vorrat an Werk- und Betriebstoffen.

Gut ausgebildete Facharbeiter, Kaufleute, Ingenieure und Wissenschaftler sind die Garantie für unsere wirtschaftliche Zukunft.

Durch Sparen zu Vermögen

Wer träumt nicht vom eigenen Haus oder der eigenen Wohnung?

Bis man so weit ist, muß man auf manches verzichten. Doch der Staat unterstützt die Sparer.

Zuerst muß man verzichten

Die Werbung verlockt zum Kauf. Oft ist es schwierig, zu widerstehen und nicht alles Geld auszugeben.
Größere Anschaffungen, z. B. eine Videokamera oder eine Stereoanlage, kann man erst tätigen, wenn man Woche für Woche, Monat für Monat einen Teil seines Taschengeldes auf die Seite legt.

Sparen bedeutet Verzicht auf sofortigen Verbrauch. Das Geld wird angesammelt, um später Eigentum zu erwerben oder um Vermögen zu bilden.

Sparen mit dem Sparbuch

Die Banken und Sparkassen zahlen Zinsen für das Spargeld. Sie sind an möglichst langfristigen Sparern interessiert.

Wer sein Spargeld für mehrere Jahre auf einem Sparbuch festlegt, erhält deshalb auch höhere Zinsen.

Im Notfall erhält man das Geld trotzdem früher zurück, muß jedoch auf die höheren Zinsen verzichten.

Beispiel: Pfiff spart jeden Monat DM 50,– auf einem Sparbuch. In 6 Jahren spart er so DM 3600,–. Von der Sparkasse erhält er dazu fast DM 700,– an Zinsen und Zinseszinsen ausbezahlt.

Vermögenswirksames Sparen

Bildet man mit dem Spargeld **Vermögen**, z. B. durch Einzahlung auf einen

Bausparvertrag,

so fördert der Staat das Sparen durch Steuerermäßigung oder Wohnungsbauprämie.

Vermögenswirksames Sparen

Mit einem Kontensparvertrag oder Kauf von Aktien wird bis zu einem jährlichen Höchstbetrag von 936,– DM durch Sparzulagen von 10 oder 20 % vom Staat gefördert. So können aus jährlich 936,– DM in 10 Jahren über 12 000,– DM werden.

Holen Sie sich bei Banken oder Sparkassen Prospekte, und lassen Sie sich beraten.

Streitigkeiten aus dem Arbeitsverhältnis regelt das Arbeitsgericht. Beratungen dort sind kostenlos. Die erste Instanz ist kostenlos.

Keine Arbeit ohne Vertrag

Zur Ernte werden alle Hände gebraucht. Der Landwirt ist froh um jeden Helfer, der mit anpackt. Am Abend wird der Lohn ausbezahlt. Auch ohne schriftlichen Arbeitsvertrag steht jedem der Lohn zu.

Form des Arbeitsvertrages

Arbeitsverträge können mündlich oder schriftlich abgeschlossen werden.

Der Gesetzgeber hat darüber keine Vorschriften erlassen. Lediglich in Tarifverträgen oder Betriebsvereinbarungen wird eine schriftliche Form verlangt.
Bei kurzfristigen Arbeitsverhältnissen mag eine mündliche Abrede über Lohnhöhe und Arbeitszeit genügen. Um Streitigkeiten zu verhindern, ist es besser, einen schriftlichen Arbeitsvertrag abzuschließen.

Inhalt Im Arbeitsvertrag werden u. a. geregelt:

- Art der Arbeit, die verrichtet werden soll,
- Höhe des Lohnes,
- sonstige Zuwendungen (z. B. Weihnachtsgeld),
- Dauer des Urlaubs,
- Kündigungsfrist.

Die überbetrieblichen Regelungen des Tarifvertrages werden durch entsprechende Daten ergänzt (s. S. 197).

Kündigung

Die **fristgerechte Kündigung** des Arbeitsvertrages wurde durch Beschluß des Bundestages vom 7. 10. 1993 neu geregelt. Für Arbeiter und Angestellte gilt nun einheitlich eine Kündigungsfrist von 6 Wochen zum Ende des Kalendermonats, wenn im Arbeitsvertrag keine davon abweichenden Fristen vereinbart wurden.
Erhöhten Kündigungsschutz haben außerdem

- Mitglieder des Betriebsrates,
- Frauen während einer bestimmten Zeit vor und nach der Niederkunft,
- Schwerbeschädigte,
- Wehrpflichtige während des Wehrdienstes.

Fristlose Kündigung ist nur in besonderen Fällen möglich.
Der **Arbeitgeber** kann fristlos kündigen, wenn der Arbeitnehmer

- falsche Zeugnisse vorgelegt hat,
- Diebstahl, Unterschlagung oder Betrug begangen hat, die Arbeit verweigert,
- gegen den Arbeitgeber tätlich wird oder ihn grob beleidigt,
- vorsätzlich im Betrieb Schaden anrichtet.

Der **Arbeitnehmer** kann fristlos kündigen, wenn

- der Arbeitgeber den Lohn nicht in der vereinbarten Weise auszahlt,
- der Arbeitgeber tätlich wird oder den Arbeitnehmer grob beleidigt.

Arbeit ohne Arbeitsvertrag

Wird ohne Arbeitsvertrag gearbeitet, so nennt man dies „Schwarzarbeit". Dabei werden Steuern und Versicherungsbeiträge hinterzogen und die Allgemeinheit geschädigt. Geschieht bei der „Schwarzarbeit" ein Unfall, dann sieht es für den „Schwarzarbeiter" schwarz aus. Er erhält keine Leistungen von der Krankenkasse oder der Unfallversicherung.

Schwarzarbeit ist verboten und wird bestraft.

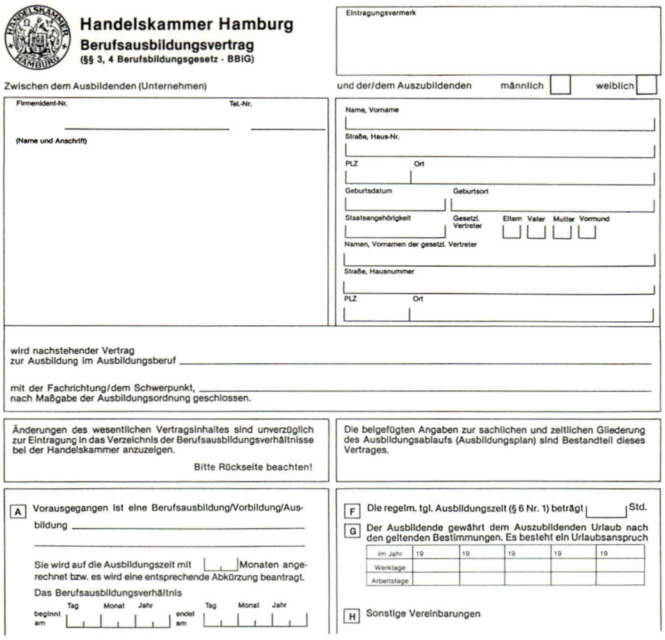

Handelskammer Hamburg
Berufsausbildungsvertrag
(§§ 3, 4 Berufsbildungsgesetz - BBiG)

Eintragungsvermerk

Zwischen dem Ausbildenden (Unternehmen) — und der/dem Auszubildenden männlich ☐ weiblich ☐

Firmenident-Nr. Tel.-Nr.
(Name und Anschrift)

Name, Vorname
Straße, Haus-Nr.
PLZ Ort
Geburtsdatum Geburtsort
Staatsangehörigkeit Gesetzl. Vertreter Eltern Vater Mutter Vormund
Namen, Vornamen der gesetzl. Vertreter
Straße, Hausnummer
PLZ Ort

wird nachstehender Vertrag
zur Ausbildung im Ausbildungsberuf ______
mit der Fachrichtung/dem Schwerpunkt, ______
nach Maßgabe der Ausbildungsordnung geschlossen.

Änderungen des wesentlichen Vertragsinhaltes sind unverzüglich zur Eintragung in das Verzeichnis der Berufsausbildungsverhältnisse bei der Handelskammer anzuzeigen.
Bitte Rückseite beachten!

Die beigefügten Angaben zur sachlichen und zeitlichen Gliederung des Ausbildungsablaufs (Ausbildungsplan) sind Bestandteil dieses Vertrages.

A Vorausgegangen ist eine Berufsausbildung/Vorbildung/Ausbildung ______
Sie wird auf die Ausbildungszeit mit ___ Monaten angerechnet bzw. es wird eine entsprechende Abkürzung beantragt.
Das Berufsausbildungsverhältnis
beginnt am Tag Monat Jahr endet am Tag Monat Jahr

F Die regelm. tgl. Ausbildungszeit (§ 6 Nr. 1) beträgt ___ Std.
G Der Ausbildende gewährt dem Auszubildenden Urlaub nach den geltenden Bestimmungen. Es besteht ein Urlaubsanspruch

Im Jahr	19	19	19	19	19
Werktage					
Arbeitstage					

H Sonstige Vereinbarungen

Ausbildung mit Vertrag

Nur wer einen Ausbildungsvertrag abschließt, hat ein Recht auf eine geordnete Ausbildung und Zulassung zur Abschlußprüfung.

Wer schließt den Ausbildungsvertrag ab?

Zwei schließen einen Vertrag ab. Der eine möchte Ausbildung, der andere will Fachkräfte.

Auszubildender (Lehrling)	Ausbildender
Benötigt die Zustimmung des gesetzlichen Vertreters, wenn er noch nicht volljährig ist. Weitere Anforderungen siehe im Teil Berufskunde.	Muß persönlich und fachlich zur Ausbildung geeignet sein. Die Ausbildungsstätte muß die zur Vermittlung der Fertigkeiten und Kenntnisse notwendigen Einrichtungen aufweisen.

Wie lange dauert die Berufsausbildung?

Die Ausbildungsdauer ist durch Gesetz festgelegt. Sie beträgt meist 3 bis $3\frac{1}{2}$ Jahre. Vorzeitige Zulassung zur Abschlußprüfung ist möglich.
Die ersten Monate (mind. ein, höchstens drei Monate) gelten als **Probezeit.** Der Berufsausbildungsvertrag kann während der Probezeit von beiden Seiten fristlos gekündigt werden. Später kann der Vertrag nur gelöst werden, wenn beide vertragschließenden Parteien sich einig sind oder wichtige Gründe vorliegen. Solche wichtigen Gründe sind z. B. Diebstahl, Betrug, Tätlichkeiten und Arbeitsverweigerung.

Pflichten des Auszubildenden (Auszug)	**Pflichten des Ausbildenden** (Ausz.)
1. Muß sich bemühen, die Fertigkeiten und Kenntnisse zu erwerben, die für das Erreichen des Ausbildungszieles notwendig sind 2. Erfüllung der Verpflichtungen, die ihm im Rahmen der Berufsausbildung übertragen werden 3. Teilnahme am Berufsschulunterricht und anderen Ausbildungsmaßnahmen 4. Berichtsheft führen und zur Durchsicht vorlegen 5. Beachtung der Ordnung an der Ausbildungsstätte 6. Entschuldigen beim Fernbleiben von der Arbeit oder der Berufsschule 7. Pflegliche Behandlung der Werkzeuge, Maschinen und Einrichtungen	1. Planmäßige Vermittlung der Kenntnisse und Fertigkeiten, die zum Erreichen des Ausbildungszieles erforderlich sind 2. Kostenloses Überlassen der Ausbildungsmittel (Werkzeuge, Werkstoffe) 3. Freistellung zum Besuch der Berufsschule und anderer Ausbildungsmaßnahmen und dazu anhalten 4. Nur Verrichtungen übertragen, die dem Ausbildungszweck dienen und den Auszubildenden nicht überfordern 5. Ausstellung eines Zeugnisses am Ende der Ausbildung

Urlaub und Vergütung

Für die Mindestdauer des Urlaubes gelten Vorschriften:
Jugendarbeitsschutzgesetz und Tarifvertrag.

> Der Urlaub dient der Erholung!
> Kein Urlaub während des Berufsschulunterrichtes.

Die Höhe der monatlichen Vergütung ist im Tarifvertrag festgelegt.
Bei guten Leistungen zahlen manche Betriebe mehr.

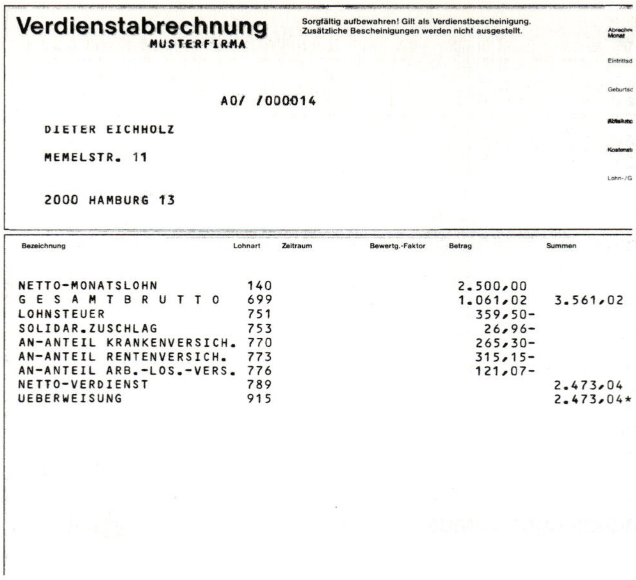

Verdienstabrechnung
MUSTERFIRMA

Sorgfältig aufbewahren! Gilt als Verdienstbescheinigung. Zusätzliche Bescheinigungen werden nicht ausgestellt.

A0/ /000014

DIETER EICHHOLZ
MEMELSTR. 11
2000 HAMBURG 13

Bezeichnung	Lohnart	Zeitraum	Bewertg.-Faktor	Betrag	Summen
NETTO-MONATSLOHN	140			2.500,00	
GESAMTBRUTTO	699			1.061,02	3.561,02
LOHNSTEUER	751			359,50-	
SOLIDAR.ZUSCHLAG	753			26,96-	
AN-ANTEIL KRANKENVERSICH.	770			265,30-	
AN-ANTEIL RENTENVERSICH.	773			315,15-	
AN-ANTEIL ARB.-LOS.-VERS.	776			121,07-	
NETTO-VERDIENST	789				2.473,04
UEBERWEISUNG	915				2.473,04*

Was Sie über den Lohn wissen müssen

Die Höhe des Verdienstes hängt von vielen Faktoren ab:

- Art der Tätigkeit
- Art der Ausbildung
- Art der Entlohnung

Für alle gilt jedoch, der Arbeitgeber muß einen Teil des Lohnes einbehalten und weiterleiten.

Bruttolohn – Nettolohn

Tatsächlicher Verdienst = Bruttolohn
ausbezahlter Lohn = Nettolohn

An einem Beispiel sollen Art und Höhe der Abzüge erläutert werden.

Beispiel:

Bruttolohn eines Ledigen ohne Kinder in einem Monat im Jahr 1991		2800,00 DM
Abzüge für Lohnsteuer	403,00 DM	
für Kirchensteuer	32,00 DM	
für Krankenversicherung, z. B. für Arzt und Krankenhauskosten	162,40 DM	
für Rentenversicherung für die spätere Altersrente	247,80 DM	
für Arbeitslosenversicherung für den Fall der Arbeitslosigkeit	95,20 DM	
	Summe der Abzüge	940,40 DM
Nettolohn		1859,60 DM

Lohn als Auszubildender

Im Berufsausbildungsvertrag ist die Höhe der Ausbildungsvergütung festgelegt. Der jeweils geltende Tarifvertrag (siehe nächste Seite) gibt den Mindestbetrag an, der bezahlt werden muß. Im zweiten und dritten Ausbildungsjahr ist die Vergütung höher.

Lohnformen

Lohn ist Entgelt für geleistete Arbeit.

Arbeiter erhalten Lohn, der jede Woche bzw. jeden Monat neu berechnet wird.
Angestellte erhalten ein monatlich gleichbleibendes Gehalt.

Der **Zeitlohn** ist einfach zu berechnen.

Zeitlohn = Arbeitsstunden x Stundenlohnsatz

Der Stundenlohnsatz ist ebenfalls im Tarifvertrag festgelegt und richtet sich nach der Lohngruppe.

Hilfsarbeiter erhalten	75%
Facharbeiter erhalten	100%
Höchstwertige Facharbeiter erhalten	133%

des tariflich festgelegten Stundenlohnsatzes (gilt für Metallbetriebe).

Beim **Akkordlohn** kann jeder durch schnelleres Arbeiten mehr verdienen.

Nach dem Jugendarbeitsschutzgesetz gilt:

Akkordarbeit ist für Jugendliche verboten.

Vom Verhältnis der Arbeitnehmer zu den Arbeitgebern

Für einen einzelnen ist es schwer, Forderungen nach mehr Lohn und längerem Urlaub durchzusetzen. Gemeinsam ist man stärker. Einem Streik gehen jedoch lange Verhandlungen voraus.

Die Sozialpartner

Arbeitnehmer können in Gewerkschaften, Arbeitgeber in Arbeitgeberverbänden zusammengeschlossen sein.

Zwischen Gewerkschaften und Arbeitgeberverbänden (z. T. auch einzelnen Arbeitgebern) bestehen sachliche Gegensätze. Die Gewerkschaften fordern mehr Lohn, kürzere Arbeitszeit, bessere Arbeitsbedingungen. Die Arbeitgeber wollen bzw. können nicht alle Forderungen erfüllen, z. B. weil investiert werden muß.
Beide haben jedoch eine hohe Verantwortung für das Wohl der gesamten Wirtschaft, deshalb auch die Bezeichnung Sozialpartner.

Gewerkschaften + Arbeitgeberverbände (auch einzelne Arbeitgeber)
= Sozialpartner

Die Sozialpartner verhandeln miteinander und schließen Tarifverträge ab.

Tarifverträge

Tarifverträge sind für alle Arbeitnehmer und Arbeitgeber verbindlich.
Regelungen für längere Zeit werden im **Manteltarifvertrag** festgelegt:

- Arbeitsbedingungen, z. B. Arbeitszeit, Pausen
- Verdienstberechnung, z. B. bei Akkordlohn
- Kündigungsfristen und Kündigungstermine
- Zuschläge, z. B. für Schichtarbeit, Nacht-, Sonn- und Feiertagsarbeit
- Urlaubsdauer

Fast jährlich wird über die Lohnhöhe verhandelt, Ergebnisse werden im **Lohn- bzw. Gehaltstarifvertrag** festgelegt.

Arbeitskampf

Höheren Forderungen der Gewerkschaften stehen meist geringere Angebote der Arbeitgeber gegenüber.

Forderung der Gewerkschaft: 6 % mehr Lohn und Gehalt
Angebot des Arbeitgeberverbandes: 2 % mehr.

Kommt es nach langen Tarifverhandlungen zu keiner Einigung, organisiert die Gewerkschaft mit ihren Mitgliedern einen Streik.

Streik
Beim Streik wird die Arbeit verweigert, um so die Arbeitgeber zur Erfüllung der Forderungen zu zwingen. Es wird nichts produziert, es kann nichts verkauft werden, die Arbeitgeber haben trotzdem Kosten und sind zum Einlenken bereit oder greifen zu Gegenmaßnahmen.

Aussperrung
Kein Arbeiter darf mehr an seinen Arbeitsplatz, kein Arbeiter erhält Lohn. Die Kosten für die Gewerkschaft, die ihren Mitgliedern Streikgelder zur Unterstützung bezahlen, schnellen in die Höhe. Die Gewerkschaft wird damit zum Einlenken gezwungen.

Wie die Arbeitnehmer im Betrieb vertreten sind

Einmal im Kalendervierteljahr muß eine Betriebsversammlung stattfinden.

Arbeitnehmer und Arbeitgeber sind anwesend. Die Vertreter der Arbeitnehmer geben Auskunft über ihre Tätigkeit. Arbeitnehmer und Arbeitgeber können dazu das Wort ergreifen.

Betriebsrat

Der Betriebsrat ist die gewählte Vertretung der Arbeitnehmer, die so am betrieblichen Geschehen mitwirken und mitbestimmen.

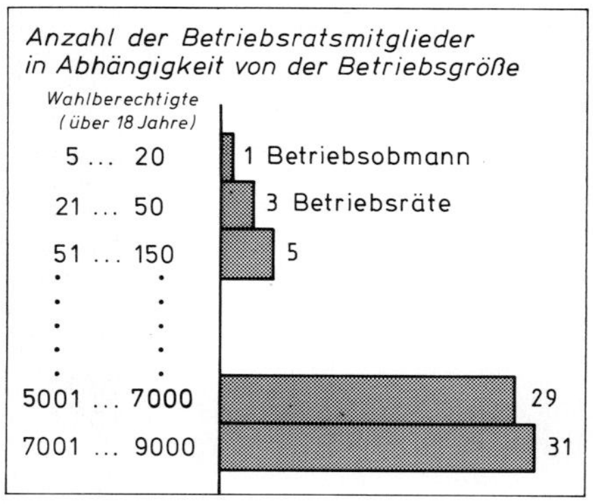

Der Betriebsrat
- hat ein Mitbestimmungsrecht in sozialen Fragen, wie Arbeitszeit und Pausenregelung, Einführung neuer Entlohnungsmethoden
- hat ein Mitwirkungs- oder Mitbestimmungsrecht in personellen Fragen, wie Einstellung, Entlassung, Beförderung
- muß in wichtigen wirtschaftlichen Angelegenheiten unterrichtet werden
- dient der Belegschaft und überwacht, daß die arbeitsrechtlichen Gesetze, Verordnungen, Tarifverträge und Betriebsvereinbarungen eingehalten werden.

In der Betriebsversammlung legt er Rechenschaft über seine Tätigkeit ab.

Jugendvertretung

Arbeitnehmer unter 18 Jahren wählen die Jugendvertretung, wenn mindestens 5 Jugendliche beschäftigt sind. Dadurch können Beschwerden und Anregungen an den Betriebsrat herangetragen werden. An den Sitzungen des Betriebsrates nimmt ein Jugendvertreter teil.

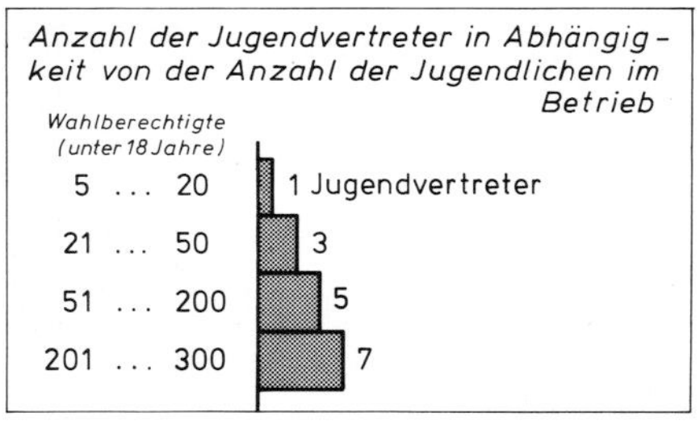

Betriebsvereinbarung

Betriebsrat und Arbeitgeber regeln schriftlich die Ordnung im Betrieb.
In der Betriebsordnung sind
- Beginn und Ende der Arbeitszeit,
- Zeit und Dauer der Pausen,
- Art der Lohnauszahlung,
- Urlaubsregelung,
- Formalitäten bei Beginn und Beendigung des Arbeitsverhältnisses

festgelegt.

Betriebsvereinbarungen dürfen nicht gegen Regelungen in Tarifverträgen verstoßen und sind Bestandteil jedes Arbeitsvertrages dieses Betriebes.

Sachwort

Karikaturen:
Frau Ruth Hoffmann

Bildquellenverzeichnis

Arnold, Thomas, Kernen, S. 5, 9, 10, 12, 13, 14, 15, 16, 17, 19, 20, 21, 22, 23, 24, 25, 26, 30, 38, 49, 50, 52, 53, 55, 59, 81, 82, 85, 86, 99, 100, 101, 102, 104, 105, 106, 107, 108, 109, 110, 111, 112, 113, 114, 115, 116, 118, 120, 121, 122, 124, 126, 127, 128, 129, 130, 133, 135, 136, 139, 140, 141, 142, 143, 144, 160, 162, 165, 178, 179, 181, 182, 183, 185, 186, 187, 188, 189, 192, 193, 194, 195

Arbeitsgemeinschaft Deutsche Kunststoff-Industrie, Frankfurt/M., S. 18

Beratungsstelle für Stahlverwendung, Düsseldorf, S. 144, 145

Bosch, Robert, Stuttgart, S. 146

Bundeszentrale für gesundheitliche Aufklärung, Köln, S. 173

Cornelsen-Velhagen & Klasing, Berlin, S. 149

dpa, S. 18, 42, 60, 66, 74, 99, 124, 132, 133, 134, 137, 138, 142, 157, 177, 194, 196, 197, 198

Deutsche Verlagsanstalt, Stuttgart, S. 170

Deutsche Welthungerhilfe, Bonn, S. 154

Deutsches Ärzteblatt, Köln, S. 167

Globus-Kartendienst, Hamburg, S. 8, 180, 181, 182, 185

Groote, Günter, Bad Honnef, S. 148, 155

Gruner & Jahr, Hamburg, S. 154

Hoffmann-La Roche, Basel, S. 171, 172

IBM Deutschland, Stuttgart, S. 184

intervox, Agentur für Pressearbeit mbH, München, S. 155

Keltereigenossenschaft Erding eG, Erding, S. 149

Messer Griesheim, Frankfurt, S. 11

Olympia-Verlag, Nürnberg, S. 161

Plessl, Gerd, Agency, München, S. 156

Rose, Klaus, Iserlohn, S. 171

Schattauer Verlag, Stuttgart, S. 158

Siemens AG, München, S. 123

Stadtwerke, Bonn, S. 131

Stiftung Warentest, Berlin, S. 186

Urban & Schwarzenberg, München, S. 159

Vereinigung Getreidewirtschaftliche Marktforschung, Bonn, S. 151